나는 아내보다 권리분석이 좋다

변호사 부부의 세상에서 가장 쉬운
경매 권리분석 이야기

이승주 지음

한눈에 보는 목차

한눈에 보는 목차 **4**
세부 목차 **6**

프롤로그 "권리분석 기본기가 튼튼한 사람은 변호사도 이긴다" **14**
이 책으로 '권리분석'의 체계를 확실하게 잡는 방법 **18**

- **제1장** 부동산경매의 의의 **20**
- **제2장** 부동산경매와 권리분석의 중요성 **24**
- **제3장** 부동산경매 권리분석의 핵 **26**
- **제4장** 부동산경매 권리분석을 위한 기본개념 정리 **46**
- **제5장** 등기부에 기재되는 권리 요약 **94**
- **제6장** 등기부상 갑구에 기재되는 권리 **96**
- **제7장** 등기부상 을구에 기재되는 권리 **134**
- **제8장** 등기부에 기재되지 않는 권리 요약 **198**
- **제9장** 주택임대차보호법상 임차인 **200**
- **제10장** 상가건물임대차보호법상 임차인 **222**

제11장	법정지상권 **230**
제12장	관습법상 법정지상권 **242**
제13장	분묘 기지권 **248**
제14장	유치권 **254**
제15장	유치권 심화연구 **266**
제16장	부동산경매 배당분석의 필요성 **304**
제17장	부동산경매 배당분석의 핵 **306**
제18장	배당사례 **318**
제19장	특수한 문제 **324**
제20장	각종 공법상의 부동산 취득의 제한 **334**
제21장	낙찰자를 위한 권리분석 핵심 사례 연습 **344**
제22장	권리분석 핵심 총정리 **358**

참고문헌 **363**
에필로그 "법은 '밥'이다" **364**

 세부 목차

한눈에 보는 목차 4
세부 목차 6

프롤로그 "권리분석 기본기가 튼튼한 사람은 변호사도 이긴다" 14
이 책으로 '권리분석'의 체계를 확실하게 잡는 방법 18

제1장 부동산경매의 의의 20
   경매의 의미와 종류 21
   부동산경매에서의 임의경매와 강제경매 21
      Why 코너 집행력 있는 정본이란 무엇인가? 22

제2장 부동산경매와 권리분석의 중요성 24

제3장 부동산경매 권리분석의 핵 26
   말소기준권리 27
      말소기준권리의 의미 27 ｜ 말소기준권리가 될 수 있는 권리 28 ｜ 전세권이 말소기준권리가 될 수 있는지의 문제 30 ｜ 대위변제 등에 의한 말소기준권리의 변경 35
      Why 코너 말소기준권리를 기준으로 선순위는 인수되고, 후순위는 말소되는 이유가 무엇일까? 35
      Why 코너 대위변제를 통하여 대위변제자의 순위를 승진시켜 말소기준권리를 변경시키는 이유가 무엇일까? 36
   낙찰 시 매수인이 인수하는 권리 38
      항상 인수되는 권리(예고등기, 법정지상권, 관습법상 법정지상권, 분묘기지권, 유치권) 38 ｜ 인수될 수 있는 권리 39
      Why 코너 예고등기는 말소기준권리의 선후에 관계없이 항상 인수된다는 의미는 무엇일까? 41

낙찰로 말소되는 권리 42

저당권등기 42 ┃ 담보가등기 42 ┃ 소유권이전등기청구권보전가등기 42 ┃ 용익물권등기 44 ┃ 소유권이전등기 44 ┃ 가압류등기 44 ┃ 가처분등기 45 ┃ 경매개시결정기입등기 45

제4장 부동산경매 권리분석을 위한 기본개념 정리 46

서론 47
물권과 채권의 구별 48
각종 물권의 개념 해설 49
부동산경매와 관련된 주요 개념 해설 50

가압류 및 가처분 50 ┃ 가등기 50 ┃ 예고등기 51 ┃ 압류등기 52 ┃ 환매권 52 ┃ 환지등기 53 ┃ 경매개시결정기입등기 53 ┃ 저당권 및 근저당권 54 ┃ 지상권 54 ┃ 지역권 56 ┃ 전세권 56 ┃ 전세권과 채권적 전세의 구별 58 ┃ 주택임차인의 입장에서 주택의 경우 전세권을 설정할 것인지 대항력 및 우선변제권만 취득할 것인지의 문제 59 ┃ 상가임차인의 입장에서 상가의 경우 전세권을 설정할 것인지 대항력 및 우선변제권만 취득할 것인지의 문제 60 ┃ 법정지상권 60 ┃ 전세권설정자의 법정지상권 61 ┃ 저당권 실행에 의한 법정지상권 62 ┃ 가담법(가등기담보등에관한법률)상의 법정지상권 62 ┃ 입목법(입목에관한법률)상의 법정지상권 63 ┃ 관습법에 의한 법정지상권 63 ┃ 분묘기지권 64 ┃ 유치권 65

기타 부동산경매 관련 용어해설('가, 나, 다' 순서) 66

부동산경매 관련 용어 '가' 66 ┃ 부동산경매 관련 용어 '나' 74 ┃ 부동산경매 관련 용어 '다' 75 ┃ 부동산경매 관련 용어 '마' 77 ┃ 부동산경매 관련 용어 '바' 30 ┃ 부동산경매 관련 용어 '사' 83 ┃ 부동산경매 관련 용어 '아' 84 ┃ 부동산경매 관련 용어 '자' 87 ┃ 부동산경매 관련 용어 '차' 90 ┃ 부동산경매 관련 용어 '타' 91 ┃ 부동산경매 관련 용어 '파' 92 ┃ 부동산경매 관련 용어 '하' 92

제5장 등기부에 기재되는 권리 요약 94

제6장 등기부상 갑구에 기재되는 권리 96

소유권보존등기 및 소유권이전등기 97
가압류등기 98

권리분석을 위한 선행학습 98 ┃ 권리분석 및 배당문제 99

Why 코너 가압류와 압류의 차이는 무엇이며, 가압류를 하는 이유는 무엇일까? 105

가처분등기 106

권리분석을 위한 선행학습 106 ┃ 권리분석 및 배당문제 108

가등기 111

권리분석을 위한 선행학습 111 ┃ 권리분석 및 배당문제 113

Why 코너 가등기는 순위보전적 효력이 있다고 하는데, 순위보전적 효력이 무엇인가? 115

예고등기 116
권리분석을 위한 선행학습 116 | 권리분석 및 배당문제 118
압류등기 121
권리분석을 위한 선행학습 121 | 권리분석 및 배당문제 122
  Why 코너 경매개시결정기입등기는 말소기준권리인데, 임의경매개시결정기입등기의 경우 사실상 그 자체가 말소기준권리가 될 수 없다는 의미는 무엇인가? **123**
환매권(환매특약등기) 125
권리분석을 위한 선행학습 125 | 권리분석 및 배당문제 127
8. 환지등기 129
권리분석을 위한 선행학습 129 | 권리분석 및 배당문제 130
  Why 코너 환지처분의 성질상 그 지상건물에 관습법상의 법정지상권이 설정될 수 없다는 의미는 무엇일까? **130**
경매개시결정기입등기 132
권리분석을 위한 선행학습 132 | 권리분석 및 배당문제 132

제7장 등기부상 을구에 기재되는 권리 134

저당권 135
권리분석을 위한 선행학습 136 | 권리분석 및 배당문제 142
  Why 코너 강제경매는 공신력이 있는데, 임의경매는 공신력이 없다는 것은 어떤 의미인가? **150**
근저당권 151
권리분석을 위한 선행학습 151 | 권리분석 및 배당문제 155
  Why 코너 근저당권에서 채권최고액은 어떠한 의미를 갖는가? **158**
공동저당권 160
권리분석을 위한 선행학습 160 | 권리분석 및 배당문제 166
  Why 코너 공동저당 목적부동산의 소유자가 채무자와 물상보증인으로 각각 다를 때, 이시배당에 있어 채무자 소유부동산의 후순위자가 공동저당권자를 대위할 수 없는 이유는 무엇인가? **170**
공장저당권 171
권리분석을 위한 선행학습 171 | 권리분석 및 배당문제 173
  Why 코너 공장저당권이 설정된 공장을 일괄매각하는 이유는 무엇일까? **176**
지상권 177
권리분석을 위한 선행학습 177 | 권리분석 및 배당문제 180
  Why 코너 은행에서 나대지를 담보로 잡을 때 나대지에 대한 근저당권 설정 이외에 지상권을 설정받는 이유는 무엇인가? **182**
지역권 183
권리분석을 위한 선행학습 183 | 권리분석 및 배당문제 184
  Why 코너 지역권은 어떠한 경우에 성립하는가? **184**
전세권 186
권리분석을 위한 선행학습 186 | 권리분석 및 배당문제 190

Why 코너 주택의 일부 전세권자에게 경매신청권(임의경매신청권)이 인정되지 않는 이유는 무엇인가? **191**
민법상 등기된 임대차 192
권리분석을 위한 선행학습 192 | 권리분석 및 배당문제 194
임차권등기명령 195
권리분석을 위한 선행학습 195 | 권리분석 및 배당문제 196

제8장 등기부에 기재되지 않는 권리 요약 198

제9장 주택임대차보호법상 임차인 200

권리분석을 위한 선행학습 201
주택임대차보호법의 적용범위(주임법 제2조) 202 | 대항력(주택의 인도(점유)와 전입신고(주민등록))(주임법 제3조) 202 | 확정일자부 임차인의 우선변제권 205 | 소액임차인의 우선변제권(주임법 제8조) 207 | 임차권등기명령제도(주임법 제3조의3) 209 | 기타 쟁점 210
권리분석 및 배당문제 211
이른바 무상거주각서의 문제 217
문제의 제기 217 | 판례 217 | 권리분석 및 배당문제 219 | 유사판례(대법원 2000다24078 판결) 220

제10장 상가건물임대차보호법상 임차인 222

권리분석을 위한 선행학습 223
상가건물임대차보호법의 적용범위 223 | 대항력의 요건 224 | 주요 내용 226
권리분석 및 배당문제 227
Why 코너 주임법은 그 적용을 위한 보증금 제한규정이 없는데, 상임법이 그 적용을 위한 보증금 제한규정을 둔 이유가 무엇일까? **228**

제11장 법정지상권 230

권리분석을 위한 선행학습 231
법정지상권의 의의 231 | 저당권 실행에 의한 법정지상권(민법 제366조)의 의의 232 | 저당권 실행에 의한 법정지상권의 성립요건 232 | 저당권 실행에 의한 법정지상권의 성립과 내용 및 존속기간 235 | 저당권 실행에 의한 법정지상권의 양도 236 | 저당권 실행에 의한 법정지상권의 소멸 236
권리분석 및 배당문제 238
Why 코너 법정지상권의 경우 판례의 원칙적 태도는 건물이 멸실된 후 신축한 경우에도 신구건물의 동일성 여부를 불문하고 법정지상권이 소멸되지 않는다는 것인데, 법정지상권의 대상물이 멸실되었다면 논리적으로 법정지상권도 소멸되는 것이 물권법의 일반원리로 보이는바, 판례가 왜 위와 같은 태도를 취하는 것일까? **240**

제12장 관습법상 법정지상권 242

권리분석을 위한 선행학습 243
관습법상 법정지상권의 의의 243 | 성립요건 243 | 성립·내용·양도·소멸 245

권리분석 및 배당문제 246

제13장 분묘 기지권 248

권리분석을 위한 선행학습 249
분묘기지권의 의의 249 | 취득요건 249 | 내용 250 | 공시방법 252

권리분석 및 배당문제 253

제14장 유치권 254

권리분석을 위한 선행학습 255
유치권의 의의 255 | 유치권의 성립요건 256 | 유치권의 효력 257 | 유치권의 소멸 260

권리분석 및 배당문제 261
Why 코너 채권과 달리 물권의 경우 성립한 순서에 의하여 권리의 순위가 결정되는데, 유치권은 왜 같은 물권인 저당권 등의 권리보다 늦게 성립하여도, 유치권 이외의 자에게 유치권으로 대항할 수 있을까? 264

제15장 유치권 심화연구 266

서설 267
필요비와 유치권 269
필요비의 의미 269 | 유치권의 성부 270 | 관리비의 문제 270 | 민법상 필요비 규정 272

유익비와 유치권 273
유익비의 의미 273 | 유치권의 성부 274 | 민법상 유익비 규정 275

공사대금채권과 유치권 276
의의 및 유치권의 성부 276 | 유치권의 불가분성 276

손해배상채권과 유치권 278
손해배상채권의 의미 278 | 채무불이행에 의한 손해배상청구권 278 | 임대인의 시설미비로 인한 임차인의 손해배상청구권 278 | 약정에 따른 위약금채권 279

보증금반환청구권과 유치권 280
권리금반환청구권과 유치권 281
부속물매수청구권을 행사한 경우에 부속물매수대금채권과 유치권 282
점유와 유치권 283
점유의 의미 283 | 점유의 태양과 유치권 284 | 점유의 회복 286

유치권자의 권리 289

인도거절권(민법 제320조 제1항) 289 ㅣ 경매신청권(민법 제322조 제1항) 290 ㅣ 간이변제충당(민법 제322조 제2항) 290 ㅣ 우선변제권 291 ㅣ 유치물의 사용·수익권(민법 제324조) 291 ㅣ 비용상환청구권(민법 제325조) 292

유치권자의 의무(민법 제324조) 293
선관주의무 293 ㅣ 유치물의 사용금지 293

유치권과 민사문제 294
유치권이 문제될 수 있는 소송 294 ㅣ 유치권과 증거수집 및 사실조회 등의 소송기술 294 ㅣ 유치권과 입증책임 296 ㅣ 유치권 관련 본안소송을 대비한 보전소송 299

유치권과 형사문제 300
유치권과 관련된 범죄 300 ㅣ 경매현장에서 예상되는 범죄 정리 300

부동산경매 배당분석의 필요성 304

부동산경매 배당분석의 핵 306

배당신청 307
배당요구를 하지 않아도 당연히 배당에 참가하는 채권자(법 제148조) 308
배당요구의 종기까지 경매신청을 한 압류채권자 308 ㅣ 첫 경매개시결정등기 전에 등기된 가압류채권자 308 ㅣ 첫 경매개시결정의 기입등기 전에 등기된 담보권자, (등기된) 최선순위가 아닌 용익권자 309 ㅣ 첫 경매개시결정의 기입등기 전에 체납처분 절차에 의한 압류권자 309

배당요구를 하여야 배당에 참가할 수 있는 채권자(제88조 제1항) 310
집행력이 있는 정본을 가진 채권자 310 ㅣ 첫 경매거시결정이 등기된 뒤에 가압류를 한 채권자 310 ㅣ 민법, 상법, 그 밖의 법률에 의하여 우선변제권이있는 채권자 311

배당요구를 할 수 있는 기한 313
배당순위 314
압류재산에 조세채권의 법정기일 전에 설정된 저당권·전세권으로 담보되는 채권이 있는 경우 314 ㅣ 압류재산에 조세채권이 법정기일 후에 설정된 저당권·전세권으로 담보되는 채권이 있는 경우 316 ㅣ 압류재산에 저당권 등으로 담보되는 채권이 없는 경우 317

배당사례 318

안분 후 흡수(실무) 319
일반적인 사례 320
순환흡수배당사례 322
원래의 각 채권액 323 ㅣ 안분단계(1단계) 323 ㅣ 흡수단계(2-1단계) 323 ㅣ 흡수단계(2-2단계) 323

제19장 특수한 문제 324

무잉여의 문제 325
권리분석을 위한 선행학습 325 ㅣ 권리분석 326

공유지분매각의 문제 328
권리분석을 위한 선행학습 328 ㅣ 권리분석 330

별도등기의 문제 332
권리분석을 위한 선행학습 332 ㅣ 권리분석 333

 제20장 각종 공법상의 부동산 취득의 제한 334

서설 335
토지거래허가구역 내 토지의 취득 336
농지의 취득 337
건축법상 도로의 소유권 취득 338
각종 법인의 기본재산의 취득 339
학교법인의 기본재산의 취득 339 ㅣ 의료법인의 기본재산의 취득 339 ㅣ 사회복지법인 기본재산의 취득 340
토지이용계획확인서상의 공법상 제한 확인 342
결론 343

제21장 낙찰자를 위한 권리분석 핵심 사례 연습 344

예고등기는 항상 인수된다 345
법정지상권, 관습법상 법정지상권, 분묘기지권, 유치권은 항상 인수된다 345
용익물권(지상권, 지역권, 전세권 등)은 말소기준권리보다 선순위이면 인수된다 346
등기된 임차권이 말소기준권리보다 선순위이면 인수된다 347
주임법 및 상임법상 대항력을 갖춘 임차인의 경우 낙찰자가 인수한다 347
소유권이전등기청구권가등기의 경우 말소기준권리보다 선순위이면 인수된다 348
가처분의 경우 말소기준권리보다 선순위이면 인수된다 349
환매권 349
말소기준권리의 판단 350
소유자의 변경과 가압류의 인수 여부 350
종합사례 351

제22장 권리분석 핵심 총정리 358
말소기준권리 359
전세권등기의 말소기준권리 여부 359
낙찰 시 매수인이 인수하는 권리 359
말소기준권리보다 선순위권리의 소멸 여부 360
말소기준권리보다 후순위 권리의 소멸 여부 361
부동산을 경매로 취득할 경우 공법상의 규제가 곳곳에 배치되어 있는바, 이에 대한 검토가 필수적이다 362

참고문헌 363
에필로그 "법은 '밥'이다" 364

프롤로그
"권리분석 기본기가 튼튼한 사람은 변호사도 이긴다"

내가 경매에 관심을 가지게 된 것은 사법연수원 2년 차였던 것으로 기억한다. 당시 나는 바쁜 연수과정인데도 짬짬이 틈을 내어 'EBS부동산경매강좌'를 들었다. 경매투자를 하기 위한 것은 아니었고, 부동산 관련 소송에 애초부터 관심이 많았던 터라 부동산경매가 부동산 소송에서 가장 기본이라고 판단했기 때문이다. 사법연수원을 수료하고 법무법인에 취업했다가 얼마 후 변호사 개업을 하였다. 법률상담을 많이 하였는데, 상당수가 부동산경매 문제였다. 부동산경매 상담을 하면서, 더욱 경매에 관심을 두게 된 것은 두말할 나위 없다. 상담하면서 느낀 것은 뜻밖에도 경매에 여러 건 성공한 투자자들조차도 '권리분석에 취약하다는 것'이었다. 여러 건의 부동산경매로 많은 수익을 얻었다고 하더라도, 단 1건의 권리분석 실패로 기존 수익 이상의 손실을 볼 수도 있다. 권리분석은 경매투자의 기본이다. 정확한 권리분석이 선행되어야 법률적 위험을 최소화할 수 있다. 이 책의 집필은 이와 같은 문제의식에서 비롯되었다.

지금까지 경매 관련 상담을 하면서, 이와 관련된 서적을 여러 권 사서 읽게 되었는데, 부동산경매의 기본이라 할 수 있는 권리분석을 정확히 전달한 책은 그다지 많지 않았다. 이에 나는 권리분석에 대한 실무중심 교과서, 즉 정확하고, 빠짐이 없으며, 문제가 닥쳤을 때 쉽게 찾아볼 수 있고, 권리분석의 흐름을 관통할 수 있는 '수학의 정석'과 같은 책을 써보자고 생각하게 되었다. 내 의도가 이 책에 100% 전부 다 반영되었다고는 말할 수 없지만, 이런 목표하에 이 책을 집필하게 되었고 지속적으로 보완해 나갈 생각이다(이 책은 앞서 언급했던 '권리분석'을 다루었고 이에 대한 내용에 초점을 맞추었다. 일명 '투자분석'은 집필영역에서 제외하였다. 필자 자신이 법률가라는 한계를 인식하였기 때문에 내 전문분야인 '권리분석'에 집중한 것이다.).

부동산경매는 누구에게나 열려 있지만, 법률적 위험도 그만큼 상존한다. 부동산경매에 관한 강좌도 기하급수적으로 늘어나고 있다. 최근에 나는 부동산경매 강좌를 들어본 적이 있다. 부동산경매 투자를 하려면, 시중의 경매강좌를 한 번 정도 들어보는 것이 좋다. 그래야, 부동산경매에 대한 전체적인 개관(槪觀)이 가능하다. 다만, 투자 여부에 대한 판단은 자신이 한다는 것을 명심해야 한다. 경매강좌에서 모든 것을 가르쳐 주지 않을뿐더러, 강사진이 투자를 대행하는 경우에 모든 것을 믿고 맡김으로써 오히려 법률적 위험에 노출될 수 있다는 사실도 유념해야 한다.

나는 본서의 독자층을 부동산경매에 관심이 있는 모든 사람으로 보고 있다. 다만, 특히 경매 초보자의 경우 책이 좀 어렵게 느껴질지도 모르겠지만, 최대한 쉽게 쓰려고 노력했다('핵심정리', 'Why 코너' 그리고, '사례' 등이 이를 위한 노력의 결과물이다.). 앞서 이야기한 바와 같이 이 책은 부동산경매의 전 분야를 다루고 있지는 않다. 물건분석 분야나 부동산에 대한 각종 법률상 제한 등은 본서 이외에 별도로 공부했으면 한다.

나는 본서를 '권리분석 실무교과서'라는 생각을 기초로 해서 권리분석 법률문제를 집약하였고, 군더더기 없이 쓰려고 노력하였다. 결국, 경매 초보자로서 본서를 가장 잘 활용하는 방법은 경매강좌를 들으면서, 읽는 것이다. 경매강좌에서 만난 분들과 스터디를 하는 것도 좋은 방법이다. 스터디를 하게 되면 의외로 자신이 무엇을 모르고 있는지를 깨닫게 된다. 권리분석은 공부해야만 하는 분야여서 그리 재미있다고 할 수는 없다. 스터디는 재미없는 권리분석 공부를 재미있게 하는 방법이 될 수 있다.

경매를 자주 경험한 분들은 경매강좌 한 번 듣고 바로 달려들어야 한다는 식의 이야기도 많이 한다. 그러나 그분들이 경매실패에 대한 책임을 부담해 주지 않는다는 것을 인식해야 한다. 게다가, 부동산경매에 들어가는 돈(입찰보증금 및 경락대금 등)은 적은 돈이 아니다. 부동산경매를 시작하기 전에 경매고수들을 따라다니는 것도 좋지만, 자신이 실제로 권리분석과 물건분석을 할 줄 알아야 진정 제대로 된 수익창출이 가능하다는 사실을 인지해야 한다.

앞서 설명한 바와 같이 이 책은 부동산경매를 시작하려는 분들과 최근 경매 입찰대리가 가능해진 공인중개사 또는 경매업무를 하는 변호사, 법무사, 법률사무소 직원 분들이 권리분석에 대해 체계를 잡거나, 권리분석 관련 법률문제를 해결하기 위한 실무교과서로 서술되었다(특히 제15장의 '유치권 심화연구' 부분은 법률사무소에서도 유용할 것이다.). 나는 이 책이 권리분석 분야의 진정한 실무서로 거듭 태어나길 바라고 있다. 독자 여러분의 비판적 호응을 기대한다.

마지막으로, 저에 대한 변함없는 신뢰로 지금의 저를 있게 해주신 부모님(이용선, 홍영유)과 제 건강을 항상 염려해 주시는 장인(양석규), 장모님(송정례)께 감사의 말씀을 드리고, 책을 쓴다고 거의 매일 야근하는 필자를 든든히 후원해 주고 책의 교정과 내용 검토까지 맡아준 아내(양

연순 변호사)와 사랑하는 딸(이회진)과 아들(이회윤)에게 이 책을 바친다.
그리고 본서 출간을 물심양면으로 도와주신 샘솟는 아이디어의 보유자, 다산북스의 김선식 사장님과 본서를 내느라 고생하신 임영묵 팀장님에게 감사의 말씀을 드린다.

초심으로 돌아가 항상 배우고, 노력하며, 연구하는 자세로 살겠다고 다짐해 본다.

2010년 8월 서초동 사무실에서
변호사 이승주

이 책으로 '권리분석'의 체계를 확실하게 잡는 방법

1 각 단원의 '핵심정리' 부분을 처음부터 끝까지 읽는다(1회독).
2 각 단원에서 '핵심정리 → 권리분석 및 배당문제' 순서로 읽는다(2회독).
3 각 단원에서 '핵심정리 → 권리분석 및 배당문제 → 권리분석을 위한 선행학습'순으로 읽는다(3회독).
4 위와 같이 3회독 정도 하면, 권리분석의 체계가 어느 정도 잡힐 것이다. 그 이후에는 권리분석에 대한 지속적인 관심과 실전 경험이 필요하다.
5 체계를 잡을 때 책은 정독하되 되도록 빨리 읽는 것이 좋다.

핵심정리

- 부동산경매는 크게 '담보권실행에 의한 경매(임의경매)'와 '강제경매'로 나뉜다.
- 채권자가 돈을 빌려주면서 채무자의 부동산 등에 저당권과 같은 담보를 잡아 두었다면 임의경매(담보권실행에 의한 경매)를 통하여 채권을 쉽게 확보할 수 있으나, 그렇지 않은 경우는 소송을 통해 승소판결문을 근거로 강제집행을 하는데 이를 강제경매라고 한다.

|1| 경매의 의미와 종류

경매란 공개된 장소에서 공정한 경쟁을 통하여 물건을 매매하는 일체의 행위유형[1]으로, 법원경매의 종류를 분류하자면, 경매의 대상을 기준으로 부동산경매와 동산경매 등으로 구분하거나, 판결문 등의 집행권원을 필요로 하는지 여부 등을 기준으로 임의경매와 강제경매 등으로 구분할 수 있다.

|2| 부동산경매에서의 임의경매와 강제경매

부동산경매는 판결문 등의 집행권원 유무를 기준으로 임의경매(담보로 설정된 (근)저당권 등을 근거로 이루어지는 경매)와 강제경매(판결이나 화해조서 등 집행력 있는 정본에 터 잡아 이루어지는 경매)로 구분할 수 있다.

[1] 이승길 3면

* 363쪽에는 이 책에서 참고한 문헌들이 표기되어 있습니다. 참고하세요

 **Why 코너**

의문점

집행력 있는 정본이란 무엇인가?

답

집행력 있는 정본이란, 승소판결문과 같은 집행권원(집행을 할 수 있는 근거 자료로 종전에는 이를 '채무명의'라고 하였다.)에 집행할 수 있다는 취지의 집행문을 부여받은 것을 의미한다.

다시 말하면, 대체로 승소판결문 원본에 집행할 수 있다는 취지(집행문)의 문구가 적혀 있는 것을 의미한다.

전체에서 부분 보기

부동산경매를 왜 하는 것일까?

쉽게 이야기하면, 돈을 주지 않기 때문에 재산을 팔아서 돈을 받겠다는 것이다.

그런데 돈을 주지 않을 때, 상대방의 재산을 무조건 팔아서 돈을 받을 수 있다면, 속된 말로 조폭만 좋을 것이다.

돈을 주지 않을 때에 상대방의 재산을 팔아 돈을 받으려면, 법원이 개입하거나, 담보를 받아 두었어야 하는데, 담보로서 가장 흔한 것은 근저당권이다.

돈을 주지 않을 때, 근저당권 등에 의하여 경매를 신청하여 돈을 받는 절차를 임의경매 절차라고 한다면, 근저당권 등과 같은 담보 없이 돈을 빌려주었을 때, 소송 등이 필요하고 그 소송 등에서 승소한 판결문을 가지고 돈을 받는 절차를 강제경매 절차라고 할 수 있다.

강제경매 절차는 승소판결문에 집행할 수 있다는 문구를 받아 경매 절차를 진행하게 되는데, 이때 승소판결문 등에 집행할 수 있는 문구가 기재된 것을 집행력 있는 정본이라고 한다.

승소판결문 등을 집행권원(집행의 근거)이라고 하는데, 집행권원은 원칙적으로 집행문이 필요하나, 가압류 또는 가처분 명령처럼 집행문이 필요 없는 집행권원도 있다.

집행문이 필요한 집행권원에 집행문이 없는 상태에서 강제집행이 행해졌다면, 그 강제집행은 무효가 된다.

> **참고** 임의경매와 강제경매
>
> | | 임의경매(담보권실행경매) | 강제경매 |
> |---|---|---|
> | 집행권원* | 불필요 | 필요 |
> | 공신력** | 없음 | 있음 |
> | 집행채권의 소멸 등 실체상 흠을 다투는 방법 | 경매개시결정 이의 〈또는〉 매각허가 이의 〈또는〉 매각허가결정에 대한 항고 | 청구이의의 소 |

* 집행권원이란 집행의 근거를 의미하는데, 집행권원의 예로는 승소판결문이 있다.

** 공신력이란 경매가 있었고, 경매로 부동산을 매수하였는데, 집행의 전제가 된 실체상 청구권이 무효 등일 때 경매로 부동산을 매수한 사람이 그 부동산의 소유권을 유지할 수 있느냐의 문제인데, 원칙적으로 강제경매는 유지하나 임의경매는 유지하지 못한다는 것이다.

핵심정리

- 낙찰자의 입장에서 법률적 권리분석은 필수사항이다.
- 권리분석을 잘못할 경우에는 생각하지 못한 권리를 인수(부담)하게 되어 큰 낭패를 볼 수 있다.

채무자의 채무불이행 등으로 경매되는 부동산에는 등기부에 기재되어 있는 저당권 등의 권리와 등기부에 기재되어 있지 않은 임차권 등의 권리 등이 포함된 경우가 많다.

경매부동산을 낙찰받는 사람의 입장에서는 경매로 부동산을 매수할 경우에 경매부동산에 포함된 위와 같은 권리들이 인수되는지 또는 말소되는지가 굉장히 중요하다.

경매부동산에서 위 권리들이 말소된다면 큰 문제는 없지만, 인수된다면 낙찰자에게는 큰 부담이 된다. 따라서, 경매부동산을 매수하려는 자는 경매부동산에 입찰하기 전 법률적인 권리분석을 철저히 할 필요가 있다.

법률적인 권리분석과 더불어 경제적 물건분석(예: 상가의 경우 상권분석)의 필요성도 간과할 수 없으나, 다음 장에서는 법률적 권리분석에 한정하여 서술하기로 한다.

제3장 부동산경매 권리분석의 핵

1. 말소기준권리

핵심정리

- 말소기준권리는 부동산경매의 낙찰자를 위해 성립한 개념이다.
- 일정한 예외를 제외하면 말소기준권리 이전의 권리는 낙찰자가 인수하고, 말소기준권리 이후의 권리는 낙찰자가 인수하지 않는다.
- 말소기준권리가 될 수 있는 권리는 ① 저당권등기 및 근저당권등기 ② 가압류등기 및 압류등기 ③ 등기접수일이 1984. 1. 1. 이후에 설정된 담보가등기 ④ 경매개시결정기입등기 등이다.
- "갑 소유 부동산 → 갑의 채권자 A가 가압류 → 을로 소유권이전 → 을의 채권자 B(가압류 및 압류권자)가 경매신청"과 같은 사례의 경우 매각물건명세서 등을 확인하여 경매법원이 A의 가압류를 인수시킬 것을 전제로 경매를 진행하는 것이라면 낙찰자가 인수한다는 것을 잊지 말자.
- 전세권은 말소기준권리가 될 수 없다(다만, 이에 대한 이견이 있음). 전세권이 말소기준권리보다 선순위이거나, 전세권자가 경매를 신청한 경우는 이견(즉, 이 경우 전세권이 예외적으로 말소기준권리가 된다는 견해)이 있으므로 당해 집행법원의 견해가 반영된 매각물건명세서를 확인한 후, 입찰에 참여해야 한다.
- 경매 대상 부동산에 말소기준권리가 여러 개 있으면 가장 앞선 말소기준권리만이 말소기준권리가 된다. 즉, 경매부동산의 말소기준권리는 하나다.
- 임차인의 대위변제 등으로 말소기준권리가 바뀌는 경우가 있다.

가. 말소기준권리의 의미

말소기준권리란 경매부동산 위에 성립되어 있는 권리(등기부에 나타난 권리뿐만 아니라 등기부에 나타나지 않은 권리 포함) 중에서 말소 또는 인수되는 권리인지 여부를 결정하기 위한 기준이 되는 권리를 의미한다.[2]

일정한 예외를 제외하고, 일반적으로 말소기준권리보다 선순위의 권리들은 낙찰로 소멸되지 않으나, 말소기준권리보다 후순위의 권리들은

---
[2] 박용석 46면, 김학환 273면, 이승길 472면

낙찰로 소멸된다.

나. 말소기준권리가 될 수 있는 권리

(1) 저당권등기 및 근저당권등기

특정채권 담보를 위한 저당권뿐만 아니라, 채권최고액을 한도로 한 결산기의 증감이나 변동하는 채권 담보를 위한 근저당권의 경우는 항상 말소기준권리가 된다(민사집행법 제91조●. 다음에 이어지는 내용에서는 부동산경매의 모법이라 할 수 있는 민사집행법을 '법'이라고 줄여서 쓰기로 한다.).

(2) 가압류등기 및 압류등기

금전채권 등에 대한 본안소송 제기 전에 본안 승소의 실효성을 확보하기 위해 인정되는 가압류등기와 본안 승소 후 경매개시결정에 의해 인정되는 압류등기(또는 조세체납을 이유로 한 압류)도 말소기준권리가 된다.(법 제91조 제3항)

임의경매개시결정기입등기도 압류등기에 해당하지만, 임의경매는 압류등기에 앞선 저당권 등의 담보권원이 존재하므로 이들 담보권원이 말소기준권리가 될 뿐이다. 따라서 임의경매개시결정기입등기는 말소기준권리로서의 압류등기에 해당하지 않는다.

선순위가압류등기 후 경매부동산의 소유권이 이전되고 신소유자의 채권자가 경매신청을 한 경우에 선순위가압류는 말소기준권리가 되지 않을 수 있다.

이와 관련하여 대법원은 "구체적인 매각절차를 살펴 집행법원이 위 가압류등기의 부담을 매수인이 인수하는 것을 전제로 하여 매각절차를 진행했는가의 여부에 따라 위 가압류 효력의 소멸 여부를 판단해야 한다.(▼대법원 2005다8682판결)"라고 판시한 바 있다.

● **제91조 (인수주의와 잉여주의의 선택 등)** ① 압류채권자의 채권에 우선하는 채권에 관한 부동산의 부담을 매수인에게 인수하게 하거나, 매각대금으로 그 부담을 변제하는 데 부족하지 아니하다는 것이 인정된 경우가 아니면 그 부동산을 매각하지 못한다. ② 매각부동산 위의 모든 저당권은 매각으로 소멸된다. ③ 지상권·지역권·전세권 및 등기된 임차권은 저당권·압류채권·가압류채권에 대항할 수 없는 경우에는 매각으로 소멸된다. ④ 제3항의 경우 외의 지상권·지역권·전세권 및 등기된 임차권은 매수인이 인수한다. 다만, 그중 전세권의 경우에는 전세권자가 제88조에 따라 배당요구를 하면 매각으로 소멸된다. ⑤ 매수인은 유치권자에게 그 유치권으로 담보하는 채권을 변제할 책임이 있다.

 **대법원 2005다8682 판결**

부동산에 대한 선순위가압류등기 후 가압류목적물의 소유권이 제3자에게 이전되고 그 후 제3취득자의 채권자가 경매를 신청하여 매각된 경우, 가압류채권자는 그 매각절차에서 당해 가압류목적물의 매각대금 중 가압류결정 당시의 청구금액을 한도로 배당을 받을 수 있고, 이 경우 종전 소유자를 채무자로 한 가압류등기는 말소촉탁의 대상이 될 수 있다. 그러나 경우에 따라서는 집행법원이 종전 소유자를 채무자로 하는 가압류등기의 부담을 매수인이 인수하는 것을 전제로 하여 위 가압류채권자를 배당절차에서 배제하고 매각절차를 진행시킬 수도 있으며, 이처럼 매수인이 위 가압류등기의 부담을 인수하는 것을 전제로 매각절차를 진행한 경우에는 위 가압류의 효력이 소멸하지 아니하므로 집행법원의 말소촉탁이 될 수 없다. 따라서 종전 소유자를 채무자로 하는 가압류등기가 이루어진 부동산에 대하여 매각절차가 진행되었다는 사정만으로 위 가압류의 효력이 소멸하였다고 단정할 수 없고, 구체적인 매각절차를 살펴 집행법원이 위 가압류등기의 부담을 매수인이 인수하는 것을 전제로 하여 매각절차를 진행하였는가에 따라 위 가압류 효력의 소멸 여부를 판단하여야 한다.

>>> 판례 해설
① 가압류 ② 제3자의 소유권 취득 ③ 가압류 ④ 제3자에 대한 채권자의 경매신청의 순서로 경매절차 진행 시, 집행법원의 의사에 따라, ① 또는 ③이 말소기준권리가 된다.

결국, 집행법원의 의사가 중요하므로, "갑 소유 부동산 → 갑의 채권자 A가 가압류 → 을로 소유권이전 → 을의 채권자 B(가압류 및 압류권자)가 경매신청"과 같은 사례의 경우 낙찰자는 매각물건명세서 등을 확인하여 집행법원의 의사가 A에게 배당을 실시하고 해당 가압류를 말소할 것인지 아니면 A의 가압류를 낙찰자가 인수할 것인지를 명확히 확인한 후 입찰 여부를 결정하여야 한다.

(3) 등기접수일이 1984. 1. 1. 이후에 설정된 담보가등기

가등기담보등에관한법률 제12조 및 제13조에 의하면 경매실행과 관련해서는 담보가등기를 저당권으로 본다. 따라서 담보가등기도 저당권과 마찬가지로 말소기준권리에 해당한다. 다만, 가등기담보등에관한법률 제정 전에는 담보목적의 가등기의 경우 순위보전의 효력만 인정되었고, 우선변제권은 인정되지 않았으나, 가등기담보등에관한법률이 제정 (1983.12.30.)되면서 우선변제권을 인정하였다.(동법 제13조)●

따라서, 위 제정법이 1984. 1. 1.부터 시행된다는 동법 부칙●●에 따라 1984. 1. 1. 이후에 설정된 담보가등기에 한하여 말소기준권리가 된다.3)

(4) 경매개시결정기입등기

경매채권자가 경매신청을 한 후 경매법원이 경매개시결정을 내리게 되는데, 경매법원의 경매개시결정에 따른 직권촉탁으로 이루어진 등기를 경매개시결정기입등기라 정의할 수 있다.

경매개시결정기입등기가 이루어지면 압류의 효력이 발생한다. 즉, 말소기준권리가 된다(사실, 경매개시결정기입등기 자체가 권리는 아니다.).

다만, 말소기준권리가 되는 경매개시결정기입등기는 성질상 강제경매개시결정기입등기에 한한다고 보아야 한다. 왜냐하면, 임의경매개시결정기입등기의 경우는 그 앞에 임의경매개시결정기입등기를 발생시킨 저당권 등이 등기되어 있을 것이므로 그 저당권 등(또는 '그 저당권'의 선순위말소기준권리)이 말소기준권리로 기능하기 때문이다.

● **제13조 (우선변제청구권)** 담보가등기를 마친 부동산에 대하여 강제경매 등이 개시된 경우에 담보가등기권리자는 다른 채권자보다 자기채권을 우선변제 받을 권리가 있다. 이 경우 그 순위에 관하여는 그 담보등기권리를 저당권으로 보고, 그 담보가등기를 마친 때에 그 저당권의 설정등기가 행하여진 것으로 본다.

●● ① (시행일) 이 법은 1984년 1월 1일부터 시행한다. ② (경과조치) 이 법 시행 전에 성립한 담보계약에 대하여는 이 법을 적용하지 아니한다.

3) 이승길 473면

다. 전세권이 말소기준권리가 될 수 있는지의 문제

> **[각 견해를 해결하기 위한 전제 사례]**
> ① 전세권(전부) → ② 가처분등기 → ③ 근저당권 → ④ 경매신청, 즉 설명의 편의를 위해 건물 전부에 대하여 전세권이 설정된 후, 처분금지가처분, 근저당권, 경매신청이 있었다고 가정한다.

(1) 전세권은 말소기준권리가 될 수 없으나 전세권자가 배당요구를 한 경우에 한하여 예외적으로 말소기준권리가 된다는 견해(제1설)[4]

(가) 논리구성

전세권은 말소기준권리가 될 수 없으나, 전세권자가 배당을 요구하게 되면 담보물권성이 발현되므로 전세권이 예외적으로 말소기준권리가 된다고 하는 논리다.

아래에서 언급되는 하급심 판례와(부산지방법원 2007라822결정 등) 실무가 제1설에 의한다고 설명하는 견해가 있다.

(나) 사례의 해결

사례에서 경매신청(④)을 근저당권자(③)가 한 경우에 말소기준권리는 근저당권이 되는 것이 원칙이나, 전세권자가 배당요구를 하면 전세권이 말소기준권리가 되므로 가처분(②)이 인수되지 않고 소멸된다고 판단한다.

경매신청(④)을 전세권자(①)가 한 경우에는 당연히 전세권이 말소기준권리가 되므로 가처분이 낙찰로 소멸된다.

(2) 전세권은 말소기준권리가 될 수 없으나 전세권자가 경매신청을 한 경우에 예외적으로 말소기준권리가 된다는 견해(제2설)●

(가) 논리구성

전세권은 말소기준권리가 될 수 없으나, 전세권자가 스스로 경매신청을 한 경우는 담보권과 마찬가지의 역할을 하는 것이므로 전세권이 예외적으로 말소기준권리가 된다고 하는 논리다.

(나) 사례의 해결

사례에서 근저당권자(③)가 경매를 신청하고, 전세권자(①)가 배당요구를 하더라도 제1설과 달리 말소기준권리는 여전히 근저당권(③)이므로, 낙찰자가 가처분을 인수한다.

---

4) 강은현 128면

● 이에 해당하는 견해를 확인하지는 못했으나, 논리상 가능한 견해로 보임

그러나 전세권자(①)가 직접 경매신청을 하면 담보권과 마찬가지로 전세권이 말소기준권리가 되므로 가처분은 낙찰로 소멸되고, 낙찰자가 인수하지 않는다.

(3) 전세권은 예외 없이 말소기준권리가 될 수 없다는 견해(제3설)[5]

(가) 논리구성
전세권은 대법원 판례의 취지 등에 비추어 말소기준권리가 될 수 없다고 하는 논리다.

(나) 사례의 해결
사례에서 전세권자(①)가 경매를 신청하든지, 근저당권자(③)가 경매를 신청하든지 상관없이, 또한 전세권자(①)가 배당을 요구하든지 상관없이 가처분(②)이 인수된다.

(4) 대법원 판례

(가) 대법원 98다50869 판결
건물의 일부(4, 5, 6층)에 대하여 전세권이 설정된 후에, 그 건물의 다른 일부(2층 및 지하 2층 일부)에 전세권이 설정된 경우 제3자가 경매신청을 한 사안에서 선순위전세권자(4, 5, 6층 전세권자)가 배당요구를 하여 배당을 받아갔음에도 불구하고 후순위전세권자(2층 및 지하 2층 일부 전세권자)의 전세권이 소멸하지 않는다는 취지의 판시를 하였다.

(나) 대법원 96다53628 판결
건물 일부에 대하여 전세권(2층 부분)이 설정된 후에, 그 건물의 다른 일부에 대하여 대항력이 있는 임차인이 존재(1층 일부)하였는데, 제3자의 경매신청이 있었던 사안에서 전세권자가 배당요구를 하여 배당을 받아갔음에도 불구하고 임차인의 임차권이 소멸되지 않는다는 취지의 판시를 하였다.

---
[5] 이승길 476면

(다) 판례의 결론(대법원 및 하급심 판례)

1) 저자가 대법원 판례를 찾아보았으나, 위 판례들처럼 건물 일부에 전세권이 설정된 판례 이외에 건물 전부에 전세권이 설정되어 있고, 후순위에 인수 여부와 관하여 문제되는 권리가 존재하는 사례는 찾지 못하였다. 다만, 위 판례들에 의하면 일부에 전세권이 설정된 경우는 제3자의 경매신청 시 전세권자가 배당요구를 한 경우 말소기준권리가 될 수 없다는 결론에 도달한다.

2) 다만, 하급심 판례 중에 전세권 전부 등기 후에 전세권자가 임차권에 기하여 전입신고까지 완료하였는데, 전세권에 기하여 임의경매를 신청한 경우에 동일인의 임차권은 소멸한다는 취지의 판시를 한 바 있다(부산지방법원 2007라822 결정, 대구지법 2007라328 결정)[6]. 즉, 위 하급심 판례는 제1설 내지는 제2설의 입장으로 보인다(하급심 사례: ① A의 전세권(전부) → ② A의 임차권에 의한 전입신고 → ③ 근저당권 → ④ 전세권 임의경매).

(5) 전세권은 예외 없이 말소기준권리가 될 수 없다는 견해(제3설)가 타당하다

(가) 근거(저자의 견해)

1) 법 제91조 제3항●은 말소기준권리를 도출하는 기본적인 조문인데, 언급되는 권리는 "저당권, 압류채권, 가압류채권"에 한정되는 바, 전세권이 본질적으로 용익물권(다만 담보물권성이 일부 있는 것)임을 감안하면, 말소기준권리라고 보기 어렵다.

2) 법 제91조 제4항●● 본문은 전세권이 말소기준권리보다 선순위일 때 원칙적으로 인수된다는 내용인바, 전세권이 말소기준권리가 될 수 없다는 전제의 조문으로 파악된다.

3) 대법원 판례를 확인하면, 전부 전세권에 대한 판결이 아직까지

---

[6] 강은현 129면

● 제91조 (인수주의와 잉여주의의 선택 등) ③ 지상권·지역권·전세권 및 등기된 임차권은 저당권·압류채권·가압류채권에 대항할 수 없는 경우에는 매각으로 소멸된다.

●● 제91조 (인수주의와 잉여주의의 선택 등) ④ 〈본문〉제3항의 경우 외의 지상권·지역권·전세권 및 등기된 임차권은 매수인이 인수한다.〉〈단서〉다만, 그중 전세권의 경우에는 전세권자가 제88조에 따라 배당요구를 하면 매각으로 소멸된다.〉

없는 것으로 보이나, 판례의 취지는 전세권이 말소기준권리가 될 수 없다고 보는 것이 합리적이다. 왜냐하면, 제1설에 의할 경우 전세권자가 배당요구만 하면 후순위의 가처분이 말소되는바 가처분권자가 예상하지 못한 불이익을 받게 되며, 제2설에 의할 경우 전세권자가 스스로 경매신청을 하면 후순위의 가처분이 말소되는바, 전세권자가 경매신청을 하는 것은 극히 예외적인 사실을 감안하면 후순위가처분권자에게 불측의 손해를 끼치기 때문이다. 다만, 앞서 살펴본 바와 같이 제1설 내지 제2설의 입장에 있는 것으로 보이는 하급심이 있음을 주의한다.

(나) 소결

결국, 전세권은 법 제91조 제3항 및 제4항, 대법원 판례의 취지, 위 사례에서 전세권자와 저당권자 사이의 가처분권자 등(예: 보전가등기, 구분지상권자, 환매등기 등)에게 불측의 손해를 미치므로 전세권은 절대적으로 말소기준권리가 될 수 없다고 보는 것이 타당하다.

(6) 결론(제3설에 따를 때 실제 경매에서의 대처법)

어떤 견해라도 그 논리적인 이유를 들어보면 수긍이 갈 수 있는 내용들을 포함하고 있고, 전부 전세권이 말소기준권리가 될 수 있는지 여부에 대한 명확한 판례도 없다.

따라서, 각 집행법원은 자신의 판단에 따라 위 각 견해 중 하나를 선택하여 매각물건명세서를 작성할 것이다.

즉, 낙찰자는 매각기일에 참여하기 전 매각물건명세서 등을 확인하여 인수하는 권리 등을 파악하고 입찰에 참여하면 족할 것으로 본다.

다만, 앞서 살펴본 하급심 사례의 경우 매각물건명세서에 임차권의 인수 여부는 나타나지 아니하므로 집행법원에 인수 여부를 확인하는 절차를 거치거나, 하급심 판례와 유사한 사례라면, 하급심 판례를 일응 기준으로 하여 낙찰에 임해야 할 것으로 본다.

라. 대위변제 등에 의한 말소기준권리의 변경

말소기준권리는 앞서 살펴본 바와 같이, 여러 개가 있는데, 특정 경매부동산에서의 말소기준권리는 하나만 인정된다. 즉, 말소기준권리가 동일 경매부동산에 여러 개 있는 경우는 가장 순위가 빠른 하나만이 말소기준권리가 된다.

다만, 말소기준권리에 순위가 밀리는 임차인 등이 대위변제 등을 하여 말소기준권리가 소멸할 수 있는데, 이와 같은 경우에는 다른 권리가 말소기준권리가 된다.

대위변제로 임차인 등의 순위가 승진하여 낙찰자에게 대항할 수 있으려면, 낙찰자의 매각대금완납 시(낙찰자의 경매부동산 소유권 취득시기)까지 대위변제 및 그로 인한 선순위 등기가 대위로 말소된 사실이 나타난 등기부등본을 사법보좌관에게 제출해야 한다.[7]

[7] 이승길 573면

Why 코너

의문점
말소기준권리를 기준으로 선순위는 인수되고, 후순위는 말소되는 이유가 무엇일까?

답
① 전세권 ② 근저당권 ③ 처분금지가처분 ④ 임의경매개시결정기입등기의 순서로 등기가 각각 경료되어 있다고 가정해 보자.

근저당권자의 채권이 변제기에 이르렀음에도 불구하고, 채무자가 근저당권자이자 채권자에게 돈을 주지 않자, 근저당권자가 자신의 채권을 변제받기 위해 경매를 신청한 것이다.

이때, 전세권은 인수(다만, 배당요구하면 전세권자가 배당을 받는바, 인수되지 않음)되고, 처분금지가처분은 인수되지 않는다.

근저당권자가 경매대상 부동산에 근저당권을 설정받을 때에 이미 전세권이 설정되어 있었는바, 근저당권은 전세권자가 우선적인 권리를 행사할 수 있음을 인식하고 들어온 반면, 전세권자는 자신이 경매부동산에 대한 최초의 권리자임을 인식하고 등기를 경료한 것인바, 임의경매로 경매부동산의 소유자가 달라질 경우에 전세권이 인수되는 것은 그 이후의 권리자들이 모두 인식하고 있었을 뿐만 아니라, 그에 대비할 여력도 있었기 때문에 전세권이 인수되더라도 문제가 되지 않는다.

처분금지가처분은 위 사례에서 인수되지 않는데, 처분금지가처분이 인수된다고 가정하면, 그로 인하여 경매대상 부동산의 낙찰가가 떨어질 것이 불을 보듯 뻔한데, 그렇게 되면 근저당권자는 저당권을 설정받을 당시에 예상하지 못한 손해를 입을 수 있다.

결국, 원칙적으로 말소기준권리의 선순위 권리는 인수되고, 말소기준권리 이후의 권리는 말소되는 것은 물권의 성질(물권의 경우 우선적으로 성립하는 것이 우선하는 성질, 즉 물권의 배타성과 연결됨. 다만 유치권은 예외)에 따른 것이다.

> **전체에서 부분 보기**

우리는 부동산경매를 공부하고 있다.
부동산경매는 채권자가 돈을 주지 않는 채무자의 부동산을 팔아서 채권을 회수하는 것이다.
채권자가 채무자의 부동산을 경매에 부치게 되면, 매수인, 즉 그 부동산을 낙찰받는 사람이 있게 마련이다.
낙찰자가 경매로 부동산을 살 때, 부동산에 대한 낙찰대금만 내면 문제가 발생하지도 않고, 경매에 대한 권리분석이라는 것도 필요 없을 것이다.
그러나 실제는 그렇지가 않다.
경매로 부동산을 샀는데, 추가적인 부담이 들어갈 수 있기 때문이다.
추가적 부담 여부를 판단하는 것이 권리분석이고, 권리분석의 기본은 말소기준권리를 찾는 것이다.

 Why 코너

> **의문점**

대위변제를 통하여 대위변제자의 순위를 승진시켜 말소기준권리를 변경시키는 이유가 무엇일까?

답

A 주택에 "① 근저당권(피담보채권 500만 원) ② 임차권(인도 및 전입신고는 하였으나, 확정일자를 구비하지 못함. 보증금 8,000만 원) ③ 근저당권(피담보채권 5,000만 원) ④ 경매개시결정기입등기"의 순서로 부동산경매가 이루어지고 있다고 가정한다.

A 주택 경매에 대하여 권리분석을 하면, 말소기준권리는 '① 근저당권'이 되고, ②③④는 모두 말소된다. 이때, 임차인은 인도 및 전입신고라는 대항요건을 갖추었으나, 말소기준권리보다 후순위이므로 대항력은 없다. 따라서, 낙찰자에게 대항할 수 없다. 그뿐만 아니라, 임차인은 확정일자를 갖추지 못하였으므로, 전혀 배당을 받을 수 없다(소액임차인 요건도 충족하지 못한다.).

위와 같은 사정에 처한 임차인이 자신의 보증금을 확보할 수 있는 방법은 대위변제를 통하여 순위를 승진시켜 말소기준권리를 ①에서 ③으로 변경시키는 것이다.

'① 근저당권'의 채무자는 임차인이 아닌 A 주택의 소유자이나, 김차인이 500만 원밖에 안 되는 '① 근저당권'의 피담보채권을 대신 갚으면 임차인이 차후 A 주택의 소유자로부터 500만 원을 받지는 못하더라도, 순위가 승진되어 낙찰자에게 보증금 8,000만 원으로 대항할 수 있게 되는 것이다(이때는 인도 및 전입신고라는 대항요건이 말소기준권리인 ③보다 앞서므로 대항력을 취득한다.).

위와 같이 대위변제로 순위를 승진시켜, 말소기준권리를 변경시킬 실익이 있는 사람으로는 주택 및 일정 요건을 갖춘 상가 임차인, 소유권이전등기청구권보전가등기권자, 가처분권자, 환매권자, 기타 용익권자 등이 포함된다. 결국, 낙찰자는 말소기준권리에 해당하는 저당권 등의 피담보채권이 후순위임차권자 등의 보증금 등에 비하여 현저히 적은 액수로 판단되면, 위와 같은 대위변제가 일어날 수 있음을 고려하여 입찰에 응해야 할 것이다.

대위변제는 이론상 낙찰자의 낙찰대금 완납 시까지 가능하나, 실무적으로는 대위변제자가 선순위 말소기준권리의 말소된 등기부를 낙찰 대금 완납 시까지 제출해야 순위 승진이 인정된다. (대위변제로 인정된다.)

적법한 대위변제로 순위 변동이 일어나면, 낙찰자는 매각에 대한 이의 등의 민사집행법상 불복절차를 활용하여 보증금을 반환받을 수 있다.

전체에서 부분 보기

부동산경매에 있어서 말소기준권리를 찾는 것은 낙찰자의 권리분석에 있어서 기본이라 할 수 있다. 말소기준권리를 찾으면 문제가 끝난 것일까?

부동산경매에 있어 권리분석은 수학도식과 유사하지만, 생명체와도 유사한 면이 있다.

항상 다각도로 생각하고 판단하는 것이 필요하다.

위 사례는 수세에 몰린 임차인이 자신의 채무도 아닌 돈을 채권자에게 변제함으로써, 말소기준권리를 변경한 사례라고 할 수 있고, 이와 같은 일은 항상 일어날 수 있다.

따라서, 말소기준권리의 채권액이 소액이라면, 입찰에 신중할 필요가 있다.

2 낙찰 시 매수인이 인수하는 권리

핵심정리

- 예고등기, 법정지상권, 관습법상 법정지상권, 분묘기지권, 유치권은 항상 낙찰자가 인수한다.
- 압류의 처분금지효에 저촉되는 유치권은 낙찰자가 인수하지 않는다.
- 말소기준권리보다 선순위의 권리들은 낙찰자가 인수함이 원칙이다.

가. 항상 인수되는 권리(예고등기, 법정지상권, 관습법상 법정지상권, 분묘기지권, 유치권)

등기원인의 무효 또는 취소로 인한 등기의 말소 또는 회복의 소가 제기된 경우 이를 제3자에게 경고하기 위해 법원의 촉탁으로 행해지는 예고등기[8]와 그 밖에 법정지상권, 관습법상 법정지상권, 분묘기지권, 유치권의 경우는 항상 낙찰자가 인수한다.

다만, 압류(경매개시결정기입등기)의 처분금지효에 저촉되는 유치권은 낙찰자에게 인수되지 않는다.

즉, 경매부동산의 압류 당시에는 이를 점유하지 아니하여 유치권을 취득하지 못한 상태에 있다가 압류 이후에 경매부동산에 관한 기존의 채권을 담보할 목적으로 뒤늦게 채무자로부터 그 점유를 이전받음으로써 유치권을 취득하는 경우에는 경매절차의 매수인(낙찰자)에게 대항할 수 없다.(▼대법원 2005다22688 판결).

---

[8] 송영곤 420면

대법원 2005다22688 판결

채무자 소유의 건물 등 부동산에 강제경매개시결정의 기입등기가 경료되어 압류의 효력이 발생한 이후에 채무자가 위 부동산에 관한 공사대금 채권자에게 그 점유를 이전함으로써 그로 하여금 유치권을 취득하게 한 경우, 그와 같은 점유의 이전은 목적물의 교환가치를 감소시킬 우려가 있는 처분행위에 해당하여 민사집행법 제92조 제1항, 제83조 제4항에 따른 압류의 처분금지효에 저촉되므로 점유자로서는 위 유치권을 내세워 그 부동산에 관한 경매절차의 매수인에게 대항할 수 없다.

>>> **판례 해설**

판례 취지는 유치권의 요건이 갖추어졌다고 해도 경매개시결정기입등기(압류등기)가 이루어진 후에 취득한 점유로는 낙찰자에게 대항할 수 없다는 것이다.

나. 인수될 수 있는 권리

인수될 수 있는 권리는 말소기준권리보다 선순위일 경우에만 인수된다.

(1) 용익물권

지상권·지역권·전세권 등의 용익물권은 말소기준권리보다 선순위라면 낙찰자가 인수한다 (법 제91조 제4항)●.

(2) 등기된 임차권

물권화된 채권인 등기된 임차권도 말소기준권리보다 선순위라면 낙찰자가 인수한다 (법 제91조 제4항).

(3) 대항력을 갖춘 임차인

주택임대차보호법 및 상가건물임대차보호법상의 대항력을 갖춘 임차

● **제91조 (인수주의와 잉여주의의 선택 등)** ④ 제3항의 경우 외의 지상권·지역권·전세권 및 등기된 임차권은 매수인이 인수한다. 다만, 그중 전세권의 경우에는 전세권자가 제88조에 따라 배당요구를 하면 매각으로 소멸된다.

인의 경우 대항력 발생일자가 말소기준권리보다 선순위인 경우 낙찰자가 인수한다. 다만, 말소기준권리보다 인도 및 전입신고라는 대항요건을 먼저 취득하여 대항력은 있으나, 확정일자는 말소기준권리보다 후순위로 받은 경우에 임차인이 배당요구종기 전에 배당요구를 하면 순위에 따라 배당을 받고, 순위에 따른 배당에서 전액 배당을 받지 못하면, 배당받지 못한 보증금은 낙찰자가 인수하게 된다. 왜냐하면, 확정일자는 말소기준권리보다 후순위일지라도 말소기준권리보다 먼저 대항요건을 취득하여 대항력을 갖추었기 때문이다.

(4) 소유권이전등기청구권보전가등기

소유권이전등기청구권보전가등기의 경우 말소기준권리보다 선순위라면 낙찰자가 인수한다.

(5) 전소유자를 상대로 한 가압류

경매부동산에 전소유자를 상대로 한 (가)압류가 있고, 현소유자의 채권자가 경매를 신청한 경우에 집행법원이 전소유자의 (가)압류권자에게 배당하지 않기로 결정하고 경매절차를 진행한 경우는 낙찰자가 인수한다 (대법원 2005다8682 판결).

(6) 가처분

가처분의 경우 말소기준권리보다 선순위라면 낙찰자가 인수한다.

(7) 전세권

전세권의 경우 말소기준권리보다 선순위인 경우에 원칙적으로 낙찰자가 인수하지만, 전세권자가 배당요구를 하면 낙찰자가 인수하지 않는다 (법 제91조 제4항).

(8) 환매권

환매권의 경우 말소기준권리보다 선순위인 경우에 낙찰자가 인수한다.

 **Why 코너**

의문점

예고등기는 말소기준권리의 선후에 관계 없이 항상 인수된다는 의미는 무엇일까?

답

예고등기는 경매대상 부동산에 대하여 그 소유권 등에 다툼이 있어 소송이 진행되고 있으니, 경매부동산에 입찰하려는 사람은 유의하라는 경고 역할을 한다.
예고등기는 법원의 직권촉탁에 의해 이루어지는바, 그 성질상 예고등기의 원인을 준 당사자들의 소송이 계속되고 있다면, 예고등기는 말소되지 않는다.
결국, 예고등기가 인수된다는 의미는 소송이 계속될 경우 경매의 진행 여부와 무관하게 말소되지 않으며, 예고등기가 되어 있음에도 불구하고 경매대상 부동산을 낙찰받은 자는 예고등기의 원인이 된 소송의 승패에 따라 낙찰부동산의 소유권을 상실할 수도 있다는 의미라고 할 것이다.
허위로 소송을 제기하여 수소법원이 예고등기를 촉탁하도록 한 후에 아주 싼 가격에 낙찰을 받아 사회적으로 문제가 된 경우가 여러 건 있었다.
이와 같은 예고등기의 허점으로 인하여 최근 예고등기제도의 폐지가 논의되고 있다.

전체에서 부분 보기

필자는 예고등기를 해서 경락가를 낮출 수 있는 것 아니냐는 질문을 가끔 받는다.
그리하여 낮은 가격에 경매부동산을 매수하거나, 경매를 사실상 무산시키려고 하는 생각일 것이다.
그러나, 이는 굉장히 위험한 생각이고, 실제 사회적으로 큰 문제가 된 사례도 여럿이 있다.
예고등기는 현재 경매부동산이 그 소유권 등에 다툼이 있어서 소송 진행 중이라는 것으로 그 개념상 말소기준권리의 선후와는 무관하다.
예고등기가 되어 있으나, 예고등기의 원인이 된 소송이 이미 확정되었음에도, 예고등기가 말소되지 않는 상태인 경우도 있다.
이때, 경매참여자들이 예고등기가 있어 입찰하지 않는 경우가 있는데, 예고등기의 원인이 된 소송에서 그 경매부동산의 등기부상 소유자가 승소했다면, 속된 말로 대박이 날 수도 있으므로, 예고등기의 원인이 된 소송결과를 확인할 필요가 있겠다.

3 낙찰로 말소되는 권리

핵심정리

- 말소기준권리 이후의 권리들은 원칙적으로 낙찰로 소멸되고 낙찰자가 인수하지 않는다.
- 경매부동산 낙찰 시 저당권은 항상 말소되고, 낙찰자가 인수하지 않는다.
- 가등기가 담보가등기라면 낙찰로 말소되고, 낙찰자가 인수하지 않는다.

가. 저당권등기

매각부동산 위의 모든 저당권은 매각으로 소멸^(법 제91조 제2항) 하므로, 경매부동산의 저당권등기는 항상 말소된다.

나. 담보가등기

담보가등기도 경매신청채권자보다 선순위라고 해도 낙찰로 인해 소멸한다.

다. 소유권이전등기청구권보전가등기

말소기준권리 이후에 제3자 명의로 마쳐진 소유권이전등기청구권보전

● 제91조 (인수주의와 잉여주의의 선택 등) ② 매각부동산 위의 모든 저당권은 매각으로 소멸된다.

가등기는 낙찰로 말소된다.

가등기의 경우 종전에는 등기부 표시로 담보가등기인지 또는 소유권이전등기청구권보전가등기인지 여부를 구별하기 어려웠고, 이에 대법원은 가등기가 담보가등기인지 또는 소유권이전등기청구권보전가등기인지 여부는 등기부상 표시나 등기 시에 주고받은 서류의 종류에 의해 형식적으로 결정되는 것이 아니고 거래의 실질과 당사자의 의사 해석에 따라 결정된다고 판시(대법원 91다36932 판결)한 바 있다.

결국, 법원기록 중 채권계산서상에 배당요구 사실이 있다던, 담보가등기라고 볼 수 있다(▼대법원 2007다25278 판결).

따라서, 채권계산서의 제출과 같은 권리신고가 되어 있지 않아 담보가등기인지 소유권이전청구권보전가등기인지 알 수 없는 경우 일단 소유권이전청구권보전가등기로 보아 그 가등기가 말소기준권리보다 선순위이면 말소되지 않고, 그 가등기가 말소기준권리보다 후순위이면 말소기준권리와 함께 말소된다.

대법원 2007다25278 판결

가등기담보등에관한법률 제16조는 소유권의 이전에 관한 가등기가 되어 있는 부동산에 대한 경매 등의 개시결정이 있는 경우 법원은 가등기권리자에 대하여 그 가등기가 담보가등기인 때에는 그 내용 및 채권의 존부·원인 및 수액을, 담보가등기가 아닌 경우에는 그 내용을 법원에 신고할 것을 상당한 기간을 정하여 최고하여야 하고(제1항), 압류등기 전에 경료된 담보가등기권리가 매각에 의하여 소멸하는 때에는 제1항의 채권신고를 한 경우에 한하여 그 채권자는 매각대금의 배당 또는 변제금의 교부를 받을 수 있다고 규정하고 있으므로(제2항), 위 제2항에 해당하는 담보가등기권리자가 집행법원이 정한 기간 안에 채권신고를 하지 아니하면 매각대금의 배당을 받을 권리를 상실한다.

>>> 판례 해설
담보가등기권자가 법원의 최고를 무시하고 법원이 정한 기간 내에 채권신고를 하지 않으면, 배당을 받지 못한다.

라. 용익물권등기

말소기준권리에 후순위인 지상권·지역권·전세권 및 등기된 임차권은 낙찰로 인해 소멸한다 ^(법 제91조 제3항)●.

또한, 전세권의 경우 말소기준권리보다 선순위일지라도 전세권자가 배당요구를 할 경우 낙찰이 되면 소멸한다 ^(법 제91조 제4항 단서)●●.

주택 및 상가의 임차인으로서 대항력과 우선변제권을 겸유하면서 임차권등기까지 마친 임차인, 즉 말소기준권리보다 선순위임차인이 먼저 우선변제권을 선택하여 경매절차에서 보증금 전액에 대해 배당요구를 했으나 대항력 있는 보증금 중 일부만을 변제받은 경우에는 변제받지 못한 잔액에 대하여만 낙찰자에게 대항할 수 있고, 낙찰로 말소되지도 않는다. 이 경우 임차권등기를 말소촉탁하지 않고, 등기된 보증금(주택 또는 상가 임차인이 임차권등기명령으로 등기 시 보증금을 반드시 등기하며, 등기할 보증금은 계약상 보증금이 아닌 반환받지 못한 보증금)의 액수를 변제받지 못한 잔액으로 변경하는 변경등기촉탁을 한다.

마. 소유권이전등기

말소기준권리 이후에 제3자 명의로 마쳐진 소유권이전등기는 낙찰로 말소된다.

● **제91조 (인수주의와 잉여주의의 선택 등)** ③ 지상권·지역권·전세권 및 등기된 임차권은 저당권·압류채권·가압류채권에 대항할 수 없는 경우에는 매각으로 소멸된다.

●● **제91조 (인수주의와 잉여주의의 선택 등)** ④ 제3항의 경우 외의 지상권·지역권·전세권 및 등기된 임차권은 매수인이 인수한다. 다만, 그 중 전세권의 경우에는 전세권자가 제88조에 따라 배당요구를 하면 매각으로 소멸된다.

바. 가압류등기

경매부동산에 전소유자를 상대로 한 가압류가 있고, 현소유자의 채권자가 경매를 신청한 경우에 집행법원이 전소유자의 가압류권자에게 배당하지 않기로 결정하고 경매절차를 진행한 경우는 낙찰자가 인수하나 **(대법원 2005다8682 판결)**, 그 이외의 가압류는 낙찰로 말소된다.

사. 가처분등기

말소기준권리 이전에 등기된 가처분은 낙찰로 말소되지 않으나, 말소기준권리 이후에 등기된 가처분은 낙찰로 말소된다.

아. 경매개시결정기입등기

낙찰이 완료되면 경매개실결정기입등기는 필요 없게 되므로 말소된다 **(법 제144조 제1항 제3호)**.

1 서론

핵심정리

- 물권은 특정 물건을 직접 지배하여 이익을 얻은 배타적 권리를 의미하나, 채권은 채권자가 채무자에게 특정행위를 청구할 수 있는 권리이다.
- 물권이 채권에 우선하며, 물권 상호 간에는 등기접수일의 순서에 따라 우열이 결정된다.
- 부동산경매에서는 주로 물권이 문제된다.

부동산경매 권리분석을 위해서는 등기부상의 권리, 등기부 이외의 권리 등의 분석이 필요하다.

경매를 처음 접하는 투자자들의 경우 채권 및 물권의 구별도 쉽지 않을 것으로 보이는바, 경매의 권리분석을 위한 이론에 본격적으로 들어가기에 앞서 부동산경매 권리분석을 위한 최소한의 개념정리를 할 필요성이 있다.

다만, 부동산경매 관련 법률용어를 설명하면서 법학교과서에서 서술하는 내용을 사용하기도 할 것이나, 저자가 변호사 생활을 하면서, 의뢰인에게 설명하듯이 좀 더 쉬운 용어로 설명하고자 하는바, 여러분들의 양해를 바란다.

2 물권과 채권의 구별

물권이란 특정 물건을 직접 지배하여 이익을 얻는 배타적 권리를 의미하고, 채권이란 채권자가 채무자에게 특정행위를 청구할 수 있는 권리를 의미한다.

물권은 누구에게나 주장할 수 있는 권리인 반면 채권은 채권자와 채무자 사이에서 주장할 수 있고, 원칙적으로 제3자에게 주장할 수 없는 권리이다.

먼저 성립한 물권은 뒤에 성립한 물권에 우선(우선순위는 등기접수일을 기준)하며, 항상 물권이 채권보다 우선함이 원칙(다만 채권이 물권화된 임차권 등기의 경우는 예외)이다.

채권 상호 간에는 우열이 없음이 원칙(채권자 평등의 원칙)이다.

민법이 인정하고 있는 물권을 살펴보면, 소유권, 점유권, 지상권, 지역권, 전세권, 유치권, 질권, 저당권, 법정지상권, 관습법상 법정지상권, 분묘기지권 등이 있다.

부동산경매와 관련하여서는 주로 물권이 문제되나, 특히 담보물권의 경우 담보물권의 원인이 된 채권(예를 들어 은행이 돈을 빌려주고, 그 담보로 근저당권을 설정받는 경우의 대여금 채권. 이를 '피담보채권'이라고 한다.)도 문제되는 바, 그 예로는 대여금채권, 공사대금채권 등이 있다.

3 각종 물권의 개념 해설

부동산경매와 관련이 있는 물권에는,
① 소유자가 법률의 범위 내에서 자신의 소유물을 사용·수익·처분할 수 있는 권리인 소유권, ② 소유권과 관계없이 물건을 사실상 지배하고 있는 경우의 지배권인 점유권, ③ 타인의 토지에서 건물 기타의 공작물이나 수목을 소유하기 위해 그 토지를 사용할 권리인 지상권, ④ 타인의 토지를 자기의 토지의 편익에 이용할 권리인 지역권, ⑤ 전세금을 지급하고 타인의 부동산을 그 용도에 따라 사용·수익하는 권리인 전세권, ⑥ 타인의 물건을 점유한 자가 그 물권에 관해 생긴 채권을 가지는 경우에 채권을 변제받을 때까지 그 물건을 유치할 수 있는 권리인 유치권, ⑦ 돈을 빌려주면서 물건을 담보로 잡아 인도까지 받은 후 채무를 변제하지 않을 경우 그 목적물에서 우선변제 받을 권리인 질권, ⑧ 채무자 또는 물상보증인이 채무의 담보로 제공한 부동산 기타의 물건 즉 담보물을 채권자가 채무자 또는 물상보증인으로부터 인도받지 않고, 채무자가 채무변제를 하지 않을 경우 그 담보물로부터 우선변제를 받을 권리인 저당권, ⑨ 저당물의 경매로 토지와 그 지상 건물이 다른 소유자에게 속한 경우에 토지소유자가 건물소유자에게 지상권을 설정한 것으로 보는 법정지상권, ⑩ 동일 소유자의 소유에 속하는 토지와 건물 중의 어느 하나가 매각 또는 기타의 원인으로 인하여 양자의 소유자가 다르게 되더라도 그 건물을 철거한다는 약정이 없는 경우 건물소유자에게 인정되는 지상권인 관습법상 법정지상권, ⑪ 타인의 토지 위에 특수한 공작물을 설치한 자가 있는 경우에 그자가 그 분묘를 소유하기 위하여 분묘의 기지 부분인 토지를 사용할 수 있는 권리인 분묘기지권 등이 있다.

부동산경매와 관련된 주요 개념 해설

가. 가압류 및 가처분

가압류와 가처분을 보전처분이라고 하는데, 본안소송 즉 소송을 제기하기에 앞서 소송의 실효성을 확보하기 위한 방편으로 실시된다.

가압류는 금전채권 또는 금전으로 환산할 수 있는 채권의 집행을 보전하기 위한 것인데 반하여 가처분은 해당 부동산의 현상 변경을 방지하거나 임시의 지위를 설정하기 위해 행해진다.

즉, 돈을 빌려준 채권자가 돈을 갚지 않는 채무자에게 소송을 통하여 대여금의 존재에 대한 확정판결을 받았는데, 채무자의 유일한 재산인 부동산을 소송 도중에 채무자가 팔아버린다면, 소송의 실효성이 없게 된다. 위와 같은 상황을 방지하기 위한 제도가 가압류이다.

또한, 낙찰자가 경매로 부동산을 낙찰받고, 경매부동산에서 대항력이 없는 임차인에게 인도명령을 받았는데, 집행 도중 점유자가 바뀌면 집행불능이 된다. 즉, 위와 같은 경우를 대비하여 점유이전금지가처분이 인정된다. 여기에서 본안소송은 명도소송이 될 것이다.

나. 가등기

부동산경매에서 문제되는 가등기는 크게 소유권이전등기청구권보전가등기와 담보가등기로 나눌 수 있다.

소유권이전등기청구권보전가등기는 소유권이전에 관한 본등기를 할 수 있는 요건이 갖춰지지 않았거나 의도적으로 본등기의 요건을 미루어 장래에 있을 본등기의 준비로서 하는 등기이다.

담보가등기는 소유권이전을 목적으로 하는 것이 아니라 채무변제의 담보를 목적으로 하는 일종의 담보물권의 성질을 갖는 가등기이다.

담보가등기권리자가 담보목적 부동산에 대하여 경매를 신청한 경우에 경매에 관하여는 이를 저당권으로 보므로 (가등기담보등에관한법률 제12조 제1항●), 이 경우 담보가등기는 낙찰로 소멸한다.

소유권이전등기청구권보전가등기와 담보가등기는 모두 순위보전적 효력을 갖는다.

담보가등기는 저당권처럼 채권자가 경매로 채권을 확보할 수도 있으나, 청산절차를 거쳐 담보목적 부동산의 소유권을 취득할 수 있는바, 청산절차를 거쳐 담보목적 부동산의 소유권을 취득할 때 순위보전적 효력이 힘을 발휘한다.

가등기는 가등기 그 자체만으로는 가등기의 목적인 청구권의 설정·이전 등의 효력이 종국적으로 발생하는 것이 아니고 후에 그 가등기에 기해 본등기를 하는 경우에만 그 본등기에 의해 청구권의 설정·이전의 효력이 종국적으로 발생하는바, 이를 순위보전적 효력이라고 하며, 이와 같은 성질을 고려하여 가등기를 예비등기라고 부른다(예비등기는 가등기와 예고등기로 나뉨.).

다. 예고등기

예고등기는 등기원인의 무효 또는 취소(무효 또는 취소로써 선의의 제3자에게 대항할 수 있는 경우에 한함)로 인한 등기의 말소 또는 회복의 소가 제기된 경우에 수소법원의 촉탁에 의하여 그러한 소송이 제기되었음을 제3자

● **제12조 (경매의 청구)** ① 담보가등기권리자는 그 선택에 따라 제3조에 따른 담보권을 실행하거나 담보목적 부동산의 경매를 청구할 수 있다. 이 경우 경매에 관하여는 담보가등기권리를 저당권으로 본다.

에게 경고하기 위하여 하는 등기이다.

이는 기존 등기에 관하여 말소소송 등이 제기되어 있다는 사실을 공시함으로써 제3자에게 경고를 준다는 사실상의 효과를 가질 뿐이다.

라. 압류등기

일반적인 의미의 압류는 일정한 채권으로 소송에서 승소한 후 그 판결에 집행문을 부여받아 채무자의 부동산에 압류등기(경매개시결정기입등기)를 하여 경매를 통해 채권의 만족을 얻기 위한 본집행을 의미한다.

조세를 체납한 경우에는 소송을 통하여 압류를 할 필요는 없고, 부동산을 바로 압류할 수 있다.

즉, 조세체납의 경우에는 체납처분에 의한 압류가 가능하다.

예를 들어 채무자가 채권자에게 대여금을 갚지 않고 있는데, 채무자의 재산이 달랑 주택 하나일 경우에, 채권자는 대여금 소송을 제기하기 전 또는 대여금 소송을 제기하면서 채무자 주택에 가압류를 하고, 소송에서 승소하면, 그 승소판결문에 집행문을 부여받아 압류(경매개시결정기입등기)를 하여 경매절차를 진행하게 된다(가압류→본안소송→압류→경매→채권만족).

위에서 보듯이 가압류와 압류는 다른 개념이다.

마. 환매권

환매란 매도인이 매매계약과 동시에 특약으로 다시 살 권리를 유보한 경우 다시 살 권리를 일정기간 내에 행사함으로써 매매목적 부동산을 다시 사오는 것 (민법 제590조*)을 의미하고, 실질적으로는 돈을 빌리기 위한 수단 즉 담보목적으로 환매권이 설정된다.

매도인과 매수인 간에 환매특약을 하였을 경우 등기를 하지 않아도 당사자 간에는 유효하지만, 소유권이전등기와 동시에 환매등기를 하지 않으면 제3자에게 그 효력이 미치지 않는다.

바. 환지등기

환지란 일정 구역 안의 토지를 대상으로 그 토지의 구획과 형질을 질서 있게 정리·변경한 후 종전 토지에 관한 권리관계를 그 내용의 변동 없이 새로운 토지에 교환·분할·합병의 방법으로 이전시키는 것으로 토지구획정리라고도 한다.[9]

환지등기는 환지처분에 기하여 행하는 등기를 의미하며, 환지처분이란 시행자가 환지계획에 따라 종전의 토지에 갈음하여 새로운 토지를 교부하거나 종전의 토지와 새로운 토지에 관한 권리 사이의 과부족분을 금전으로 청산할 것을 결정하는 행정처분을 의미한다.

사. 경매개시결정기입등기

채권자의 경매신청이 있으면, 집행법원은 그 신청이 적법할 경우에 경매개시결정을 하고 경매개시결정과 동시에 그 부동산의 압류를 명한다.

집행법원이 경매개시결정을 하면 즉시 직권으로 그 사유를 등기부에 기입할 것을 등기관에게 촉탁하는데, 등기관이 이때 하는 등기가 경매개시결정기입등기이다.

● **제590조 (환매의 의의)** ① 매도인이 매매계약과 동시에 환매할 권리를 보류한 때에는 그 영수한 대금 및 매수인이 부담한 매매비용을 반환하고 그 목적물을 환매할 수 있다. ② 전항의 환매대금에 관하여 특별한 약정이 있으면 그 약정에 의한다. ③ 전2항의 경우에 목적물의 과실과 대금의 이자는 특별한 약정이 없으면 이를 상계한 것으로 본다.

9) 박용석 296면

경매개시결정은 채무자에게 송달되는데, 채무자에게 그 결정이 송달된 때와 경매개시결정기입등기가 된 때 중 앞선 날짜에 압류의 효력이 발생한다.

아. 저당권 및 근저당권

저당권은 채무자 또는 물상보증인이 담보 부동산의 인도 없이 채무의 담보로 제공한 부동산으로부터 우선변제를 받을 권리로 담보 물권의 일종이다.

물상보증인이란 채무자가 담보로 잡힐 재산이 없는 경우 채무자의 부탁 등으로 채무자의 가족 또는 지인 등이 채무자의 채무를 담보하기 위해 자신의 부동산을 담보로 설정해 주는바, 위와 같은 가족 또는 지인 등을 지칭한다.

채무자인 저당권 내지 근저당권 설정자와 물상보증인인 저당권 내지 근저당권 설정자는 저당권자 내지 근저당권자에 대한 채무 및 책임 부분에서 차이가 난다.

저당권은 특정채무를 담보하나, 근저당권은 채권최고액을 한도로 하여 결산기에 확정될 증감·변동하는 채무를 담보한다는 점에서 차이가 있다.

실생활에서 이루어지는 것은 저당권보다는 근저당권이 훨씬 많은 실정이다.

자. 지상권

지상권이란 타인의 토지 위에 건물 또는 그 밖의 공작물이나 수목을 소유하기 위해 그 토지를 사용하는 권리로 용익물권의 일종이다. 지상권은 건물, 공작물, 수목 등을 소유하는 것이 본질이 아닌, 토지 사용을 본질로 하는 것이므로 지상권을 설정할 당시에 건물, 공작물, 수목 등이 없더라도 유효하게 성립하며, 후에 건물, 공작물, 수목 등이 멸실되어도 지상권은 존속할 수 있다.

판례^(대법원 99다66410 판결)에 의하면 지상권을 영구히 설정하는 것도 가능하다. 법정지상권과 달리 지료의 지급은 지상권의 성립요건이 아니다^(대법원 99다24874 판결).

지상권의 지료 약정은 등기해야 제3자에게 대항할 수 있고^(▼대법원 99다24874 판결), 지상권자가 지료를 2년 이상 지급하지 않으면 지상권 소멸청구가 가능하다^(민법 제287조●).

지상권이 소멸한 경우 지상권설정자인 토지소유자는 지상권자에게 지상물(건물 등)의 매수를 청구할 수 있다. 지상권자는 지상권설정자인 토지소유자에게 지상권갱신청구를 할 수 있다. 토지소유자가 갱신청구를 거절하면, 지상권자는 2차적으로 지상물 매수를 청구할 수 있다.

지상권자가 2년 이상 지료를 지급하지 아니하여 지상권소멸청구로 지

● 제287조 (지상권소멸청구권) 지상권자가 2년 이상의 지료를 지급하지 아니한 때에는 지상권설정자는 지상권의 소멸을 청구할 수 있다.

대법원 99다24874 판결

지상권에 있어서 지료의 지급은 그의 요소가 아니어서 지료에 관한 유상 약정이 없는 이상 지료의 지급을 구할 수 없는 것이며(대법원 1995. 2. 28. 선고 94다37912 판결, 1994. 12. 2. 선고 93다52297 판결 등 참조), 유상인 지료에 관하여 지료액 또는 그 지급시기 등의 약정은 이를 등기하여야만 그 뒤에 토지소유권 또는 지상권을 양수한 사람 등 제3자에게 대항할 수 있는 것이다(대법원 1996. 4. 26. 선고 95다52864 판결 참조).

그리고, 지료에 관하여 등기되지 않은 경우에는 무상의 지상권으로서 지료증액청구권도 발생할 수 없다 할 것이다.

상권이 소멸한 경우에는 지상권자는 지상권 갱신청구 및 매수청구를 할 수 없다.(대법원 72다2085 판결, 대법원 80다2312 판결).

은행권에서 대출을 해줄 때 나대지에 근저당권을 설정하면서, 토지근저당의 담보가치를 보존하기 위하여 지상권까지 설정하는 경우가 많다.

위와 같은 경우 토지소유자가 건물을 신축하려면 은행의 승낙을 받아야 하고, 은행은 대체로 신축건물에 대하여도 최선순위근저당권설정을 조건으로 건물 신축을 허락한다.

차. 지역권

어느 토지의 편익을 위해 타인의 토지를 이용하는 용익물권을 지역권이라 하는데, 판례는 통행지역권의 시효취득을 인정하고 있다.(대법원 2001다8493 판결).

카. 전세권

전세권이란 전세금을 지급하고 타인의 부동산을 점유하여 그 부동산을 용도에 좇아 사용, 수익하는 권리(용익물권성)를 말하며, 그 소멸 시에는 목적물 전부의 환가금으로부터 전세금의 우선변제를 받을 수 있는 권능(담보물권성)이 인정된다.

즉, 전세권은 용익물권과 담보물권의 양면성을 갖는다.

사회에서 흔히 말하는 전세는 전세권과는 다르다. 사회에서 흔히 말하는 전세는 채권적 전세를 의미하는 것으로 전세권등기를 하지 않는 점이 전세권과 가장 큰 차이라고 할 수 있다.

예를 들어 주택을 전세로 들어가면서, 전세권등기를 하면 전세권이 될 것이나, 등기 없이 대항요건(인도 및 전입신고)을 취득하고 확정일자를 받았다면, 임대차의 일종인 채권적 전세에 해당한다.

다만, 주택의 임대차는 주택임대차보호법에 의하여 보통의 임대차보다는 훨씬 강하게 보호될 뿐인 것이다.

약정에 의한 전세권의 존속기간은 토지이든 건물이든 10년을 넘지 못한다(민법 제312조 제1항●).

건물에 대한 전세권의 존속기간을 1년 미만으로 정한 때에는 1년으로 한다(민법 제312조 제2항●●).

전세권의 존속기간을 약정하지 않은 경우 각 당사자는 언제든지 전세권 소멸을 통고할 수 있고, 이 통고를 받은 날로부터 6개월이 경과하면 전세권은 소멸한다(민법 제313조●●●).

지상권은 갱신청구제도가 있으나 전세권은 갱신청구권이 없다. 다만, 전세권은 약정 내지 법정갱신제도가 있고, 전세권은 약정으로 갱신할 경우에도 갱신기간은 갱신한 날로부터 10년을 넘지 못한다(민법 제312조 제3항●●●●).

결국, 경매부동산에 전세권이 설정되어 있다면 전세권의 기간이 만료되었다고 해도 입찰하려는 자는 반드시 법정갱신(묵시의 갱신)이 이루어진 전세권인지 확인할 필요가 있다.

법정갱신(묵시의 갱신)은 법률상 당연히 인정되는 것이므로 새로이 전세권등기가 필요 없기 때문이다.

다만 법정갱신(묵시의 갱신)은 토지에 인정되지 않고 건물에만 인정되므로, 토지의 전세권이 설정되었고 존속기간이 만료되었다면, 토지의 전세권은 기간만료로 소멸한다(민법 제312조 제4항●●●●●).

● 제312조 (전세권의 존속기간) ① 전세권의 존속기간은 10년을 넘지 못한다. 당사자의 약정기간이 10년을 넘는 때에는 이를 10년으로 단축한다.

●● 제312조 (전세권의 존속기간) ② 건물에 대한 전세권의 존속기간을 1년 미만으로 정한 때에는 이를 1년으로 한다.

●●● 제313조 (전세권의 소멸통고) 전세권의 존속기간을 약정하지 아니한 때에는 각 당사자는 언제든지 상대방에 대하여 전세권의 소멸을 통고할 수 있고 상대방이 이 통고를 받은 날로부터 6월이 경과하면 전세권은 소멸한다.

●●●● 제312조 (전세권의 존속기간) ③ 전세권의 설정은 이를 갱신할 수 있다. 그 기간은 갱신한 날로부터 10년을 넘지 못한다.

●●●●● 제312조 (전세권의 존속기간) ④ 건물의 전세권설정자가 전세권의 존속기간 만료 전 6월부터 1월까지 사이에 전세권자에 대하여 갱신거절의 통지 또는 조건을 변경하지 아니하면 갱신하지 아니한다는 뜻의 통지를 하지 아니한 경우에는 그 기간이 만료된 때에 전전세권과 동일한 조건으로 다시 전세권을 설정한 것으로 본다. 이 경우 전세권의 존속기간은 그 정함이 없는 것으로 본다.

타. 전세권과 채권적 전세의 구별

	전세권	채권적 전세
등기	○	X
대항력	○	X 단 주택 및 일정요건을 갖춘 상가는 예외 인정(주임법 및 상임법)
존속기간	10년을 넘을 수 없음. 건물의 경우 1년 미만 약정 시 1년 보장	최장기간 20년
처분행위	동의 불요	동의 필요
경매청구권	○	X
우선변제권	○	X 단, 주택 및 일정요건을 갖춘 상가는 대항요건과 확정일자 충족을 전제로 인정. 단, 소액의 경우 대항요건만으로 일정액을 한도로 최우선변제권 인정

(1) 전세권은 등기를 한 것이며, 채권적 전세는 등기가 되지 않은 것이다.

(2) 전세권은 등기의 선후에 의해 후순위에 대항할 수 있는 대항력이 있으나, 채권적 전세는 대항력이 없다. 다만, 주택임대차보호법 및 상가건물임대차보호법의 보호영역에 속하는 채권적 전세는 등기 없이 대항할 수 있는 경우가 있다.

(3) 전세권의 존속기간은 10년을 넘을 수 없고 건물의 경우 1년 미만으로 약정하면 그 기간을 1년으로 하나, 채권적 전세의 경우는 20년을 최장기간으로 한다.

(4) 전세권은 물권이어서 임대 등의 처분행위가 가능하나, 채권적 전세

는 채권으로 임대인 동의 없는 임대 등이 불가능하다.

(5) 전세권은 경매청구 및 우선변제권이 있지만, 채권적 전세는 경매를 청구하기 위해서는 별도의 판결문 등의 집행권원(채무명의)이 필요하다.

파. 주택임차인의 입장에서 주택의 경우 전세권을 설정할 것인지 대항력 및 우선변제권만 취득할 것인지의 문제

주택임차인은 대항력(인도 및 전입신고) 및 우선변제권(확정일자)만을 취득하여도 별문제 될 것이 없다.

단독주택이 경매될 경우 확정일자부 임차인은 건물과 토지의 낙찰대금 모두에서 배당^(주택임대차보호법 제3조의2 제2항●)을 받는 반면, 주택에 전세권을 설정받은 임차인은 건물부분 낙찰대금에서만 배당을 받는다.

다만, 아파트의 경우는 전세권자도 건물뿐만 아니라 대지의 낙찰대금에서도 배당을 받으므로 차이가 없다(종물이론의 종된 권리에의 유추적용).

인도, 전입신고 및 확정일자를 취득한 임차인이 말소기준권리보다 선순위라면 임차인의 배당부족액을 낙찰자에게 부담시킬 수 있으나(대항력의 의미를 끝까지 좇아가서 받는다는 것으로 이해하면 쉽다.), 전세권은 말소기준권리보다 선순위라도 배당부족액을 낙찰자에게 부담시킬 수 없다.

임대인이 전세금 또는 보증금을 지체할 때 전세권자는 소송을 제기할 필요 없이 바로 경매를 신청할 수 있으나(임의경매), 채권적 전세의 임차인은 소송을 통해 확정판결을 받아 경매를 신청해야 하는바(강제경매), 강제집행에 있어서는 전세권이 유리한 측면이 있다.

● **제3조의2 (보증금의 회수)** ② 제3조 제1항 또는 제2항의 대항요건(對抗要件)과 임대차계약증서(제3조 제2항의 경우에는 법인과 임대인 사이의 임대차계약증서를 말한다)상의 확정일자(確定日字)를 갖춘 임차인은 「민사집행법」에 따른 경매 또는 「국세징수법」에 따른 공매(公賣)를 할 때에 임차주택(대지를 포함한다.)의 환가대금(換價代金)에서 후순위권리자(後順位權利者)나 그 밖의 채권자보다 우선하여 보증금을 변제(辨濟)받을 권리가 있다.

전세권자는 경매절차에 진입하였을 때 이사가 자유로우나, 채권적 전세의 경우는 이사를 하거나 주민등록을 이전할 경우 대항력 및 우선변제권이 없어져 별도의 임차권등기명령제도를 활용해야 하는 불편이 있다.

결국, 주택임대차의 경우는 별도의 전세권등기 비용을 들여서 전세권을 설정할 필요는 없으나, 확정일자뿐만 아니라 전세권까지 등기를 하면, 주택임차인의 선택에 따라 전세권 또는 확정일차부 임차인의 권리를 행사할 수 있으므로 안정성에 있어서는 유리할 수 있다.

하. 상가임차인의 입장에서 상가의 경우 전세권을 설정할 것인지 대항력 및 우선변제권만 취득할 것인지의 문제

상가건물임대차보호법은 주택임대차보호법과 달리 모든 상가에 적용되지 않고 일정액의 보증금을 한도로 하여 적용된다.

따라서, 상가를 임차할 때는 보증금의 액수를 살펴 전세권등기 여부를 결정하는 것이 중요하다.

거. 법정지상권

법정지상권은 ① 전세권설정자의 법정지상권 (민법 제305조 제1항●) ② 저당권 실행에 의한 법정지상권 (민법 제366조●●) ③ 가담법상의 법정지상권 (가등기담보에관한법률 제10조●●●) ④ 입목법상의 법정지상권 (입목에관한법률 제6조●●●●) ⑤ 관습법에 의한 법정지상권으로 구별된다.

● **제305조 (건물의 전세권과 법정지상권)** ① 대지와 건물이 동일한 소유자에 속한 경우에 건물에 전세권을 설정한 때에는 그 대지소유권의 특별승계인은 전세권설정자에 대하여 지상권을 설정한 것으로 본다. 그러나 지료는 당사자의 청구에 의하여 법원이 이를 정한다.

●● **제366조 (법정지상권)** 저당물의 경매로 인하여 토지와 그 지상건물이 다른 소유자에 속한 경우에는 토지소유자는 건물소유자에 대하여 지상권을 설정한 것으로 본다. 그러나 지료는 당사자의 청구에 의하여 법원이 이를 정한다.

●●● **제10조 (법정지상권)** 토지와 그 위의 건물이 동일한 소유자에게 속하는 경우 그 토지나 건물에 대하여 제4조 제2항에 따른 소유권을 취득하거나 담보가등기에 따른 본등기가 행하여진 경우에는 그 건물의 소유를 목적으로 그 토지 위에 지상권이 설정된 것으로 본다. 이 경우 그 존속기간과 지료는 당사자의 청구에 의하여 법원이 정한다.

●●●● **제6조 (법정지상권)** ① 입목의 경매 기타 사유로 인하여 토지와 그 입목이 각각 다른 소유자에게 속하게 되는 경우에는 토지소유자는 입목소유자에 대하여 지상권을 설정한 것으로 본다. ② 전항의 경우에 지료에 관하여는 당사자의 약정에 따른다.

경매에서 가장 문제되는 것은 ② 저당권 실행에 의한 법정지상권과 ⑤ 관습법에 의한 법정지상권이라 할 수 있다.

위 다섯 가지 외에 지상권 유사의 권리로는 분묘기지권(타인의 토지 위에 분묘라는 특수한 공작물을 설치한 자가 있는 경우에 그자가 그 분묘를 소유하기 위하여 분묘의 기지부분인 토지를 사용할 수 있는 권리)이 있다.

위와 같은 법정지상권은 법에 의해 당연히 발생하는바, 그 성립을 위해 등기를 필요로 하지 않는 점을 유의할 필요가 있다(예를 들어 저당권 실행에 의한 법정지상권이 성립하기 위해 별도의 법정지상권등기를 경료할 필요가 없다.).

너. 전세권설정자의 법정지상권

대지와 건물이 동일한 소유자에 속한 경우에 건물에 전세권을 설정한 때에는 그 대지소유자의 특별승계인은 전세권설정자에 대하여 지상권을 설정한 것으로 본다(민법 제305조 제1항●). 지료는 당사자의 청구에 의하여 법원이 정한다.

주의할 것은 전세권자에게 지상권이 설정되는 것이 아니라 종전 토지소유자였던 전세권설정자에게 지상권이 설정된다는 것이다.

[전세권설정자의 법정지상권]
토지소유자 및 건물소유자인 A가 토지만을 C에게 매도한 경우에 사로 토지의 소유자가 된 C는 건물소유자이면서 전세권설정자인 A에게 법정지상권을 성립하여 준 것으로 본다. 이때 B에게 법정지상권이 성립된 것이 아님을 주의해야 한다.

전세권설정자 및 건물소유자 A
전세권자 B

토지소유자 A → 토지소유자 C

● 제305조 (건물의 전세권과 법정지상권) ① 대지와 건물이 동일한 소유자에 속한 경우에 건물에 전세권을 설정한 때에는 그 대지 소유권의 특별승계인은 전세권설정자에 대하여 지상권을 설정한 것으로 본다. 그러나 지료는 당사자의 청구에 의하여 법원이 정한다.

더. 저당권 실행에 의한 법정지상권

저당물의 경매로 토지와 그 지상건물이 다른 소유자에 속한 경우에 토지소유자는 건물소유자에 대하여 지상권을 설정한 것으로 본다. 지료는 당사자의 청구로 법원이 정한다.

즉, 저당권 실행으로 법정지상권이 설정되려면 ① 저당권설정 당시 건물이 존재할 것 ② 저당권설정 당시 토지와 건물의 소유자가 동일인이었을 것 ③ 토지와 건물 중 적어도 하나에 저당권이 설정되었을 것 ④ 경매(경매에는 임의경매, 강제경매, 공매 등이 모두 포함됨. 다만 판례는 강제경매의 경우 관습법상 법정지상권의 성립을 인정**(대법원 70다1454 판결)**)로 인하여 토지와 건물이 각각 그 소유자를 달리할 것 등의 요건이 충족되어야 한다.

[저당권 실행에 의한 법정지상권]

토지소유자이면서 건물의 소유자인 A가 C로부터 돈을 빌리면서 토지에 대하여 C에게 저당권을 설정해 주었는데, A가 돈을 갚지 않자 토지에 대한 저당권자인 C가 경매를 신청하여 토지소유권이 B에게로 넘어가면, B는 A에게 법정지상권을 설정해 준 것으로 보는 것이다.

건물소유자 A

토지소유자 및 토지저당권설정자 A
토지저당권자 C
→ 토지저당권자(피담보채권자) C의 경매신청
→ 토지소유자 B

러. 가담법(가등기담보등에관한법률)상의 법정지상권

토지 및 그 지상의 건물이 동일한 소유자에게 속하는 경우에 그 토지 또는 건물에 대하여 청산금지급과 소유권취득 규정 ^(가등기담보등에관한법률 제4조 제2항●)에 의한 소유권을 취득하거나 담보가등기에 기한 본등기가 행하여진 경우에는 그 건물의 소유를 목적으로 그 토지 위에 지상권이 설정된 것으로 본다. 존속기간 및 지료는 당사자 청구로 법원이 정한다.

머. 입목법(입목에관한법률)상의 법정지상권

입목의 경매 기타 사유로 토지와 그 입목이 각각 다른 소유자에게 속하게 되는 경우에는 토지소유자는 입목소유자에 대하여 지상권을 설정한 것으로 보며, 지료는 당사자 약정에 따른다.

버. 관습법에 의한 법정지상권

관습법상의 법정지상권이란 동일 소유자의 소유에 속하는 토지와 건물 중의 어느 하나가 매각 또는 기타의 원인으로 인하여 양자의 소유자가 다르게 되더라도 그 건물을 철거한다는 약정이 없는 경우에 당연히 건물소유자에게 인정되는 지상권을 말한다.

관습법상 법정지상권은 법률에 규정된 것이 아닌 판례로 형성된 권리로서, 그 성립요건은 ① 토지와 건물이 동일인 소유였을 것 ② 건물 또는 토지가 매매 및 기타의 원인(토지와 건물 중 어느 하나만이 매매 또는 증여^(대법원 63다11 판결)로 인하여 소유자가 달라지거나(등기의 경료까지 필요함), 강제경매^(대법원 70다1454 판결)나 공매^(대법원 67다1831 판결)로 소유자가 달라진 경우를 포함함)으로 인하여 소유자가 달라졌을 것 ③ 건물철거특약이 없을 것 ^(대법원 2002다9660 판결) 등이다.

● 제4조 (청산금의 지급과 소유권의 취득) ② 채권자는 담보목적 부동산에 관하여 이미 소유권이전등기를 마친 경우에는 청산기간이 지난 후 청산금을 채무자 등에게 지급한 때에 담보목적 부동산의 소유권을 취득하며, 담보가등기를 마친 경우에는 청산기간이 지나야 그 가등기에 따른 본등기를 청구할 수 있다.

> **[관습법에 의한 법정지상권]**
> 건물 및 토지의 소유자인 A가 자신의 토지를 B에게 매도하면서 건물철거특약을 하지 않았다면, 당사자의 의사는 A에게 법정지상권을 설정하려 했던 것이라 보는 것이 합리적인 것인바, 위와 같은 취지에서 인정되는 것이 관습법상 법정지상권이라 할 것이다.
>
> 건물소유자 A
>
> 토지소유자 A → 매매, 증여, 강제경매, 공매 등 → 토지소유자 B

서. 분묘기지권

분묘기지권이란 관습에 의해 인정되는 것으로 대법원이 분묘기지권을 인정한 예로는 ① 타인의 토지 내에 그 소유자의 승낙을 얻어 분묘를 설치한 경우^(대법원 4294민상1451 판결) ② 자기 소유의 토지에 분묘를 설치하고 후에 분묘기지에 관한 소유권을 유보하거나 또는 분묘를 따로 이장한다는 등의 특약을 함이 없이 그 토지를 타인에게 양도한 경우^(대법원 67다1920 판결) ③ 타인 소유의 토지에 그의 승낙 없이 분묘를 설치한 자가 20년간 평온, 공연하게 점유함으로써 분묘기지권을 시효취득하는 경우^(대법원 68다1927 판결) 등이다.

위와 같이 분묘기지권이 성립하는 경우는 낙찰자가 인수하므로 주의를 요한다.

다만, 분묘기지권이 성립하는 범위는 분묘를 수호하고 봉사하는 목적을 달성하는 데 필요한 범위에 한정된다.

분묘가 평장되거나 암장된 경우에는 분묘기지권을 취득하지 못한다^(대법원 96다14036 판결).

어. 유치권

유치권이란 타인의 물건 또는 유가증권을 점유하는 자가 그 물건 또는 유가증권에 관하여 생긴 채권의 변제를 받을 때까지 그 목적물을 유치하여 채무자의 변제를 간접적으로 강제하는 담보물권을 말한다(민법 제320조 제1항, 제2항●).

유치권이 성립하려면 ① 채권이 당해 목적물로부터 생길 것 ② 당해 목적물을 계속 점유(직접점유에 한하지 않고 간접점유를 포함)하는 상태를 유지할 것 ③ 채권의 변제기가 도래할 것 ④ 유치권자의 점유가 적법할 것 ⑤ 채무자와 유치권자 사이에 유치권배제특약이 없을 것 등의 요건이 충족되어야 한다.

● 제320조 (유치권의 내용) ① 타인의 물건 또는 유가증권을 점유한 자는 그 물건이나 유가증권에 관하여 생긴 채권이 변제기에 있는 경우에는 변제를 받을 때까지 그 물건 또는 유가증권을 유치할 권리가 있다. ② 전항의 규정은 그 점유가 불법행위로 인한 경우에 적용하지 아니한다.

5 기타 부동산경매 관련 용어해설 ('가, 나, 다' 순서)

부동산경매 관련 용어를 '가, 나, 다' 순서로 정리하면 찾기 쉬울 것으로 생각되어 앞에 설명을 하였더라도 필요에 따라 중복적으로 설명하였다. 용어해설은 되도록 간략하게 서술하였다.

가. 부동산경매 관련 용어 '가'

(1) 가등기

종국등기를 위한 요건을 갖추지 못한 경우 또는 청구권의 순위를 보전하기 위하여 행해지는 예비등기를 말한다.
가등기를 마치고, 차후에 가등기를 근거로 본등기를 하면 본등기의 순위는 가등기의 순위를 기준으로 하는 효과가 있다.

(2) 가등기담보

채권의 담보를 목적으로 가등기를 경료하면, 이를 가등기담보라고 한다. 가등기담보등에관한법률의 제한을 받는다.

(3) 가압류

금전이나 금전으로 환산할 수 있는 채권에 대하여 동산 또는 부동산에 대한 장래의 강제집행을 가능하게 할 목적으로 하는 명령 또는 그 집행으로서 하는 처분을 의미한다(참고: 가압류 → 본안소송 승소 → 압류(강제경매개시결정기입등기) → 강제경매 → 채권만족).

● 대법원 법원경매정보의 경매지식 중 경매용어, 미래와 경영연구소의 부동산경매용어사전 등

(4) 가처분

가처분은 금전 이외의 권리 또는 법률관계에 관한 확정판결의 강제집행을 보전하기 위한 집행보전제도로서 다툼의 대상에 대한 가처분(예를 들어 점유이전금지가처분, 처분금지가처분 등)과 임시의 지위를 정하기 위한 가처분(예를 들어 건물인도단행가처분 등)으로 나뉜다(참고: 점유이전금지가처분 → 명도소송(본안소송)승소 → 명도집행).

(5) 각하

법원이 당사자 그 밖의 관계인의 소송에 관한 신청을 배척하는 재판을 의미한다.

(6) 감정인

특별한 지식 경험에 속하는 법칙이나 이를 구체적 사실에 적용하여 얻은 판단을 법원이나 법관에게 보고하는 자를 의미한다.
허위감정을 하면 처벌을 받는다.

(7) 감정평가액

집행법원은 감정인으로 하여금 부동산을 평가하게 하고 그 평가액을 참작하여 최저매각가격을 정한다. 실무에서는 대부분 감정인의 평가액을 그대로 최저매각가격으로 정하고 있다.

(8) 갑구

부동산 등기부의 갑구는 사항란과 순위번호란으로 나뉘며, 소유권에 관한 사항이 기재된다.

(9) 강제경매

채무자 소유의 부동산을 압류 및 환가하여 그 매각대금을 가지고 채권자의 금전채권의 만족을 얻음을 목적으로 하는 강제집행 절차 중의 하나이다.

판결 등을 받아서 경매를 진행하여야 하는 점에서 판결 등의 집행권원(채무명의)이 없이 경매를 진행할 수 있는 임의경매(담보권실행경매)와 구별된다.

(10) 강제집행

채권자의 신청에 의하여 국가의 집행기관이 채권자를 위하여 집행권원(채무명의)에 표시된 사법상의 이행청구권을 국가 공권력에 기하여 실현하는 법적 절차를 의미한다.

(11) 개별경매(분할경매)

분할경매라고도 하며, 수개의 부동산에 관하여 동시에 경매신청이 있는 경우에는 각 부동산별로 최저매각가격을 정하여 경매하여야 하는 원칙을 의미한다.

다만, 법원은 수개의 부동산의 위치, 형태, 이용관계 등을 고려하여 이를 동일인에게 일괄매수 시킴이 상당하다고 인정한 때에는 자유재량에 의하여 일괄경매를 정할 수 있다.

(12) 개축

기존 건축물의 전부 또는 일부를 철거하고 그 대지 안에 종전과 동일한 규모의 범위 안에서 건축물을 다시 축조하는 것을 의미한다.

(13) 건폐율

대지면적에 대한 건축면적의 비율(대지에 2개 이상의 건축물이 있는 경우에는 이들 건축면적의 합계)을 의미한다.

(14) 경락기일(매각결정기일)

법원경매에 있어 매각을 한 법정에서 최고가매수신고인에 대하여 매각허가 여부를 결정하는 날을 의미한다.

(15) 경매개시결정

법원경매에 있어 경매신청의 요건이 구비되었다고 판단되면, 집행법원이 경매절차를 개시한다는 결정을 하는바, 이를 경매개시결정이라 한다.
집행법원은 경매개시결정과 동시에 압류를 명하고, 직권으로 그 사유를 등기부에 기입할 것을 등기관에게 촉탁한다.
경매개시결정이 채무자에게 송달된 때 또는 경매신청의 기입등기가 된 때에 압류의 효력이 발생한다.

(16) 경매기일공고(매각기일공고)

경매에 있어 매각예정 물건의 경매일자를 정하여 이를 알리는 것으로 공고는 공고사항을 기재한 서면을 법원의 게시판에 게시하는 방법으로 하는 것 외에, 법원이 필요하다고 인정하는 때에는 별도로 그 공고사항의 요지를 신문에 게재하거나 정보통신매체를 이용하여 공시할 수 있다.

(17) 경매기일지정(매각기일지정)

경매법원은 공과주관 공무소에 대한 통지, 현황조사, 최저매각가격 결정 등의 절차가 끝나고 경매절차를 취소할 사유가 없는 경우에는 직권으로 매각할 기일을 지정하게 되는바, 이를 경매기일지정 또는 매각기일지정이라 한다.

(18) 경매물건명세서(매각물건명세서)

집행법원이 매각목적물의 권리관계와 현황 및 평가액 등을 매수희망자들에게 알리기 위하여 작성하는 문서로 경매물건명세서 또는 매각물건명세서라고 한다.

(19) 경매신청의 취하

경매신청을 철회하는 경매법원에 대한 의사의 진술로서 최고가매수신고인이 정해지기 전까지는 신청자의 단독으로 취하가 가능하나 최고가매수신고인 및 차순위매수신고인이 정해지면 이들의 동의하에 취하가 가능하다. 다만, 허가결정이 있게 되면 취하할 수 없고 임의경매에 있어서는 경매개시결정에 대한 이의를 할 수밖에 없다. 취하가 있게 되면 압류효력이 소멸되고 경매절차는 종료된다.

(20) 공경매

경매신청은 개인이 하지만 국가기관이 경매를 실행하는 것을 말한다. 공경매는 다시 법원경매와 한국자산관리공사공매로 나뉘어진다.

(21) 공과주관 공무소에 대한 최고

법원은 경매개시결정 후 조세 기타 공과를 주관하는 공무소에 대하여 목적부동산에 관한 채권의 유무와 한도를 일정한 기간 내에 통지할 것을 최고하는데, 이는 우선채권인 조세채권의 유무, 금액을 통지받아 잉여의 가망이 있는지 여부를 확임함과 동시에 주관 공무소로 하여금 조세 등에 대한 교부청구의 기회를 주기 위한 것이다.

(22) 공동경매

수인의 채권자가 동시에 경매신청을 하거나 아직 경매개시결정을 하지 아니한 동안에 동일 부동산에 대하여 다른 채권자로부터 경매신청이 있으면 수개의 경매신청을 병합하여 1개의 경매개시결정을 하여야 하며, 그 수인은 공동의 압류채권자가 되고, 그 집행절차는 단독으로 경매신청을 한 경우에 준하여 실시되는 절차이다.

(23) 공시송달

법원 사무관 등이 송달한 서류를 보관해 두고 그 사유를 법원의 게시판에 게시하는 것으로써 송달을 받을 자가 나타나면 언제든지 그자에게 교부한다는 것을 법원의 게시장에 게시함으로써 행하는 송달방법 중의 하나이다.

공시송달의 효력 발생은 첫 공시송달의 경우 법원게시판에 게시를 실시한 날부터 2주가 지나야 효력이 발생한다. 다만, 같은 당사자에게 하는 그 뒤의 공시송달은 실시한 다음 날부터 효력이 발생한다.

(24) 공유

여러 사람이 하나의 소유권을 분량적으로 분할하여 갖는 것을 공유라 하고, 각 공유자는 각 지분권을 보유한다.

공유자 사이에 사용, 수익의 비율이 정해져 있다면, 그에 따르나, 정해져 있지 않다면 그 비율은 균등한 것으로 추정된다.

공유물의 보존행위는 각자가 단독으로 할 수 있으나, 그 밖의 관리행위는 공유자의 지분에 따라 과반수로 결정한다.

공유물에 변경을 가한다거나 처분을 하게 되는 경우에는 공유자 전원의 동의가 필요하다.

공유자는 원칙적으로 언제나 공유를 그만두고 공유물의 분할을 청구할 수 있다.

공유물 분할은 협의로 정하나, 협의가 성립되지 않으면 법원에 분할을 청구할 수 있다.

법원은 원칙적으로 현물분할을 하도록 하나, 현물분할이 불가능하거나 또는 현물분할로 인하여 현저히 가격이 하락할 우려가 있을 때에는 경매를 하여 대금을 분배받게 된다.

(25) 공유자의 우선매수청구권

공유자는 최고가매수인이 써낸 가격으로 우선매수할 수 있는 권리가 있다. 매수청구권을 행사하고자 하는 공유자는 입찰종료선언 전까지 매수청구를 해야 하고 최저매각가격의 10%에 해당하는 현금이나 유가증권을 보증으로 제공해야 한다.

공유자가 우선매수청구권을 행사하게 되면 최고가매수신고인은 차순위매수신고인의 자격자가 된다. 수인의 공유자가 우선매수청구권을 행사하면 그 공유자들이 원래 가지고 있던 지분의 비율로 경매로 나온 공유지분이 공유된다.

(26) 공탁

변제자가 변제의 목적물을 채권자를 위하여 공탁소에 임치하여 채권자의 협력이 없는 경우에도 채무를 면하는 제도(변제공탁)이다.

변제공탁의 성립요건으로는 채권자가 변제를 받지 않거나 받을 수 없어야 하는데, 변제자의 과실 없이 채권자를 알 수 없는 경우도 이에 해당한다.

(27) 과잉매각

한 채무자의 여러 부동산을 매각하는 경우에 일부 부동산의 매각대금으로 모든 채권자의 채권액과 집행비용을 변제하기에 충분한 경우 과잉매각이라 하고 이에 해당하면 집행법원은 다른 부동산의 매각을 허가해서는 안 된다.
다만, 일괄매각의 경우에는 그러하지 아니하다.
과잉매각의 경우에 채무자는 여러 부동산 가운데 매각할 부동산을 지정할 수 있다.

(28) 교부청구
국세징수법상 국세, 지방세, 징수금 등 채무자가 강제집행이나 또는 파산선고를 받은 때(법인이 해산할 때) 강제매각개시 절차에 의하여 채무자의 재산을 압류하지 아니하고도 강제매각기관에 체납관계 세금의 배당을 요구하는 제도를 의미한다.

(29) 구분건물
1동의 건물을 구분하여 각 부분을 별개의 부동산으로 소유하는 형태를 건물의 구분소유라 하고, 구분된 건물부분을 구분건물이라 한다.
등기하는 데 있어서 1동 전체를 1개의 건물로 등기할 수 있음은 물론 구분건물을 각각 독립된 1개의 건물로 등기할 수 있다.

(30) 근저당
계속적인 거래관계로부터 발생하는 다수의 불특정 채권을 장래의 결산기에서 일정한 한도까지 담보하려는 저당권을 말한다.

(31) 금전집행
금전채권의 만족을 위하여 채무자 소유의 동산 또는 부동산에 대하여 하는 강제집행을 의미한다.

(32) 기각

민사소송법상 신청의 내용을 종국재판에서 이유가 없다고 하여 배척하는 것을 의미한다.

(33) 기간입찰

통상적 법원경매의 입찰방법인 기일입찰과는 달리 기간입찰은 1주 이상 1월 이하의 범위 안에서 입찰기간을 정하여 원격지 거주자들도 등기우편의 방법으로 입찰에 참여할 수 있도록 하여 매수에 참여할 기회를 확대하고 입찰기간 종료 후 1주 안으로 매각기일을 정하여 입찰함을 경매법정에 옮긴 후 입찰자의 면전에서 개찰절차를 실시하는 매각방법이다.

(34) 기일입찰

법원경매에서 통상적으로 사용되는 방법인바, 기일입찰은 법원에 의하여 정해진 입찰기일에 법원에서 입찰표에 입찰가격을 적어 제출하는 방법을 말한다.

나. 부동산경매 관련 용어 '나'

(1) 나대지

대지 중에서 지상정착물이 없는 것을 나대지라고 한다.

(2) 낙찰기일 ('매각결정기일' 설명과 동일)

(3) 낙찰허가결정 ('매각허가결정' 설명과 동일)

(4) 내용증명

등기취급을 전제로 우체국 창구 또는 전산망을 통하여 발송인이 수취인에게 어떤 내용의 문서를 언제 발송하였다는 사실을 우체국이 증명하는 특수취급제도를 말한다.

내용증명은 법률상 각종의 사건이나 권리 등으로 후일 당사자 간의 분쟁 등이 생겼을 때의 증거로써 소송이나 재판에 도움을 주기 위해 이용되고 있다.

(5) 농지취득자격증명

헌법상의 경자유전의 원칙에 따라 원칙적으로 농지는 자기의 농업경영에 이용하거나 이용할 자가 아니면 이를 소유하지 못한다.

다만, 일정한 경우 예외가 인정된다.

농지를 취득하고자 하는 자는 농지의 소재를 관할하는 시장, 구청장, 읍장 또는 면장으로부터 농지취득자격증명을 발급받아야 농지를 소유할 수 있다.

부동산경매의 경우 낙찰받은 부동산이 농지 등인 경우 낙찰자는 매각허가기일까지 농지취득자격증명을 발급받아 경매법원에 제출하여야 한다.

다. 부동산경매 관련 용어 '다'

(1) 다가구주택

다가구주택이란 연면적 660평방미터 이하이고 4층 이하로서 2가구 이상 19가구 이하가 함께 거주할 수 있도록 건축법상 단독주택으로 허가받아 건축한 주택을 말한다.

(2) 다세대주택
한 동당 연면적 660평방미터 이하인 4층 이하의 공동주택을 말한다.

(3) 담보물권
채권담보를 목적으로 물건이 가지는 교환가치의 지배를 목적으로 하는 물권으로 대표적으로 (근)저당권이 있다.

(4) 대금지급기일
대금납부기일로서 최고가매수신고인에 대하여 매각허가결정이 확정되면 법원은 지체 없이 직권으로 대금지급기일을 지정한다.

(5) 대금지급기한
매각허가결정이 확정되면 법원은 대금의 지급기한을 정하고 이를 매수인과 차순위매수신고인에게 통지하여야 하며, 매수인은 이 대금지급기한까지 매각대금을 지급하여야 한다.

(6) 대위변제
대위변제란 제3자 또는 공동채무자의 1인이 채무자를 위하여 변제를 할 때 취득하는 구상권의 범위 안에서 채권자가 채무자에 대하여 가지고 있던 권리가 변제자에게 이전하는 것 또는 권리를 대위하여 행사할 수 있는 것을 말한다.

(7) 대지사용권
집합건물의 구분소유자가 건물의 전유부분을 소유하기 위하여 대지에 대하여 갖는 권리를 의미한다.

(8) 대항력

일반적으로 물권은 대항력이 있다. 즉, 제3자에게 자신의 권리를 주장할 수 있는 것이다. 다만, 대항력이라는 표현은 주택임대차 또는 상가임대차에서 많이 사용된다.

예를 들어, 주택임대차의 경우 인도와 전입신고를 갖추면, 그다음 날 0시에 대항력이 발생하고, 낙찰자는 주택임차인에게 보증금을 지급할 의무를 부담한다.

(9) 등기필증

등기소에서 교부하는 등기완료의 증명서를 의미한다. 등기필증은 등기완료증명서에 불과하지만, 실무상으로는 등기필증에 등기의 위임장을 붙여서 부동산의 매매나 담보가 행해진다.

등기필증을 소유한 자는 권리자로 추정되므로 이를 권리증이라고도 하며, 이 권리에 대하여 다음에 등기할 경우에는 등기필증을 제출하여야 한다.

라. 부동산경매 관련 용어 '마'

(1) 말소등기

기존 등기가 원시적 또는 후발적인 사유로 인하여 실체관계와 부합하지 않게 된 경우에 기존 등기 전부를 소멸시킬 목적으로 하는 등기이다.

(2) 매각결정기일

매각을 한 법정에서 최고가매수신고인에 대하여 매각허가 여부를 결정하는 날이다.

(3) 매각기일

경매법원이 경매대상 부동산에 대하여 실제 매각을 실행하는 날을 의미한다.

(4) 매각기일 및 매각결정기일 통지

법원이 매각기일과 매각결정기일을 지정하면 이를 이해관계인에게 통지하는 절차를 말하는데, 위 통지는 집행기록에 표시된 이해관계인의 주소에 등기우편으로 발송하여 할 수 있다.

(5) 매각기일 및 매각결정기일의 공고

매각기일 및 매각결정기일을 지정한 때에는 법원 사무관 등은 이를 공고한다.

(6) 매각기일의 지정

집행법원은 공과주관 공무소에 대한 통지, 현황조사, 최저매각가격결정 등의 절차가 끝나고 경매절차를 취소할 사유가 없는 경우에는 직권으로 매각할 기일을 지정한다.

(7) 매각물건명세서

법원이 매각부동산에 대한 현황이나 가격, 권리관계 등을 작성하여 매수희망자에게 열람할 수 있도록 한 문서를 말한다.
매각물건명세서는 매각기일의 1주일 전까지 법원에 비치하여 매각부동산에 관심 있는 누구나 볼 수 있도록 하고 있다.

(8) 매각조건

법원이 경매의 목적부동산을 낙찰자에게 취득시키기 위한 조건인데,

법원이 매각조건을 획일적으로 정한다.

(9) 매각허가결정

매각허가결정이 선고된 후 1주일 내에 이해관계인이 항고하지 않으면 매각허가결정이 확정된다.

(10) 매수보증금

경매물건을 매수하고자 하는 사람은 최저매각가격의 10분의 1에 해당하는 보증금액을 입찰표와 함께 집행관에게 제출하는 방법으로 제공하여야 하는데, 위 보증금액을 매수보증금이라 한다.

(11) 매수신고인

경매부동산을 매수할 의사로 매수신고를 할 때 통상 최저매각가격의 10분의 1에 해당하는 현금 또는 유가증권을 집행관에게 보관시킨 사람을 매수신고인이라 한다.

(12) 매수청구권

타인의 부동산을 이용하는 경우에 그 이용자가 그 부동산에 부속시킨 물건에 대하여 이용관계가 종료함에 즈음하여 타인에 대하여 부속물의 매수를 청구할 수 있는 권리를 의미한다.
예를 들어 지상권자의 지상물매수청구권, 전세권자의 부속물매수청구권 등이 있다.

(13) 명도

명도란 부동산을 현재 점유하고 있는 자로부터 배제시켜 개수자의 현실적 지배하에 놓이게 하는 법률행위를 의미한다.

(14) 명도소송

명도소송이란 경매개시결정등기 이전에 점유한 대항력 없는 점유자로서 인도명령 대상이 아닌 경우나 인도명령 대상기간 6개월을 넘긴 경우의 점유자가 자진하여 건물을 인도해 주지 않는 경우에 명도소송 제기 후 승소를 통해 강제집행을 실현하는 방법인바, 점유이전금지가처분을 함께 신청하여야 효과적이다.

(15) 묵시적 갱신

임대차기간이 만료된 후에 임차인이 임차물의 사용, 수익을 계속하는 경우에 임대인이 상당한 기간 내에 이의를 하지 아니한 경우 전 임대차와 동일 조건으로 다시 임대차하는 것으로 보는 것을 말한다.
전세권의 묵시적 갱신, 주택임대차의 묵시적 갱신, 상가임대차의 묵시적 갱신 등이 있다.

마. 부동산경매 관련 용어 '바'

(1) 법정지상권

당사자의 계약에 의하지 않고 법률의 규정에 의하여 당연히 성립하는 지상권을 의미한다.

(2) 배당요구

강제집행에 있어서 압류채권자 이외의 채권자가 집행에 참가하여 변제를 받는 방법으로 배당요구는 채권의 원인과 액수를 기재한 서면으로 배당요구종기일까지 하여야 한다.

(3) 배당요구의 종기결정

경매개시결정에 따른 압류의 효력이 생긴 때부터 1주일 이내에 집행법원은 절차에 필요한 기간을 감안하여 배당요구 할 수 있는 종기를 첫 매각기일 이전으로 정한다.

(4) 배당이의

배당기일에 출석한 채권자는 자기의 이해에 관계되는 범위 안에서 다른 채권자를 상대로 그의 채권 또는 채권의 순위에 대하여 이의를 할 수 있다.
이의를 제기한 채권자가 배당이의의 소를 제기하고 배당기일로부터 1주일 내에 집행법원에 소제기 증명원을 제출하면, 집행법원을 그 금원에 대하여 지급을 보류하고 공탁을 한다.

(5) 배당이의의 소

배당표에 대하여 실체상의 이의신청을 한 채권자 또는 집행력 있는 정본을 가지지 않은 채권자나 담보물권자에 대하여 이의신청을 한 채무자가 이의의 상대방을 피고로 하여 상대방에 대한 배당표의 시정을 구하기 위하여 제기하는 소송을 말한다.

(6) 배당표에 대한 이의

배당기일에 출석한 채무자 및 각 채권자는 배당표의 작성, 확정, 실시와 다른 채권자의 채권과 순위에 관하여 이의를 진술할 수 있는데, 실무상으로는 임차인과 근로자의 우선변제권을 둘러싼 분쟁이 많다.

(7) 보증보험증권

보증보험증권은 가압류, 가처분 사건에서 주로 사용되는 증권이다.

부동산경매의 경우 일정액의 보증료를 보증보험회사에 납부한 후 경매보증보험증권을 발급받아 매수신청보증으로 제출할 수 있도록 하고 있다.

(8) 부동산인도명령

낙찰인은 낙찰대금 전액을 납부한 후에는 채무자, 소유자 또는 부동산 점유자에 대하여 직접 자기에게 매각 부동산을 인도할 것을 구할 수 있으나, 채무자가 임의로 인도하지 아니하는 때에는 대금을 완납한 낙찰인은 대금을 납부한 후 6월 내에 집행법원에 대하여 집행관으로 하여금 매각부동산을 강제로 낙찰인에게 인도하게 하는 내용의 인도명령을 신청하여 그 명령의 집행에 기하여 부동산을 인도받을 수 있다.

(9) 분묘기지권

타인의 토지에 분묘를 설치한 자가 그 분묘를 소유하기 위하여 분묘의 기지 부분과 분묘의 수호 및 제사에 필요한 범위 내에서 분묘의 기지 주위의 공지를 포함한 지역의 타인 소유의 토지를 사용하는 것을 내용으로 하는 지상권 유사의 관습상의 물권을 의미한다.

(10) 분필

토지등기부상의 한 필로 되어 있는 토지를 분할하여 여러 필의 토지로 나누는 것을 의미한다.

(11) 분할채권

같은 채권에 2인 이상의 채권자 또는 채무자가 있을 경우에 분할할 수 있는 채권을 말하는데, 가분채권이라고도 한다.

바. 부동산경매 관련 용어 '사'

(1) 상계

채권자가 동시에 매수인인 경우에 있을 수 있는 매각대금의 특별한 지급방법이다.

채권자는 매각대금을 상계 방식으로 지급하고 싶으면 매각결정기일이 끝날 때까지 법원에 위와 같은 상계를 하겠음을 신고하여야 하며, 배당기일에 매각대금에서 배당받아야 할 금액을 제외한 금액만을 납부하게 된다. 그러나, 그 매수인이 배당받을 금액에 대하여 다른 이해관계인으로부터 이의가 제기된 때에는 매수인은 배당기일이 끝날 때까지 이에 해당하는 대금을 납부하여야 한다.

(2) 상계배당

낙찰인이 동시에 채권자인 경우에는 교부받을 배당액과 납부해야 할 매각대금과의 차액을 계산하여 교부받을 배당액을 한도로 그 대금과 상계하여 차액을 배당하는 것을 의미한다.

(3) 선순위가처분

1순위 저당 또는 압류등기보다 앞서 있는 가처분등기, 즉 말소기준권리보다 선순위가처분등기는 압류 또는 저당권에 대항할 수 있으므로 경매 후 촉탁에 의하여 말소되지 않는다.

(4) 세대합가

주민등록상에 각각의 세대로 구성되어 있다가 하나의 세대로 합하여지는 것을 세대합가라고 한다.

예를 들어 '갑'이 선순위로 세들어 살다가 뒤에 '갑'의 아버지 '을'이 그 집에 입주(세대합가)하면, '갑'의 전입일자는 삭제되고 '을'의 전입일자를 기준으로 전입일자가 다시 잡히게 되나, 대항력은 '갑'의 전입일자를 기준으로 발생한다.

따라서, 부동산경매에 입찰할 경우 주민등록등본상 세대합가라는 말이 나오면 반드시 주민등록초본을 확인하여 세대원 중에서 가장 먼저 전입했던 일자를 기준으로 권리분석을 하는 것이 필요하다.

(5) 소유권이전등기촉탁

낙찰인이 대금을 완납하면 낙찰부동산의 소유권을 취득하므로, 집행법원은 낙찰인이 등기비용을 부담하고 등기촉탁신청을 하면 집행법원은 낙찰인을 위하여 소유권이전등기, 낙찰인이 인수하지 아니하는 각종 등기의 말소를 등기공무원에게 촉탁한다.

(6) 신경매(신매각)

입찰을 실시하였으나 낙찰인이 결정되지 않았기 때문에 다시 기일을 지정하여 실시하는 경매를 의미한다.

사. 부동산경매 관련 용어 '아'

(1) 압류

확정판결 등의 집행권원(채무명의)에 의하여 경매를 진행하기 위한 보전수단이다. 다만, 세무관청의 압류는 확정판결 등의 집행권원이 필요 없다.

(2) 용적률

대지면적에 대한 연면적(대지에 2 이상의 건축물이 있는 경우에는 이들 연면적의 합계)의 비율을 의미한다.

쉽게 '바닥면적의 합계'라는 표현을 쓴다.

(3) 우선매수권

공유물지분의 경매에 있어서 채무자 아닌 다른 공유자는 매각기일까지, 최저매각가격의 10분의 1에 해당하는 금원을 보증으로 제공하고 최고매수신고가격과 같은 가격으로 채무자의 지분을 우선매수 하겠다는 신고를 할 수 있다. 이러한 다른 공유자의 권리를 우선매수권이라고 한다.

(4) 우선변제권

우선변제권이란, 임차주택(또는 일정요건의 상가)이 경매 또는 체납처분 등으로 매각됨으로 인하여 임대차관계가 소멸될 경우에 임대차의 종료로 인하여 발생하는 보증금반환채권을 임차주택(또는 일정요건의 상가)의 환가대금으로부터 후순위권리자 기타 채권자보다 우선하여 변제받을 수 있는 권능을 의미한다.

(5) 유익비

유익비란 임차목적을 달성하기 위해서 반드시 필요한 비용은 아닐지라도 그 비용을 지출함으로써 목적물의 객관적 효용가치를 증대시키는 비용을 의미한다.

(6) 유찰

매각기일의 매각불능을 유찰이라고 한다. 통상 최저매각대금의 20%를 저감한 가격으로 다음 매각기일에 다시 매각을 실시한다(이를 '신매각'이라 한다.).

(7) 유치권

타인의 물건 또는 유가증권을 점유하는 자가 그 물건 또는 유가증권에 관하여 생긴 채권의 변제를 받을 때까지 그 목적물을 유치(점유)하여 채무자의 변제를 간접적으로 강제하는 담보물권을 의미한다.

(8) 을구

등기부를 전제한 개념으로 소유권 이외의 권리가 기재된다.

(9) 이중경매

강제경매 또는 임의경매 절차의 개시를 결정한 부동산에 대하여 다시 경매의 신청이 있는 때에는 집행법원은 다시 경매개시결정(이중경매개시결정)을 하고 먼저 개시한 집행절차에 따라 경매를 진행한다.

(10) 이해관계인

경매절차에 이해관계를 가진 자 중에서 법이 특별히 보호할 필요가 있다고 보아 이해관계인으로 법이 규정한 자를 말한다. 이들은 경매절차 전반에 관여할 권한이 있다.

(11) 인도명령

강제집행에 있어서 집행법원이 인도할 것을 명하는 것을 의미한다. 채무자, 소유자 또는 압류의 효력이 발생한 후에 점유를 시작한 부동산 점유자에 대하여는 낙찰인이 대금을 완납한 후 6개월 이내에 집행법원에 인도명령을 신청하면 법원은 이유가 있으면 인도명령을 발한다.

(12) 일괄매각

집행법원은 경매의 대상물이 위치, 형태, 이용관계 등을 고려하여 여러 개의 부동산의 매각이나 부동산 매각 시 다른 종류의 재산(금전채권 제외)을 그 부동산과 함께 일괄매수하게 하는 것이 알맞다고 인정하는 경우에는 직권으로 또는 이해관계인의 신청에 따라 일괄매각하도록 그 목적물에 대한 매각기일 이전까지 결정할 수 있다.

(13) 임의경매

임의경매란 저당권 등의 담보물권을 실행하기 위한 경매로 집행권원이 필요한 강제경매와 구별된다.

(14) 잉여의 가망이 없는 경우의 경매취소

집행법원은 법원이 정한 최저매각가격으로 압류채권자의 채권에 우선하는 부동산상의 모든 부담과 경매비용을 변제하면 남을 것이 없다고 인정하는 때에, 이러한 사실을 압류채권자에게 통지하고 압류채권자가 이러한 우선채권을 넘는 가액으로 매수하는 자가 없는 경우에는 스스로 매수할 것을 신청하고 충분한 보증을 제공하지 않는 한 경매절차를 법원이 직권으로 취소한다.

아. 부동산경매 관련 용어 '자'

(1) 재경매(재매각)

매각허가결정의 확정 후 집행법원이 지정한 대금지급기일에 낙찰인이 낙찰대금 지급의무를 완전히 이행하지 아니하고 차순위매수신고인이 없는 경우에 법원이 직권으로 실시하는 경매를 의미한다.

(2) 재축

재축은 건축물이 천재, 지변 기타 재해에 의하여 멸실된 경우에 그 대지 안에 종전과 동일한 규모의 범위 안에서 다시 축조하는 것을 의미한다.

(3) 저당권

채무자 또는 제3자(물상보증인)가 채무의 담보로서 제공한 부동산 또는 부동산물권(지상권, 전세권)을 채권자가 그 제공자로부터 인도를 받지 않고서 관념적으로 지배하여 채무의 변제가 없을 경우에 그 목적물로부터 우선변제를 받는 담보물권을 의미한다.

(4) 전세권

전세권설정계약을 체결하고 전세권이라는 이름으로 등기부에 기재한 용익물권을 의미한다.

(5) 정지조건

청구권이 발생하지 않고 있다가 일정 조건이 성취되면 청구권이 발생하는 것을 의미한다.

(6) 제시외 건물

제시외 건물은 경매목적 건물이 '제시 목록 이외의 건물'이라는 것으로, 원칙적으로 경매대상이 아니나, 저당권의 효력범위에 속하거나 일괄경매의 대상이 되면 경매대상에 포함된다.

(7) 주민등록

예를 들어 주택임대차의 대항력은 인도 및 주민등록을 하여야 발생하는데, 법에서 전입신고 시 주민등록을 한 것으로 보도록 하였다. 전입신고 후 바로 주민등록부에 등록된다고 보기 어려운바 전입신고 시 주민등록을 한 것으로 본 것이다.

주택임대차는 인도 및 전입신고 다음 날 0시에 대항력이 발생한다.

(8) 즉시항고

즉시항고는 항고의 일종으로 즉시항고를 하면 원칙적으로 집행을 정지하는 효력이 있다.

다만, 민사집행에 있어 즉시항고는 집행정지의 효력이 없다. 즉, 부동산 경매와 관련된 즉시항고는 집행정지의 효력이 없음을 주의한다.

(9) 증축

기존 건축물이 있는 대지 안에서 건축물의 건축면적, 연면적, 층수 또는 높이를 증가시키는 것을 의미한다.

(10) 지상권

다른 사람의 토지에서 건물 기타의 공작물이나 수목을 소유하기 위하여 토지를 사용할 수 있는 권리를 의미한다.

(11) 집행관

집행관은 강제집행을 실시하는 자로서 지방법원에 소속되어 법률이 정하는 바에 따라 재판의 집행과 서류의 송달 기타 법령에 의한 사무에 종사한다.

(12) 집행권원(채무명의)

강제집행을 할 수 있는 근거라 볼 수 있는데, 판결문 등이 이에 해당한다.

(13) 집행문

집행권원에 집행력이 있음과 집행당사자, 집행의 범위 등을 공증하기 위하여 법원 사무관 등이 공증기관으로서 집행권원의 말미에 부기하는 공증문언을 의미한다.

자. 부동산경매 관련 용어 '차'

(1) 차순위매수신고인

최고가매수신고인 이외의 입찰자 중 최고가 매수신고액에서 보증금을 공제한 액수보다 높은 가격으로 응찰한 사람으로서 차순위매수신고를 한 사람을 의미한다.

(2) 체납처분

행정상의 강제징수절차를 국세징수법에 따라 본다면, 독촉, 압류, 매각, 청산 등의 순으로 행하여지는데, 압류, 매각, 청산을 가리켜 체납처분이라 한다.

(3) 체비지

토지구획정리사업의 시행자가 그 사업에 필요한 경비에 충당하기 위하여 환지계획에서 일정한 토지는 환지로 정하지 아니하고 유보한 땅을 의미한다.

(4) 총유

법인 아닌 사단의 공동소유 형태로, 종중 등이 그 예이다.
등기신청은 사단의 명의로 그 대표자 또는 관리인이 한다.

(5) 최저매각가격

경매기일의 공고에는 매각부동산의 최저매각가격을 기재한다. 최초 경매기일의 최저매각가격은 감정인이 평가한 가격이 기준이 된다.

차. 부동산경매 관련 용어 '타'

(1) 토지거래허가제

투기거래지역 등에서 토지를 거래할 때에 시장 등의 허가를 받아야 하는 것을 의미한다.

(2) 토지별도등기

토지와 건물은 별개의 부동산으로 각각 등기부가 따로 있다. 그러나 집합건물은 하나의 등기부에 토지와 건물이 기재된다.

그런데, 집합건물을 짓기 전에 토지에 저당권 등이 설정되어 있다면, 문제가 될 수 있다.

이때, "토지에 별도의 등기가 있다."라는 표시를 위한 등기가 토지별도등기이다.

(3) 특별매각조건

법원이 경매대상 부동산을 매각하여 그 소유권을 낙찰인에게 이전시키는 조건을 의미한다.

카. 부동산경매 관련 용어 '파'

(1) 표시란의 등기
표시란의 등기는 권리의 객체인 부동산의 물리적 현황을 공시하는 것으로 등기용지 중 표제부의 표시란에 기재된다.

(2) 필요비
물건의 성질 또는 상태를 유지하기 위한 비용 또는 물건 위의 권리를 보유함에 있어서 당연히 지출하여야 하는 비용을 의미한다.

(3) 필지
지적법상 하나의 지번이 붙는 토지의 등록단위를 의미한다.

타. 부동산경매 관련 용어 '하'

(1) 합유
공동소유의 한 형태로서 수인이 조합체로서 물건을 소유하는 것을 의미한다.

(2) 항고보증금
매각허가결정에 대하여 항고를 하고자 하는 모든 사람은 보증금으로 매각대금의 10분의 1에 해당하는 금전 또는 법원이 인정한 유가증권을 공탁하여야 한다.

(3) 해제

일단 유효하게 성립한 계약을 소급적으로 소멸시키는 일방적인 의사표시를 의미한다.

(4) 해지

계속적 채권관계를 장래에 향하여 소멸시키는 것을 해지라고 한다.

(5) 현황조사보고서

현황조사보고서는 집행관이 그 조사내용(임대차관계, 부동산 현황 사진 등)을 집행법원에 보고하기 위하여 작성한 문서이다.

(6) 환가

환가란 현금화, 즉 압류재산을 매각 등을 통하여 현금으로 바꾸는 것으로 이해하면 무난하다. 경매신청에서 경매실시까지의 제 절차 진행 요소들을 환가절차라고 한다.

(7) 환매

토지구획정리사업에 의하여 토지구획정리를 실시할 때 필연적으로 발생하는 인접 토지와의 교환분을 의미하나, 넓은 의미로는 매도인이 한 번 매도한 물건을 대가를 지급하고 다시 매수하는 계약을 의미한다.

(8) 환지

토지구획정리사업 시행 전에 존재하던 권리관계에 변동을 가하지 아니하고 각 토지의 위치, 지적, 토지이용 상황 및 환경 등을 고려하여 토지구획정리사업 시행 후 새로이 조성된 대지에 기존의 권리를 이전하는 행위를 의미한다.

핵심정리

	등기부 전체
표제부	부동산 표시의 등기(사실의 등기)
갑구	소유권에 관한 사항(권리의 등기) 예) 소유권등기, 가압류등기, 가처분등기, 가등기, 압류등기, 환매등기, 환지등기, 경매개시결정기입등기, 소유권에 관한 예고등기 등
을구	소유권 이외의 권리에 관한 사항(권리의 등기) 예) 저당권등기, 근저당권등기, 지상권등기, 지역권등기, 전세권등기, 임차권등기, 저당권 등에 관한 예고등기, 전세권 목적 가압류등기 등

등기부는 일반적으로 표제부, 갑구, 을구로 나뉘어 표시되는데, 표제부의 등기는 등기용지의 표제부에 하는 부동산의 표시의 등기로서, 부동산의 위치·면적·용도 등을 표시해서 그 등기용지가 어느 부동산에 관한 것인지를 나타내는 등기(사실의 등기)이고, 갑구·을구의 등기는 등기용지 중 갑구란과 을구란에 하는 부동산의 권리관계에 관한 등기(권리의 등기)로서, 갑구에는 소유권에 관한 사항을, 을구에는 소유권 이외의 권리에 관한 사항을 기재한다. 권리변동의 효력·대항력과 같은 등기의 효력은 갑구·을구의 등기 내지 권리의 등기가 마쳐진 때에 발생한다.

경매부동산 권리분석과 관련하여 등기부의 갑구에 나타나는 권리는 소유권등기, 가압류등기(단, 전세권을 목적으로 하는 가압류는 을구에 나타남), 가처분등기, 가등기, 압류등기, 환매권, 환지등기, 경매개시결정기입등기 등이 있고, 을구에 나타나는 등기로는 저당권, 근저당권, 지상권, 지역권, 전세권, 임차권 등기 등이 있다.

다만, 예고등기의 경우는 소유권에 관한 예고등기는 등기부 갑구에 표시되고, 저당권 등에 관한 예고등기는 등기부 을구에 표시된다.

1 소유권보존등기 및 소유권이전등기

소유권보존등기란 등기의 대상인 토지와 건물의 표시 및 소유권에 관한 사항을 등기부라는 공적 장부에 최초로 등기하여 등기부를 개설하는 것[10]을 말하고, 소유권이전등기란 어떤사람에게 귀속되어 있던 소유권이 다른 사람에게 옮겨가거나 그 지위가 승계되는 때 이를 공시하기 위하여 하는 등기[11]로 위 양자의 등기는 등기부 갑구에 표시된다.

말소기준권리 이후의 소유권이전등기는 낙찰로 소멸된다는 것 이외에 권리분석과 관련하여 특별히 언급할 것은 없다.

---

[10] 법원행정처, 부동산등기실무(Ⅱ) 186면

[11] 법원행정처, 부동산등기실무(Ⅱ) 217면

2 가압류등기

핵심정리

- 가압류는 말소기준권리가 된다.
- 선순위가압류등기 후 부동산의 소유권이 이전된 상태에서 새소유자의 채권자가 경매를 신청한 경우에는 집행법원 의사에 따라 선순위가압류의 말소기준권리 여부가 결정된다.

가. 권리분석을 위한 선행학습

(1) 가압류의 의의

가압류는 금전채권 또는 금전으로 환산할 수 있는 채권의 집행을 보전하기 위한 집행보전제도로 가압류채권자의 신청으로 가압류등기가 경료되면, 해당 가압류 부동산이 처분되더라도 가압류권자에게는 무효(상대적 무효)가 되어 채권을 확보할 수 있다.

(2) 가압류의 요건

가압류가 인정되기 위해서는 피보전권리(보전할 실체법상의 권리로 예컨대, 금전채권의 존재)의 존재와 보전의 필요성의 두 요건을 충족해야 한다.
가압류를 신청한 채권자는 피보전권리의 존재와 보전의 필요성을 소명(민사소송의 증명보다는 약한 정도)해야 하며, 위 두 요건이 모두 충족되어야 가압류결정이 내려진다.

(3) 가압류의 효과

부동산가압류가 행해지면 가압류의 목적물에 대하여 채무자의 매매, 증여, 질권 등의 담보권 설정, 그 밖에 일체의 처분을 금지하는 효력이 생긴다.

다만, 채무자가 처분행위를 하면 채무자와 채무자로부터 가압류 목적물의 소유권 등을 취득한 제3자의 거래는 유효하나, 그것을 가압류채권자에게 주장할 수 없음에 그치는바, 이를 상대적 효력이라 한다.

결국, 채무자가 처분행위를 하더라도 채권자는 자신의 채권을 행사할 수 있는 것이다(다만, 본안소송에서 승소해야 함).

나. 권리분석 및 배당문제

금전채권 등에 대한 본안소송 제기 전에 본안 승소의 실효성을 확보하기 위해 인정되는 가압류는 말소기준권리가 된다(법 제91조 제3항●).

다만, 선순위가압류등기 후 경매부동산의 소유권이 이전되고 신소유자의 채권자가 경매신청을 한 경우에 선순위가압류는 말소기준권리가 되지 않을 수 있다.

이와 관련하여 대법원은 "구체적인 매각절차를 살펴 집행법원이 위 가압류등기의 부담을 매수인이 인수하는 것을 전제로 하여 매각절차를 진행했는가의 여부에 따라 위 가압류 효력의 소멸 여부를 판단해야 한다(대법원 2005다8682 판결)."고 판시한 바 있다.

결국, 집행법원의 의사가 중요하므로, "갑 소유 부동산 → 갑의 채권자인 A가 가압류 → 을로 소유권이전 → 을의 채권자 B(가압류 또는 압류권자)가 경매신청"과 같은 사례의 경우 낙찰자는 매각물건명세서 등을 확인하여 집행법원이 A에게 배당을 실시하고 해당 가압류를 말소할 것인지

● 제91조 (인수주의와 잉여주의의 선택 등) ③ 지상권·지역권·전세권 및 등기된 임차권은 저당권·압류채권·가압류채권에 대항할 수 없는 경우에는 매각으로 소멸된다.

아니면 A의 가압류를 낙찰자가 인수할 것인지를 명확히 확인한 후 입찰 여부를 결정하여야 한다.

그렇다면, 전소유자의 가압류권자가 본안소송에서 승소한 후에 강제경매를 신청한 경우(위 사례에서 A가 강제경매신청)에는 어떨까?

위와 같은 경우에는 후순위 (가)압류권자, 즉 B는 말소된다. 즉 A의 가압류가 말소기준권리가 되므로 을의 소유권 및 B의 가압류는 모두 말소된다.

배당에 있어서도 일반적인 경우와 다르다.

소유자의 변동이 없는 상태에서 두 번의 가압류가 이루어진 경우의 배당은 두 가압류권자가 채권액의 비율로 안분배당 받지만, 위 사례와 같이 소유자가 바뀌고, 바뀐 소유자에게 (가)압류가 집행된 경우에는 전소유자(갑)의 가압류채권자(A)가 가압류청구금액의 범위 내에서 먼저 배당을 받은 후 남은 금액을 후소유자(을)의 (가)압류권자(B)가 배당을 받는다.^(대법원 91누5228 판결)

가압류 집행 후 가압류 목적물의 소유권이 제3자에게 이전되었다면 전소유자에 대한 가압류채권자는 가압류 목적물의 낙찰대금에서 가압류결정 당시의 청구금액을 넘어서는 이자와 소송비용채권을 배당받지 못한다.^(대법원 98다43441 판결)

전소유자의 부동산에 가압류 및 저당권이 차례로 설정(저당권 및 가압류가 차례로 설정된 경우도 동일)된 후 소유권이 이전되어 후소유자의 부동산에 가압류 또는 저당권이 설정된 경우에 후소유자의 채권자(가압류권자 또는 저당권자)가 경매를 신청하든지 전소유자의 채권자(가압류권자 또는 저당권자(순서가 바뀐 경우도 동일))가 경매를 신청하든지에 관계없이 전소유자의 부동산에 설정된 가압류(또는 저당권)은 말소기준권리가 된다.

왜냐하면, 저당권은 항상 말소되는 권리^(법 제91조 제2항●)이므로 후소유자의 채권자가 경매를 신청해도 선소유자는 배당을 받을 수 있기 때문이다.

가압류는 원칙적으로 우선변제적 효력이 없으므로 선순위 가압류라고

● **제91조 (인수주의와 잉여주의의 선택 등)** ② 매각부동산 위의 모든 저당권은 매각으로 소멸된다.

해도 후순위자와 안분배당을 받는다.

경매개시결정기입등기 이전에 가압류등기를 한 가압류채권자는 채권계산서 등을 제출하지 않았다고 하여 배당에서 제외되지 않는다.

다만, 경매개시결정기입등기 이후에 가압류등기를 한 가압류채권자는 배당요구를 해야 배당을 받을 수 있다.

배당을 요구해야 하는 가압류채권자가 배당요구를 하지 않아 배당을 받지 못한 경우에도 가압류채권자는 후순위자를 상대로 부당이득반환청구를 할 수 없다(대법원 98다12379 판결).

가압류가 먼저 등기설정 되어 있고 후에 저당권이 설정된 경우는 안분배당과 흡수배당이라는 배당원칙에 따라 배당한다.

즉, 선순위가압류등기 후에 저당권이 설정되어 있고 그 후에 후순위권리들이 있는 경우 각 권리는 동순위가 되어 안분배당 한 후 우선변제권자의 선후 순위에 따라 선순위가 후순위의 안분배당액을 흡수한다(대법원 91다44407 판결).

국세·가산금 또는 체납처분비는 다른 공과금 기타 채권에 우선하여 징수되므로(국세기본법 제35조 제1항 본문●), 가압류 집행이 후행된 경우뿐만 아니라 가압류 집행이 선행된 경우에도 국세체납처분의 선 집행이 가능하다.

동일 채권에 대하여 체납처분에 의한 압류와 민사집행법상 압류가 경합하는 경우에 세무공무원은 체납처분에 의한 압류를 근거로 채권추심이 가능하고, 청산절차가 완료되면 민사집행법상의 압류는 효력을 상실하며(대법원 99다3686 판결), 국세를 징수하고 남은 돈은 납세자(채무자)에게 반환하면 족하고 민사집행법상 압류권자를 위해 공탁할 필요도 없다(대법원 73다1905 판결).

다만, 민사집행법상 가압류등기, 저당권등기가 차례로 설정된 부동산이 공매대상이 된 경우 가압류채권자도 배당의 대상이 된다(▼대법원 2000다26036 판결).

● 제35조 (국세의 우선) ① 국세·가산금 또는 체납처분비는 다른 공과금 기타의 채권에 우선하여 징수한다. 다만, 다음 각 호의 1에 해당하는 공과금 기타의 채권에 대하여는 그러하지 아니하다.

 **대법원 2000다26036 판결**

가. 현행법상 국세체납 절차와 민사집행 절차는 별개의 절차로서 양 절차 상호 간의 관계를 조정하는 법률의 규정이 없으므로 한쪽의 절차가 다른 쪽의 절차에 간섭할 수 없는 반면, 쌍방 절차에서 각 채권자는 서로 다른 절차에서 정한 방법으로 그 다른 절차에 참여할 수밖에 없으므로, 동일한 채권에 대하여 체납처분 절차에 의한 압류와 민사집행 절차에 의한 압류가 서로 경합하는 경우에도 세무공무원은 체납처분에 의하여 압류한 채권을 추심할 수 있고, 청산절차가 종결되면 그 채권에 대한 민사집행 절차에 의한 가압류나 압류의 효력은 상실되고, 따라서 보전처분에 기하여 가압류가 된 채권에 대하여 체납처분에 의한 압류가 있고 그에 기하여 피압류채권의 추심이 이루어진 후에 그 체납처분의 기초가 된 조세부과처분이 취소되었다고 하더라도, 특별한 사정이 없는 한 그 환급금채권은 조세를 납부한 자에게 귀속되므로 민사집행 절차에 의한 가압류 및 압류채권자로서는 조세부과처분의 취소에 따른 환급금에 대하여 부당이득반환을 구할 수는 없다.

나. 동일한 채권에 대하여 강제집행 절차와 체납처분 절차가 경합하는 경우에 체납처분에 의한 압류채권의 추심이 이루어진 후에 그 조세부과처분이 취소됨으로써 체납처분에 의하여 징수한 금원이 납세의무자에 대한 관계에서 부당이득이 성립하는 때에도, 국가로서는 체납처분 당시 경합하고 있었던 압류채권자 등에게 그 채권을 보전하거나 집행할 수 있도록 배려하거나 납세의무자에 대한 부당이득반환채무가 발생하였다는 점을 통지할 신의칙상 주의의무가 있다고 할 수는 없다.

>>> **판례 해설**
국세체납 절차와 민사집행 절차는 별개의 절차이다.
동일 채권에 체납처분에 의한 압류와 민사집행 절차에 의한 압류가 경합할 때 세무공무원은 채권추심이 가능하다.
세무공무원의 채권추심으로 절차가 종료되면 민사집행 절차에 의한 압류, 가압류 등은 효력을 상실한다.
따라서, 조세부과 처분이 취소되어 세무당국의 채권추심이 납세자(채무자)에 대하여 부당이득이 되더라도, 민사집행 절차의 압류채권자 등에게 부당이득 사실을 통지할 필요가 없다.

사례

Question 문제

① 가압류(채권 200만 원) → ② 저당권(채권 400만 원) → ③ 가압류(채권 400만 원) 또는 저당권(채권 400만 원)

∗ 배당재단 500만 원

Answer 답

- 말소기준권리는 ①
- 말소되는 권리는 ① ② ③ 모두
- 배당 ①은 100만 원 ②는 400만 원 ③은 0원
- 배당과정
    — 1단계: 안분
    ① 100만 원 ② 200만 원 ③ 200만 원
    — 2단계: 흡수
    ① 100만 원 ② 400만 원 ③ 0원

Question 문제

① A의 소유권보전 또는 소유권이전등기 → ② A의 채권자인 갑의 가압류(채권 500만 원) → ③ B의 소유권이전등기 → ④ B의 채권자인 을의 가압류(채권 500만 원) → ⑤ 갑의 경매개시결정기입등기

∗ 배당재단 500만 원

Answer 답

- 말소기준권리는 ②
- 말소되는 권리는 ② ③ ④ ⑤
- 배당은 ②는 500만 원 ④는 0원
- 배당 시 ② ④가 안분배당 되는 것이 아님에 유의, 다만 중간에 소유자 변경이 없었다면 안분배당 되었을 것임.

Question 문제

① A의 소유권보전 또는 소유권이전등기 → ② A의 채권자인 갑의 가압류(채권 500만 원) → ③ B의 소유권이전등기 → ④ B의 채권자인 을의 가압류(채권 500만 원) → ⑤ 을의 경매개시결정기입등기

＊ 배당재단 500만 원

Answer 답

- 집행법원이 ②가압류를 인수하는 조건으로 경매를 진행하면, ②가압류는 낙찰자에 인수되고 ②가압류권자는 배당받지 못하며, 말소기준권리는 ④가압류가 되고, 집행법원이 ②가압류를 인수하지 않는 조건으로 경매를 진행하면, ②가압류는 낙찰로 소멸되며 배당을 받는데, 이때 말소기준권리는 ②가 된다.
- 말소기준권리가 ②일 경우에는 말소되는 권리는 ② ③ ④ ⑤, 배당은 ②는 500만 원 ④는 0원
- 말소기준권리가 ④일 경우에는 말소되는 권리는 ④ ⑤, 배당은 ②는 0원 ④는 500만 원. 단, ②는 낙찰자가 인수하므로 배당이 없다고 해도 ②에게 문제될 것은 없음.
- 특히, 말소기준권리가 ②일 경우에 배당 시 ② ④가 안분배당 되는 것이 아님에 유의, 다만 중간에 소유자 변경이 없었다면 안분배당 되었을 것임.

 **Why 코너**

의문점

가압류와 압류의 차이는 무엇이며, 가압류를 하는 이유는 무엇일까?

답

내가 A에게 돈을 빌려주었다고 가정하자. 나는 A로부터 한 달 후에 돈을 갚겠다는 내용의 차용증을 받았다. 한 달이 지나서 내가 A에게 돈을 달라고 하니, 처음에는 며칠만 기다리라고 하다가 돈을 갚겠다는 날로부터 한 달이 지나도 돈을 갚을 생각이 없는 듯 전화도 받지 않는다.

그런데, 내가 알기로 A에게 재산이라고는 A가 살고 있는 집이 전부다. 이때, 내가 할 수 있는 법적 조치는 A의 주택에 가압류를 하고 소송을 통해 승소한 후 압류 및 집행하는 것이다.

내가 미리 가압류를 하지 않으면, A는 그사이에 자신의 유일한 재산인 집을 매도하고 잠적할 수도 있는 것이다. 이렇듯 가압류는 금전채권의 집행보전을 위해 인정되는 것인데, 가압류를 하지 않은 상태에서 소송을 하게 되면, 소송에서 승소하더라도, 소송진행 도중에 A가 자신의 유일한 재산인 집을 팔아 잠적하든지 또는 그 매도대금을 몽땅 써버리면, 나의 승소판결문은 큰 의미가 없어진다.

즉, 돈을 받기 위해 우선 부동산에 가압류하고, 소송에서 승소한 후, 그 승소판결문에 집행할 수 있다는 취지가 적힌 집행문을 부여받아, 그 집행정본을 가지고 압류등기(강제경매개시결정기입등기)를 하고 부동산 경매를 진행하여 나의 채권을 확보하게 되는 것이다.

다만, 내가 돈을 빌려주고 차용증을 받은 후 A의 집에 근저당권 내지 저당권을 설정받았다면, 가압류를 할 필요 없이 그 근저당권 내지 저당권을 근거로 임의경매(임의경매가시결정기입등기, 즉 이를 '압류'로 볼 수 있음)를 신청하여 채권의 만족을 얻을 수 있다.

결국, 가압류는 보전집행, 압류는 본집행이라는 차이가 있다.

전체에서 부분 보기

필자가 상담을 하다 보면, 가압류와 압류를 구별하지 않고 질문을 하시는 분들이 많다.

앞서 설명한 바와 같이 가압류와 압류는 다른 것이다.

가압류는 채권자가 소송에서 승소를 하기 전에 하는 것이어서 가압류를 하는 채권자의 말이 진실인지 여부를 법원에서 알 길이 없다.

결국 법원에서는 채권자의 말이 거짓일 경우를 대비하여 채무자의 손해 담보로 채권자에게 담보를 제공하게 하고 나서 가압류 결정을 내려준다.

그러나 압류는 그렇지 않다. 즉 채권자의 말이 맞다는 법원의 결정이 있어야 압류가 내려지기 때문에 채권자가 채무자의 손해보전을 위한 담보제공을 할 필요가 없다.

채권자의 말이 맞다는 법원의 결정은 채권자의 승소판결문 등이 될 것이다.

가처분등기

핵심정리

- 가처분은 말소기준권리가 아니다.
- 선순위가처분은 인수되는바, 말소기준권리에 우선하는 가처분이 존재하는 부동산을 낙찰받으면 소유권을 상실할 위험이 있다.
- 토지소유자가 건물소유자를 상대로 건물철거를 위해 가처분을 한 것으로 확인되었을 때에는 가처분순위에 상관없이(말소기준권리를 기준으로 선순위·후순위 무관) 낙찰을 삼가야 한다. 토지소유자가 본안소송에서 승소하면, 건물이 철거될 가능성이 많기 때문이다.

가. 권리분석을 위한 선행학습

(1) 가처분의 의의 및 요건

가처분은 금전 이외의 권리 또는 법률관계에 관한 확정판결의 강제집행을 보전하기 위한 집행보전제도로서 다툼의 대상에 대한 가처분(예를 들어 점유이전금지가처분, 처분금지가처분 등)과 임시의 지위를 정하기 위한 가처분(예를 들어 건물인도단행가처분 등)으로 나뉜다.[12]

가처분이 내려지기 위해서는 가압류와 마찬가지로 피보전권리의 존재 및 보전의 필요성이라는 두 가지 요건의 충족이 필요하다.

경매에서는 주로 점유이전금지가처분과 처분금지가처분이 중요하다. 점유이전금지가처분이란 가처분채권자의 목적물 인도 또는 명도 청구권(피보전권리)을 보전하기 위한 것으로 보전의 필요성이 인정되는 경우 가처분결정이 내려진다.

---
12) 사법연수원, 보전소송 6면 이하 참조

경매부동산이 낙찰되었음에도 불구하고 채무자 또는 소유자가 명도를 거절할 때 인도명령 또는 명도소송을 제기하면서 병행하여 점유이전금지가처분을 신청하면 효과적이다.

점유이전금지가처분을 신청하지 아니하여 가처분 결정이 내려지지 않은 상황에서 인도명령신청 등에 따른 인도명령 등이 내려졌는데, 상대방이 제3자에게 점유를 이전하였다면 집행을 할 수 없어 다시 인도명령신청 등이 필요한바, 점유이전금지가처분을 미리 받아두면 집행이 가능하기 때문이다(점유를 이전받은 제3자에 대한 승계집행문을 받아 집행함[13]).

처분금지가처분이란 보통 소유권이전등기청구권 또는 소유권말소등기청구권(피보전권리)을 보전하기 위한 것으로 가처분채무자의 소유권이전, 저당권·전세권 설정, 임차권설정 및 기타 일체의 처분행위를 금지하는 것을 내용으로 하는 보전처분이다.

처분금지가처분은 부동산경매 권리분석과 관련성이 있는바, 처분금지가처분이 되어 있는 부동산에 대한 강제집행은 적법하고 유효하나, 후에 가처분과 관련한 본안소송에서 가처분채권자가 승소판결을 받은 경우에는 낙찰자의 소유권이 부정될 수 있다(대법원 92마903 판결).

(2) 가처분의 효과

점유이전금지가처분이 집행된 경우(가처분등기가 완료된 경우)에 가처분채무자는 해당 목적부동산의 동일성을 상실할 정도의 증개축을 할 수 없고(객관적 현상변경의 금지), 해당 목적부동산의 점유를 타인에게 이전하거나 점유 명의를 변경할 수 없다(주관적 현상변경의 금지).

다만, 가처분채무자가 위 의무에 위반한 경우 가처분채무자의 행위는 가처분채권자에 대하여만 무효가 되는바(상대적 효력), 가처분채무자가 제3자에게 점유를 이전시킨 경우 가처분채권자의 입장에서 해당 목적부동산의 점유자는 가처분채무자이므로, 본안소송을 수행하여 승소한

---

[13] 이시윤 143면에 의하면 "부동산 인도 또는 명도판결 뒤(엄밀하게는 변론 종결 후)에 그 부동산의 점유를 제3자에게 이전시킴으로써 승소자가 집행할 수 없게 되는 경우를 대비하여 그 점유승계인을 상대로 강제집행이 가능하도록 하기 위해 승계집행문 제도가 생긴 것이다."라고 적시되어 있다.

경우 잔여집행이 가능하게 된다(▼대법원 87다카257 판결).

처분금지가처분이 집행된 경우(가처분등기가 완료된 경우)에 가처분채무자는 해당 목적부동산에 대해 매매, 증여, 저당권·전세권·임차권의 설정 및 기타 일체의 처분을 해서는 안 된다. 가처분채무자가 위 의무를 위반한 경우 점유이전금지가처분과 마찬가지로 가처분채권자에게는 무효(상대적 효력)가 되는바, 가처분채권자의 권리가 본안에서 확정될 때까지는 가처분등기 후의 처분행위라도 등기가 허용되며, 제3취득자는 목적부동산의 권리를 취득할 수 있다.

다만, 처분금지가처분등기가 실효됨이 없이 본안에서 가처분채권자가 승소한 경우 낙찰자 등은 가처분채무자에게 양수한 권리를 확정적으로 취득할 수 없게 되는 데 불과하다(대법원 65다1118 판결).

대법원 87다카257 판결

가. 타인의 토지 위에 건립된 건물로 인하여 그 토지의 소유권이 침해되는 경우 그 건물을 철거할 의무가 있는 사람은 그 건물의 소유권자나 그 건물이 미등기건물일 때에는 이를 매수하여 법률상, 사실상 처분할 수 있는 지위에 있는 사람이다.

나. 점유이전금지가처분은 그 목적물의 점유이전을 금지하는 것으로서, 그럼에도 불구하고 점유가 이전되었을 때에는 가처분채무자는 가처분채권자에 대한 관계에 있어서 여전히 그 점유자의 지위에 있는 것일 뿐 목적물의 처분을 금지 또는 제한하는 것은 아니다.

나. 권리분석 및 배당문제

말소기준권리보다 선순위의 가처분은 낙찰자가 인수해야 하는바, 가처분채권자가 채무자를 상대로 한 본안소송에서 승소하면, 낙찰자는 소유권을 상실당할 가능성이 있다.

다만, 실무에서는 위와 같은 경우 일단 경매개시결정기입등기를 마친 후 경매절차를 사실상 중지한 후 가처분 결과에 따라 처리하는 것이 일반적이다.[14]

그러나 경매절차가 진행될 수도 있으므로 주의하여야 한다.

말소기준권리보다 후순위인 가처분은 낙찰로 소멸함이 원칙이다.

다만, 예외적으로 말소기준권리보다 후순위가처분 중에서 낙찰로 소멸되지 않는 가처분이 있다.

토지소유자가 그 지상건물 소유자에 대하여 건물 철거·토지인도청구권을 보전하기 위하여 처분금지가처분을 한 경우는 그 가처분이 말소기준권리의 선순위이건 후순위이건 심지어 경매개시결정기입등기 이후에 등기되었는지 여부 및 담보권설정등기 이후에 이루어졌는지 여부에 관계없이 낙찰로 소멸하지 않는바, 가처분채권자가 철거소송 등에서 승소 시 낙찰건물은 철거될 운명에 처하므로 주의를 요한다.[15]

또한, 말소기준권리보다 선순위(근)저당권이 경매개시 당시 이미 소멸했음에도 형식상 등기만 남아 있을 뿐인 경우는 후순위가처분도 낙찰로 소멸하지 않는다.

그리고 민법상 토지저당권자의 일괄매각청구(제365조●)에 의한 토지저당권자의 일괄매각청구에 의해 진행된 경매절차에서 저당 토지 및 지상건물이 낙찰된 경우 그 토지에 설정된 저당권의 효력은 지상건물에 미치지 않는바, 토지를 목적으로 저당권을 설정한 자가 그 토지에 건물을 축조하여 소유권보존등기까지 마친 상태에서, 건물 자체의 선순위말소기준권리가 없는 한, 건물에 대해서만 존재하는 가처분 등은 말소되지 않는다.[16]

가처분과 체납처분의 경우는 체납처분이 우위에 있다.

가처분등기는 배당문제가 생기지 아니한다.

---

14) 박용석 258면

15) 윤경 1091면

16) 윤경 1091면

● **제365조 (저당지상의 건물에 대한 경매청구권)** 토지를 목적으로 저당권을 설정한 후 그 설정자가 그 토지에 건물을 축조한 때에는 저당권자는 토지와 함께 그 건물에 대하여도 경매를 청구할 수 있다. 그러나 그 건물의 경매대가에 대하여는 우선변제를 받을 권리가 없다.

 **사례**

Question 문제

① 가처분 → ② 저당권 → ③ 저당권 실행 경매(임의경매)신청

Answer 답

- 말소기준권리는 ②
- 말소되는 권리는 ② ③
- 인수되는 권리는 ①
- 낙찰자는 차후 경매부동산의 소유권을 상실할 위험 있음

4 가등기

핵심정리

- 가등기는 소유권이전청구권보전가등기와 담보가등기로 나뉘며, 모두 순위보전의 효력이 있다.
- 가등기의 성격이 불명확한 경우 법원은 가등기의 성격을 신고하라는 취지를 가등기권자에게 최고하고, 그 결과에 따라 처리한다.
- 가등기가 담보가등기이고, 그 담보가등기의 등기접수일이 1984. 1. 1. 이후인 경우는 말소기준권리가 된다.

가. 권리분석을 위한 선행학습

(1) 가등기의 의의 및 종류

가등기란 종국등기를 할 수 있는 실체적 또는 절차적 요건이 구비되지 않은 경우 장래 그 요건이 완비된 후에 할 본등기의 순위를 보전하기 위해 미리 하는 예비등기(예비등기는 가등기와 예고등기로 나뉨)를 의미한다.[17] 부동산경매에서 문제되는 가등기는 크게 소유권이전등기청구권보전가등기와 담보가등기로 나눌 수 있다.

소유권이전청구권보전가등기는 소유권이전에 관한 본등기를 할 수 있는 요건이 갖춰지지 않았거나 의도적으로 본등기의 요건을 미루어 장래에 있을 본등기의 준비로서 하는 등기이다.

담보가등기는 소유권이전을 목적으로 하는 것이 아니라 채무변제의 담보를 목적으로 하는 일종의 담보물권의 성질을 갖는 가등기(가등기담보등에관

---

[17] 법원행정처, 부동산등기실무 (Ⅱ) 53면 이하

^{한법률 제12조 제1항)}로서, 일정한 청산절차를 거친다.

(2) 가등기의 등기부상 표시방법

종전에는 소유권이전청구권보전가등기 및 담보가등기 모두 '소유권이전청구권가등기'로 표시되어 등기부만으로는 가등기의 실체를 파악하기 어려웠으나, 최근에는 소유권이전청구권보전가등기는 등기부에 '소유권이전청구권가등기'로 등기되고 등기원인은 '매매예약'으로, 담보가등기는 '소유권이전담보가등기'로 표시되고 등기원인은 '대물반환예약'으로 각 표시된다.[18]

그러나 상당수 등기가 아직도 가등기의 실체를 파악하기 어려운바, 가등기의 실체파악을 위한 과정이 필요하다.

대법원은 가등기의 실체는 등기부상 표시나 등기 시에 주고받은 서류의 종류에 의해 형식적으로 결정되는 것이 아니고 거래의 실질과 당사자의 의사에 따라 결정된다는 취지이다(대법원 91다36932 판결).

결국, 낙찰자의 입장에서 말소기준권리가 되는 담보가등기인지를 확인하기 위해서는 가등기권자가 배당요구를 하였는지 여부를 확인함으로써 명확한 권리분석을 할 수 있을 것이다.

즉 가등기권자가 채권계산서 등을 법원에 제출하여 배당요구를 하였다면, 그 가등기는 담보가등기이고 말소기준권리(등기접수일이 1984. 1. 1. 이후에 설정된 담보가등기가 말소기준권리가 됨)가 되는 것(가등기담보등에관한법률 제12조 제1항● 참조)이다(앞서 설명한 바와 같이 소유권이전등기청구권보전가등기는 말소기준권리가 아니다.).

(3) 가등기의 효과

소유권이전청구권보전가등기와 담보가등기는 모두 순위보전적 효력을 갖는다.

---

18) 박용석 266, 267면

● **제12조 (경매의 청구)** ① 담보가등기권리자는 그 선택에 따라 제3조에 따른 담보권을 실행하거나 담보목적부동산의 경매를 청구할 수 있다. 이 경우 경매에 관하여는 담보가등기권리를 저당권으로 본다.

담보가등기는 저당권처럼 채권자가 경매로 채권을 확보할 수도 있으나, 청산절차를 거쳐 담보목적 부동산의 소유권을 취득할 수 있는바, 청산절차를 거쳐 담보목적 부동산의 소유권을 취득할 때 순위보전적 효력이 힘을 발휘한다.

가등기는 가등기 그 자체만으로는 가등기의 목적인 청구권의 설정·이전 등의 효력이 종국적으로 발생하는 것이 아니고 후에 그 가등기에 기해 본등기를 하는 경우에만 그 본등기에 의해 청구권의 설정·이전의 효력이 종국적으로 발생하는바, 이를 순위보전적 효력이라고 하며, 이와 같은 성질을 고려하여 가등기를 예비등기라고 부른다(예비등기는 가등기와 예고등기로 나뉨).

나. 권리분석 및 배당문제

말소기준권리에 앞서는 가등기가 경료된 부동산에 대한 경매신청이 있으면, 집행법원은 일단 경매개시결정에 의한 경매개시결정기입등기를 마치도록 한 후 경매절차를 사실상 중지하고 가등기권자에게 담보가등기인지 소유권이전등기청구권보전가등기인지 여부에 대하여 법원에 신고하라는 내용을 최고한 후 그 결과에 따라 처리한다.[19] (가등기담보등에관한법률 제16조 제1항●).

담보가등기권자라면 채권계산서 등을 제출할 것인바, 가등기권자가 채권계산서 등을 제출하면 담보가등기로 보아 처리하므로 그 가등기는 말소기준권리가 될 것이나, 가등기권자가 아무것도 제출하지 않을 경우에는 소유권이전등기청구권보전가등기로 처리된다.

즉, 집행법원이 반드시 그 가등기가 담보가등기인지 여부가 밝혀질 때까지 경매절차를 중지해야 하는 것은 아니다.(대법원 2003마1438 판결).

---

19) 윤경 498, 501면

● **제16조 (강제경매등에관한특칙)**
① 법원은 소유권의 이전에 관한 가등기가 되어 있는 부동산에 대한 강제경매등의 개시결정이 있는 경우에는 가등기권리자에게 다음 각 호의 구분에 따른 사항을 법원에 신고하도록 적당한 기간을 정하여 최고하여야 한다. 1. 해당 가등기가 담보가등기인 경우: 그 내용과 채권[이자나 그 밖의 부수채권을 포함한다]의 존부·원인 및 금액 2. 해당 가등기가 담보가등기가 아닌 경우: 해당 내용

결국 선순위가등기가 소유권이전등기청구권보전가등기로 처리될 경우 낙찰자가 이를 인수하게 된다.

선순위담보가등기로 판단될 때는 말소기준권리가 되고, 경매로 소멸됨이 원칙이다.

다만, 담보가등기임에도 불구하고 소멸하지 않는 경우가 있는바, 선순위담보가등기권자가 경매절차 시작 전에 관련 부동산에 본등기를 하기 위해 청산절차, 즉 청산의사의 통지와 청산기간의 경과에 의한 청산금 정산이라는 절차를 마친 경우에는 담보가등기권자가 소유권이전등기청구권을 갖게 되고 동시에 그 담보가등기는 소유권이전청구권보전가등기의 기능을 갖게 되므로 낙찰자가 낙찰대금을 내고 소유권을 취득하더라도 추후 담보가등기권자의 본등기 전환으로 소유권이 말소되는 결과가 된다.[20]

그러나 담보가등기가 경료된 부동산에 대해 경매개시결정이 있는 경우, 그 경매신청이 청산금을 지급하기 전(청산금이 없는 때에는 청산기간의 경과 전)에 행해졌다면 담보가등기권자가 가등기에 기한 본등기를 청구할 수 없다.**(가등기담보등에관한법률 제14조●)**.

말소기준권리보다 뒤지는 후순위가등기라면 소유권이전청구권보전가등기이든 담보가등기이든 불문하고 낙찰로 인하여 모두 소멸한다.

말소기준권리로 기능한 것은 담보가등기에 한하므로, 배당분석은 담보가등기와 관련될 뿐이고, 소유권이전등기청구권보전가등기는 배당분석과 관련이 없다.

당해세는 말소기준권리가 되는 담보가등기보다 항상 선순위로 배당이 되나, 일반적인 국세 및 지방세채권과 담보가등기의 배당순위는 조세의 법정기일과 담보가등기의 설정 선후에 따라 결정된다.

선순위가등기담보권자가 법원으로부터 채권신고의 최고를 받고도 채권신고를 하지 않은 경우는 해당 경매절차에서 우선변제를 받지 못할

---

20) 박용석 272면

● **제14조 (강제경매 등의 경우의 담보가등기)** 담보가등기를 마친 부동산에 대하여 강제경매 등의 개시 결정이 있는 경우에 그 경매의 신청이 청산금을 지급하기 전에 행하여진 경우(청산금이 없는 경우에는 청산기간이 지나기 전)에는 담보가등기권리자는 그 가등기에 따른 본등기를 청구할 수 없다.

뿐만 아니라 경매의 종결로 가등기담보권도 소멸한다.

Why 코너

의문점

가등기는 순위보전적 효력이 있다고 하는데, 순위보전적 효력이 무엇인가?

답

부동산을 매수하면서 부동산의 매도인이 제3자에게 부동산을 매도할 경우를 대비하여 부동산의 매매를 예약하고, 가등기를 경료한 경우를 예로 들어 본다.
위 가등기의 실질은 소유권이전청구권보전가등기가 될 것이다. 이와 같은 경우 등기부의 순위는 '① 소유권등기 ② 소유권이전청구권보전가등기'가 될 것인데, 가등기가 되어 있는 상태에서도 제3자는 부동산의 소유권을 취득할 수 있다. 즉 '① 소유권등기 ② 소유권이전청구권보전가등기 ③ 제3자의 소유권이전등기'가 가능하다.
다만, 소유권이전청구권보전가등기를 경료받은 부동산 매수인이 본등기, 즉 매매예약을 실현하는 소유권이전등기를 경료한다면, 제3자의 소유권이전등기는 말소되는 것이다.
결국, 순위보전의 효력이 있다는 것은 소유권이전청구권보전가등기를 경료받은 매수인이 본등기를 하지 않은 상황에서는 제3자가 소유권을 취득하나, 가등기권자가 매매예약을 실현하여 본등기를 한다면, 소유권을 취득하였던 제3자의 이전등기는 말소된다는 것이다.
위 사례에서 제3자를 낙찰자로 생각하면 된다.

전체에서 부분 보기

필자는 채무자 측으로부터 자신의 재산에 가등기를 쳐서 채권자의 추심을 막을 수 없느냐는 질문을 가끔 받는다.
그러면서, 채무자의 동생이나 부모님, 친지 등을 가등기권자로 하면 어떻겠느냐고 묻는다.
위와 같은 행동은 법률가의 입장에서 보면 어리석은 짓이다.
갑이 을로부터 1억 원을 받을 것이 있다고 할 경우, 을이 자신의 동생 이름으로 을 자신의 부동산에 소유권이전청구권보전가등기를 하겠다는 것이다.
특히, 을이 재정상황이 나빠져서 갑이 소송을 제기할 기세를 보일 때, 위와 같은 질문이 들어오는데, 을의 행동은 형사책임(강제집행면탈죄 등)을 부담할 여지가 많다.
주의해야 할 것이다.

5 예고등기

 **핵심정리**

- 예고등기는 해당 부동산이 소송의 대상이 되어 있는 상황임을 등기부에 공시하여 해당 부동산 매수인 내지 낙찰자 등이 부동산 취득에 신중을 기하도록 하기 위해 인정되는 것이다.
- 따라서, 예고등기가 되어 있는 부동산을 경락받으면, 차후 예고등기 당사자의 소송결과에 따라 경락으로 취득한 부동산의 소유권을 상실할 위험이 있다.
- 현재, 예고등기제도의 폐지가 논의되고 있고, 예고등기 폐지로 인한 폐해는 처분금지가처분을 이용해야 할 것으로 보인다.

가. 권리분석을 위한 선행학습

(1) 예고등기의 의의

예고등기란 등기원인의 무효 또는 취소를 이유로 하는 등기의 말소 또는 회복의 소가 제기된 경우에 수소법원의 촉탁에 의하여 그러한 소가 제기되었다는 뜻을 등기부에 기입하는 등기를 의미한다. 다만, 선의의 제3자에게 대항할 수 있는 무효 또는 취소사유만 예고등기를 할 수 있으므로, 선의의 제3자에게 대항할 수 없는 사유(예컨대, 비진의표시, 통정허위표시, 착오·사기·강박에 의한 의사표시 등)는 예고등기를 할 수 없다.[21]

예고등기의 취지가 제3자의 불측의 손해를 방지하는 것이므로, 제3자가 보호되는 경우 즉, 선의의 제3자에게 대항할 수 없는 경우에는 예고등기가 필요 없기 때문이다.

예고등기는 예고등기의 원인이 된 소송의 결과가 나오지 않았다면 말

● 2009. 11. 12.자 법률신문에 의하면, 법무부가 2009. 11. 9.자로 "부동산등기법전부개정안"을 입법예고하였고, 그 속에 예고등기를 폐지하는 내용이 담겨져 있다고 한다. 위 신문에서 법무부 관계자는 "예고등기가 폐지되더라도 처분금지가처분을 통해 경고적 효력을 대체할 수 있어 제3자 보호가 특별히 문제되지 않을 것"이라고 밝힌 바 있다. 다만, 위 신문에서 대한변호사협회는 예고등기의 순기능을 고려하지 않은 예고등기 폐지보다는 대체입법 마련을 주문한 바 있다. 최근 2010. 6. 7.자 법률신문에 의하면 '예고등기제 폐지법안'이 국무회의를 통과한 상태라고 한다.

21) 송영곤 420면

소되지 않고 소송이 끝날 때까지 존속한다.

소유권에 관한 예고등기는 등기부 갑구에 표시되나, 저당권 등에 관한 예고등기는 등기부 을구에 표시된다.

등기부 갑구에는 소유권에 관한 사항이 등기되므로 소유권에 관한 예고등기는 갑구에 기재되는 것이고, 등기부 을구에는 소유권 이외의 권리에 관한 사항이 등기되는 것이므로 저당권 등에 대한 예고등기는 등기부 을구에 기재되는 것이다.

예고등기의 말소는 법원의 촉탁에 의한 경우와 등기 공무원의 직권에 의한 경우 2가지가 있을 뿐 그 밖에 당사자의 신청에 의해서는 할 수 없다.^(대법원 74다150 판결)

그렇다고, 예고등기를 말소시킬 실익이 있는 당사자가 가만히 있을 수는 없다. 즉, 예고등기를 말소시킬 이익이 있는 당사자가 예고등기 말소를 지연하고 있는 법원 내지 등기 공무원에게 예고등기 말소를 신청하면, 직권말소 등을 촉구하는 의미가 있는바, 당사자의 신청의 필요성도 부인할 수 없다. 다만, 당사자에게 예고등기의 말소를 구할 신청권이 없다는 위 판례(▼대법원 74다150 판결)의 의미는 소송을 통하여 예고등기의 말소를 구하게 되면, 부적법한 소송으로 각하된다는 의미일 뿐이다.

 **대법원 74다150 판결**

예고등기와 그 말소에 관하여는 법원의 직권에 의한 촉탁에 의하여서만 할 수 있고 그 밖에 당사자의 신청에 의하여서는 할 수 없는 것이라 할 것이고 다만 소를 제기한 자에 대한 승소판결이 확정된 경우에 있어서의 예고등기의 말소에 관하여는 부동산등기법에 아무런 규정이 없으나 위 승소판결이 확정된 후 예고등기의 목적이 된 등기의 말소 또는 회복이 이루어졌을 때에는 예고등기는 그 목적을 다하여 더 이상 이를 존치하여 둘 필요가 없게 되므로 이 경우에는 등기 공무원은 직권으로 이를 말소하여야 할 것이다.

> **cf) 판결 이유 중 일부**
> ❶ 실무상 승소판결을 받은 자의 신청에 의하여 이를 말소하는 경우가 있다 하더라도 그 신청은 등기 공무원의 직권발동을 촉구하는 의미밖에 없다 할 것이다.
> ❷ 원고가 그 예고등기의 기본이 된 소를 제기한 피고를 상대로 본건 예고등기의 말소를 구하는 이 사건 소는 부적법한 소로서 그 흠결을 보정할 수 없는 경우에 해당함이 명백하여 변론 없이 이를 각하하여야 할 것인데도 불구하고 원심은 이를 간과하여 이 사건 소가 적법함을 전제로 본안에 관하여 심리한 후 원고 청구를 기각한 제1심 판결을 시정하지 아니하고 제1심 판결을 그대로 유지하여 원고의 항소를 기각하였음은 잘못이라 할 것이다.
>
> **>>> 판례 해설**
> 당사자가 예고등기의 말소를 소송으로 구하게 되면 부적합한 소송이 되어 각하되나, 당사자의 예고등기말소신청은 직권에 의한 예고등기말소를 촉구하는 의미를 갖는다.

(2) 예고등기의 효과

예고등기는 경고적 효력만 있을 뿐이므로, 그 자체로 어떤 권리의 발생·변경·소멸·처분금지·순위보전 등의 특별한 효력이 없다.

등기말소의 소가 제기되었을 때 법원 공무원은 지체 없이 예고등기를 촉탁해야 하며, 담당 공무원의 과실로 부동산등기법에 따른 예고등기를 하지 않아 제3자가 손해를 입은 경우 국가는 법원 공무원의 직무상 불법행위로 인해 제3자가 입은 손해를 배상해야 한다.(대법원 98다2631 판결[22]).

예고등기는 부동산에 관한 권리관계를 공시하는 등기가 아니므로 물건명세서에 기재하지 않는다.(대법원 99마4849 결정[23]).

나. 권리분석 및 배당문제

예고등기는 말소기준권리에 선순위이건 후순위이건 상관없이 예고등기의 원인이 된 당사자 간의 소송이 종결되지 않는 한 낙찰자가 인수하

---

22) 법원행정처, 부동산등기실무 (II) 118, 119면

23) 윤경 573면

는바, 낙찰부동산의 소유권을 상실할 위험을 고려해야 한다.

그렇다면, 예고등기의 당사자 간 분쟁에서 낙찰부동산의 전소유자가 패소하여 낙찰자가 경매부동산의 소유권을 잃게 될 경우 낙찰자는 어떻게 구제될 수 있을까?

이 경우는 경매가 원인무효인 소유권이전등기에 기초하여 진행된 것으로 무효인바, 낙찰자는 경매를 신청한 경매채권자에게 낙찰대금 중 그가 배당받은 금액에 대하여 부당이득 청구를 할 수 있을 것이다.(▼대법원 2003다59259 판결).

등기부에는 예고등기가 되어 있으나, 예고등기의 원인이 된 소송의 원고가 소를 취하였다면, 낙찰을 받아도 문제될 것이 없다. 따라서, 등기부를 확인하여 예고등기의 원인이 된 소송의 사건번호 등을 확인한 후 대법원사이트의 '나의 사건 검색'을 통하여 예고등기의 원인이 된 소송의 경과를 확인하면, 인수 여부를 판단할 수 있다.[24]

앞서 설명한 바와 같이, 예고등기는 매각물건명세서에 기재할 사항이 아닌바(대법원 99마4849 결정), 등기부를 확인하지 않고 매각물건명세서 등만을 확인하여 예고등기가 없는 것으로 알고 입찰에 참여하여 낙찰을 받았다고 해도 매각불허가신청을 할 수 없다. 주의해야 한다.

예고등기는 배당문제가 발생하지 않는다.

[24] 강은현 292면

대법원 2003다59259 판결

경락인이 강제경매 절차를 통하여 부동산을 경락받아 대금을 완납하고 그 앞으로 소유권이전등기까지 마쳤으나, 그 후 강제경매 절차의 기초가 된 채무자 명의의 소유권이전등기가 원인무효의 등기이어서 경매부동산에 대한 소유권을 취득하지 못하게 된 경우, 이와 같은 강제경매는 무효라고 할 것이므로 경락인은 경매 채권자에게 경매대금 중 그가 배당받은 금액에 대하여 일반 부당이득의 법리에 따라 반환을 청구할 수 있고, 민법 제578조 제1항, 제2항에 따른 경매의 채무자나 채권자의 담보책임은 인정될 여지가 없다.

※ 주의

앞의 판례에는 강제경매의 경우 공신력이 인정된다는 이론이 적용될 수 없음에 주의한다(강제경매는 공신력이 있으나, 임의경매는 공신력이 없음). 즉, 강제경매의 공신력이 인정된다는 것은 그 강제경매 자체의 원인이 된 판결문 등의 집행력 있는 정본이 차후 재심 등으로 폐기되더라도, 낙찰자가 경매부동산의 소유권을 취득한다는 것으로, 위 사안은 강제경매 자체에 문제는 없고, 채무자 명의의 소유권이전등기가 원인무효인바, 강제경매의 공신력 문제와는 사정이 다르다.

6 압류등기

핵심정리

- 경매개시결정기입등기를 압류등기로 보면 된다.
- 경매에서 주로 문제되는 것은 체납처분에 의한 압류이다.
- 체납처분에 의한 압류 및 강제경매개시결정기입등기는 말소기준권리가 된다.
- 임의경매개시결정기입등기는 저당권 등 담보권을 기초로 하므로 사실상 그 자체가 말소기준권리가 되지는 않고, 그 기초가 된 저당권 등 담보권이 말소기준권리가 된다.
- 저당권 등과 조세채권 사이의 우선순위는 저당권 등의 등기 일자와 조세채권의 법정기일을 비교하여 정한다.

가. 권리분석을 위한 선행학습

(1) 압류의 의의

일반적인 의미의 압류는 일정한 채권으로 소송에서 승소한 후 그 판결에 집행문을 부여받아 채무자의 부동산에 압류등기(경매개시결정기입등기)를 하여 경매를 통해 채권의 만족을 얻는 본집행을 의미한다.[25]

조세를 체납한 경우에는 소송을 통하여 압류를 할 필요는 없고, 부동산을 바로 압류할 수 있다.

즉, 조세체납의 경우에는 체납처분에 의한 압류가 가능하다.

예를 들어 채무자가 채권자에게 대여금을 갚지 않고 있는데, 채무자의 재산이 달랑 주택 하나일 경우에, 채권자는 대여금 소송을 제기하기 전 또는 대여금 소송을 제기하면서 채무자 주택에 가압류를 하고, 소송에

25) 법원행정처, 부동산등기실무 (Ⅲ) 117면

서 승소하면, 그 승소판결문에 집행문을 부여받아 압류(경매개시결정기입등기)를 하여 경매절차를 진행하게 된다(가압류 → 본안소송 → 압류 → 경매 → 채권만족).

위에서 보듯이 가압류와 압류는 다른 개념이다.

공시를 위해 압류등기만 하고 강제집행신청은 보류할 수도 있는데, 이러한 압류등기는 공기관 즉, 조세체납에 의한 과세관청의 압류 등에서만 가능하다.

실제로 경매실무에서는 대부분 체납처분에 의한 압류가 문제된다.

(2) 압류의 효과

압류에 따라 법원은 부동산을 압류 당시의 상태로 현금화하는 권능을 취득하며, 채무자는 그 부동산을 다른 곳에 양도하거나 담보권 또는 용익권을 설정하는 등으로 처분하여도 압류채권자에 대항하지 못한다.

그렇다면, 압류 후에 채무자가 전혀 처분행위를 할 수 없는가? 아니다. 즉, 압류 후에 채무자가 처분행위를 하면 압류채권자가 행하는 집행절차와의 관계에서 그 처분행위는 무효이나, 당사자 사이에는 유효하다(상대적 효력).

따라서, 집행신청이 취하되거나 경매절차가 취소되면 다른 압류채권자가 없는 한 채무자의 처분행위는 완전히 유효하게 된다.

압류는 부동산에 대한 채무자의 관리·이용에 대하여 아무런 영향을 미치지 아니한다.(법 제83조 제2항).

나. 권리분석 및 배당문제

선순위압류등기가 현소유자를 채무자로 한 경매사건일 경우에는 해당

사건의 말소기준권리가 되어 경락으로 소멸하나, 선순위압류등기가 전 소유자를 채무자로 한 것이라면 현소유자를 채무자로 하는 경매에서는 가압류와 동일하게 집행법원의 의사에 따라 선순위압류등기의 소멸 여부가 결정된다.

체납처분에 의한 압류등기를 한 조세채권은 저당권 등의 권리와 선후 관계에 의해 배당받는다.

배당에 있어 저당권 및 전세권 등과 조세채권 사이의 우선순위는 조세의 법정기일 또는 납세의무 성립일 등과 저당권·전세권 등의 등기일의 선후를 따져 정한다.

 **Why 코너**

의문점

경매개시결정기입등기는 말소기준권리인데, 임의경매개시결정기입등기의 경우 사실상 그 자체가 말소기준권리가 될 수 없다는 의미는 무엇인가?

답

경매개시결정기입등기는 말소기준권리가 된다. 그런데, 경매개시결정기입등기는 강제경매개시결정기입등기와 임의경매개시결정기입등기로 나눌 수 있다.

그렇다면, 위 두 등기 모두 말소기준권리가 되어야 하는데, 임의경매개시결정기입등기 자체는 사실상 말소기준권리가 될 수 없다는 의미는 무엇일까?

'① 저당권 ② 가처분 ③ 임의경매개시결정기입등기'의 순서로 등기가 경료되었다고 가정해 보자. 위 사례에서 '③ 임의경매개시결정기입등기'는 '① 저당권'을 근거로 한다.

즉 말소기준권리가 될 수 있는 것은 '① 저당권'과 '③ 임의경매개시결정기입등기'인데, '③ 임의경매개시결정기입등기'는 항상 그 기초가 되는 담보권 즉, 위 사례의 '① 저당권'에 후순위가 되므로 사실상 말소기준권리가 될 수 없는 것이다.

결국, 위 사례에서 말소기준권리는 '① 저당권'이 된다.

> **전체에서 부분 보기**
>
> 말소기준권리에 대한 이해는 민법과 민사집행법 및 민사소송법을 이해하고 있다면, 쉬울 수 있다.
> 그러나, 경매 공부를 하면서, 위에서 언급한 법들을 모두 공부할 수도 없고, 그럴 필요도 없을 것이다.
> 말소기준권리가 될 수 있는 권리를 숙지하고 있으면, 임의경매개시결정기입등기 자체가 사실상 말소기준권리가 될 수 없다는 것을 모르더라도, 별문제는 없다.
> 임의경매개시결정기입등기의 선순위에는 항상 (근)저당권이 전제되기 때문에 그 (근)저당권이 말소기준권리가 되거나, 그 (근)저당권보다 선순위의 또 다른 등기(가압류 등)가 말소기준권리가 될 수 있기 때문이다.

7 환매권(환매특약등기)

핵심정리

- 환매권은 말소기준권리가 아니다.
- 환매권은 말소기준권리보다 선순위이면 낙찰자가 인수하고, 후순위면 낙찰로 소멸한다.
- 인수되는 환매권이 존재하는 부동산을 경락받은 경우에 차후 환매권자가 환매권을 행사하면, 낙찰자는 낙찰부동산의 소유권을 상실하게 된다.
- 환매권은 환매기간 내에 행사하여야 하는바, 환매기간 내에 환매의 의사표시(예: 내용증명(우편)의 발송 및 도달)만으로는 부족하고, 소유권이전등기까지 마쳐야 유효한 환대권행사가 된다.
- 환매권자가 환매권을 행사할 경우, 환매대금은 현재의 소유자(예: 낙찰자)에게 반환하므로, 말소기준권리 위에 환매등기가 되어 있어 낙찰자가 환매등기를 인수한다고 하더라도 등기부상의 환매금액보다 낮은 가격(비용 등을 포함)에 낙찰받으면 기피할 이유가 없다.

가. 권리분석을 위한 선행학습

(1) 환매권의 의의 및 존속기간

환매란 매도인이 매매계약과 동시에 특약으로 환매할 권리를 유보한 경우에 그 환매권을 일정한 기간 내에 행사함으로써 매매의 목적물인 부동산을 다시 사오는 것을 의미한다^(민법 제590조 제1항●).

환매는 매매의 형식을 취하고 있으나, 부동산을 담보로 금전을 차용하는 채권담보의 실질이 대부분이다.

환매의 특약은 매매계약과 동시에 해야 하며, 환매특약등기를 하여야 제3자에게 대항할 수 있다^(민법 제592조●●).

위와 같이 민법^(동법 제592조)은 환매권의 유보를 등기사항으로 규정하고

● **제590조 (환매의 의의)** ① 매도인이 매매계약과 동시에 환매할 권리를 보류한 때에는 그 영수한 대금 및 매수인이 부담한 매매비용을 반환하고 그 목적물을 환매할 수 있다.

●● **제592조 (환매등기)** 매매의 목적물이 부동산인 경우에 매매등기와 동시에 환매권의 보류를 등기한 때에는 제삼자에 대하여 그 효력이 있다.

있는데 이를 환매특약등기(환매권등기)라고 하며, 매도인은 환매권을 행사하여 매매목적물에 대하여 환매를 원인으로 한 소유권이전등기를 신청할 수 있는데, 이를 환매등기라고 한다.[26]

환매특약등기가 되어 있는 부동산을 낙찰받아 소유권이 이전되었다고 해도 후일 환매권자가 환매대금 등을 반환하고 등기를 하면 낙찰자는 소유권을 상실하고, 환매대금은 현재의 소유자인 낙찰자에게 반환한다.

부동산의 경우 환매기간을 5년을 넘지 못하며, 5년 이상의 약정은 5년으로 단축된다(민법 제591조●).

환매권은 환매기간 내에 행사하여야 하는바, 환매특약부 매매계약의 매도인인 환매권자가 환매기간 내에 매수인에게 환매의 의사를 표시했다 할지라도 소유권이전등기를 하지 않고 있다가 환매기간이 도과했다면 환매권은 소멸한다(▼대법원 90다카16914 판결).

[26] 법원행정처, 부동산등기실무(Ⅱ), 348면

● **제591조 (환매기간)** ① 환매기간은 부동산은 5년, 동산은 3년을 넘지 못한다. 약정기간이 이를 넘는 때에는 부동산은 5년, 동산은 3년으로 단축한다. ② 환매기간을 정한 때에는 다시 이를 연장하지 못한다. ③ 환매기간을 정하지 아니한 때에는 그 기간은 부동산은 5년, 동산은 3년으로 한다.

 **대법원 90다카16914 판결**

부동산등기법 제64조의2에 의하면 환매특약의 등기는 매수인의 권리취득의 등기에 부기하고, 이 등기는 환매에 의한 권리취득의 등기를 한 때에는 이를 말소하도록 되어 있으며 환매에 의한 권리취득의 등기는 이전등기의 방법으로 하여야 할 것인바, 설사 환매특약부 매매계약의 매도인이 환매기간 내에 매수인에게 환매의 의사표시를 한 바 있다고 하여도 그 환매에 의한 권리취득의 등기를 함이 없이는 부동산에 가압류집행을 한 자에 대하여 이를 주장할 수 없다.

>>> **판례 해설**
환매특약의 등기는 매수인의 권리취득 등기에 부기한다.
환매에 의한 권리취득의 등기는 이전등기의 방법으로 하고, 환매에 의한 권리취득의 등기 시 환매특약의 등기를 말소한다.
환매기간 내에 환매에 의한 권리취득의 등기를 마쳐야 하고, 환매기간에 환매의 의사표시만으로는 환매권 행사요건으로는 부족하다.

(2) 환매권의 효과

환매권을 행사하면 매도인과 매수인 사이 두 번째 매매계약이 성립되고, 매도인은 매수인에게 목적물에 대한 소유권이전 및 인도를 청구할 수 있고, 매수인은 환매대금을 청구할 수 있다.

환매특약 이후 그 부동산의 매수인으로부터 그 부동산을 전득한 제3자는 환매권자에게 대항할 수 없는바, 낙찰자와 같은 제3자는 환매권자가 환매권을 행사하여 이전등기를 마칠 경우 소유권을 잃게 된다.

나. 권리분석 및 배당문제

환매특약등기는 말소기준권리보다 선순위이면 낙찰자가 인수하고, 말소기준권리보다 후순위이면 낙찰로 소멸한다.

주의할 것은 해당 등기부에 환매특약등기가 선순위로 등기되어 있으나, 환매기간을 넘겼다면 그 효력을 상실하는바, 낙찰자가 인수하지 않는다는 것이다.

이 경우 등기부상 환매기간 경과 여부를 확인할 수 있는데, 환매기간의 기산일은 등기를 한 날이 아닌 환매특약이 성립한 날의 다음 날이 될 것이다.(민법 제157조●).

앞서 살펴본 바와 같이 환매대금은 현재의 소유자(예: 낙찰자)에게 반환하므로, 말소기준권리 위에 환매특약등기가 되어 있어 낙찰자가 환매특약등기를 인수한다고 하더라도 등기부상의 환매금액보다 낮은 가격(비용 등을 포함)에 낙찰받으면 기피할 이유가 없음을 유의한다.

즉, 이 경우에 환매권자가 환매권을 행사하더라도 낙찰자가 환매대금을 받게 되므로 환매대금보다 적은 돈으로 낙찰을 받으면 문제가 되지 않기 때문이다.

● **제157조 (기간의 기산점)** 기간을 일, 주, 월 또는 연으로 정한 때에는 기간의 초일은 산입하지 아니한다. 그러나 그 기간이 오전 영시로부터 시작하는 때에는 그러하지 아니하다.

다만, 낙찰을 받을 때에 환매권 행사기간이 남아 있을 경우에 그동안의 이자 등을 고려해야 하는 점과 환매특약등기가 된 경우 금융권으로부터 대출이 어려워 현금 동원이 필요하다는 점을 고려하여야 한다.

환매특약등기에 배당의 문제는 발생하지 않는다.

8 환지등기

핵심정리

- 환지등기 자체는 낙찰자에게 어떠한 영향도 미치지 않는다.
- 따라서, 환지처분 또는 환지처분에 따른 환지등기가 경료된 토지가 경매에 나온 경우 그 토지에 대한 권리분석은 종전 토지상에 존재하는 권리들을 기준으로 하면 족하다.
- 환지처분으로 토지와 그 지상건물의 소유자가 달라진 경우에 환지처분의 성질상 그 지상건물에 법정지상권이 성립하지는 않는다.

가. 권리분석을 위한 선행학습

(1) 환지의 의의

환지란 일정 구역 안의 토지를 대상으로 그 토지의 구획과 형질을 질서 있게 정리·변경한 후 종전 토지에 관한 권리관계를 그 내용의 변동 없이 새로운 토지에 교환·분할·합병의 방법으로 이전시키는 것으로 토지구획정리라고 할 수 있다.

(2) 환지등기 및 환지처분의 의의

환지등기는 환지처분에 기하여 행하는 등기로 환지처분이란 시행자가 환지계획에 따라 종전의 토지에 갈음하여 새로운 토지를 교부하거나 종전의 토지와 새로운 토지에 관한 권리 사이의 과부족분을 금전으로 청산할 것을 결정하는 행정처분을 의미한다.[27]

27) 법원행정처, 부동산등기실무 (Ⅲ) 240면

판례는 환지처분으로 토지와 그 지상건물의 소유자가 달라진 경우 관습법상 법정지상권의 성립을 부정한다(▼대법원 2001다4101 판결).

 **대법원 2001다4101 판결**

환지로 인하여 새로운 분할지적선이 그어진 결과 환지 전에는 동일인에게 속하였던 토지와 그 지상건물의 소유자가 달라졌다 하더라도 환지의 성질상 건물의 부지에 관하여 소유권을 상실한 건물소유자가 환지된 토지(건물부지)에 대하여 건물을 위한 관습상의 법정지상권을 취득한다거나 그 환지된 토지의 소유자가 그 건물을 위한 관습상의 법정지상권의 부담을 안게 된다고는 할 수 없다.

나. 권리분석 및 배당문제

환지처분 또는 환지처분에 따른 환지등기가 경료된 토지가 경매에 나온 경우 그 토지에 대한 권리분석은 종전 토지상에 존재하는 권리들을 기준으로 하면 족하다.

즉 위와 같은 경우 소유자는 동일하고 토지의 구획과 형질만이 변경되기 때문에 환지등기 자체가 낙찰자에게 어떠한 영향을 주지는 않는 것이다.

환지등기는 배당문제가 발생하지 않는다.

 **Why 코너**

의문점
환지처분의 성질상 그 지상건물에 관습법상의 법정지상권이 설정될 수 없다는 의미는 무엇일까?

답

관습법상 법정지상권의 성립요건은 ① 처분 당시 토지와 건물의 소유자가 동일인에게 속할 것 ② 매매 기타의 원인으로 소유자가 달라질 것 ③ 당사자 사이에 건물을 철거한다는 특약이 없을 것 등이다. 환지처분으로 토지가 교환되면, 일응 위 요건을 충족하는 것처럼 보인다.

그러나, 환지처분이 있기 전에 토지와 건물의 소유자가 동일하다가, 환지처분으로 토지와 건물의 소유자가 바뀌었을 때 관습법상 법정지상권을 인정할 수는 없다.

왜냐하면, 특히 도시에 있어서 환지처분의 목적은 토지 등을 정리하고 기반시설 등을 새롭게 하는 것으로 토지상의 건물 등을 철거하는 것을 전제로 하는 것이 대부분이기 때문이다.

따라서, 환지처분의 성질상 환지처분 토지상의 건물에 법정지상권의 성립을 인정할 수는 없는 것이다.

전체에서 부분 보기

환지처분은 건물의 철거와 토지의 정리를 전제한다.

따라서, 관습법상 법정지상권의 요건 중 '건물철거특약이 없을 것'의 요건을 충족하지 못하고 있다고 생각할 수도 있다(필자).

즉, 환지의 성격상 건물을 철거하겠다는 묵시적 특약이 있다고 볼 수도 있기 때문이다.

경매개시결정기입등기

핵심정리

- 다른 말소기준권리가 없고, 경매개시결정기입등기(성질상 강제경매만 해당함)만 있다면 그 경매개시결정기입등기 자체가 말소기준권리가 된다.

가. 권리분석을 위한 선행학습

경매신청채권자의 경매신청(강제경매 또는 임의경매)에 대하여 집행법원이 경매개시결정을 하면 직권으로 그 사유를 등기부에 기입하도록 등기관에게 촉탁하게 되는바, 이때 등기관은 경매개시결정기입등기를 한다.

이와 같은 경우, 압류의 효력은 채무자에게 경매개시결정문이 송달된 때와 경매개시결정기입등기가 경료된 때 중에서 앞선 일자에 발생한다.

나. 권리분석 및 배당문제

다른 말소기준권리가 없고, 경매개시결정기입등기만 있다면 그 경매개시결정기입등기가 말소기준권리가 된다.

경매개시결정기입등기와 배당은 관련이 없다.

> **참고** **경매개시결정기입등기의 효력**
>
> 경매개시결정기입등기가 행해져서 압류의 효력이 발생하였으면 그 부동산에 대한 법률상 사실상 처분을 금지하는 효력이 생긴다. 예를 들어보자. 압류된 부동산을 갑이 매수하였다. 그런데 위 부동산경매절차에서 을이 위 부동산을 경락받았다. 사정이 위와 같다면 경매법원은 갑의 소유권이전등기를 말소촉탁하게 된다[28].

---

[28] 법원행정처, 부동산등기실무 (Ⅲ) 120면 참조

① 저당권

 **핵심정리**

- 저당권은 예를 들어 돈을 빌려주고 돈을 갚기로 한 날(변제기)에 채무자가 돈을 갚지 못할 경우를 대비하여 채무자 또는 제3자(물상보증인)의 부동산에 저당권등기를 함으로써 채권자의 채권을 담보하기 위한 것이다. 즉, 변제기에 돈을 갚지 않으면, 채권자는 저당권이 설정된 부동산을 경매신청(임의경매)하여 그 매각대금에서 채권을 확보한다.
- 저당권은 말소기준권리이며, 경매로 항상 소멸한다.
- 저당권을 통하여 하는 경매는 담보권 실행을 위한 경매 즉, 임의경매인바, 경매를 진행시키기 위한 소송이 필요 없다.
- 저당권 실행 경매(임의경매)는 공신력이 없다. 즉, 채권자의 채권(피담보채권)이 소멸된 경우에는 경매개시결정을 할 수 없음에도 불구하고 경매개시결정에 따른 경매가 진행되어 낙찰이 되면, 낙찰자는 소유권을 취득할 수 없다(이와 반대로 강제경매는 공신력이 있음).
- 그러나 임의경매개시결정 당시에 채권자의 채권이 존재하였다가 그 이후 소멸하였음에도 아무 이의 없이 낙찰되어 낙찰대금이 완납되었다면, 낙찰자는 소유권을 취득한다.
- 집합건물의 전유부분에만 설정된 저당권이라 해도 특별한 사정이 없는 한 저당권의 효력은 대지사용권(대지소유권 포함)에도 미치는바, 당해 구분건물의 전유부분의 매각대금 부분뿐만 아니라, 대지소유권에 대한 매각대금 부분에서도 후순위채권자보다 우선하여 변제를 받는다.
- 경매물건이 '제시 목록 이외의 건물'인 경우를 제시외 건물이라 한다.
- 제시외 건물은 개념상 경매대상에 포함되지 않는 것이 원칙일 것이나, 경매대상에 포함되는 것과 경매대상에 포함되지 않는 것이 있다.
- 제시외 건물이라도 저당권의 효력범위에 해당(예: 저당물의 부합물이거나 저당물의 종물인 경우)하거나, 일괄경매청구의 대상이 된다면 경매의 대상이 되는바, 이때는 낙찰자가 제시외 건물의 소유권을 유효하게 취득한다.

가. 권리분석을 위한 선행학습

(1) 저당권의 의의

저당권이란 채권자가 채무자 또는 물상보증인이 채무의 담보로 제공한 부동산을 제공자의 사용·수익에 맡겨 놓고서 채무의 변제가 없는 경우 그 부동산의 가액으로부터 우선변제를 받는 담보물권을 의미한다.(29)

즉, 특정액의 채권을 담보하기 위하여 채권자가 채무자 등의 부동산에 저당권등기를 요구하면, 채무자 등(채무자 또는 물상보증인)이 부동산에 저당권등기를 설정해 주고, 채무자가 채무를 갚기로 한 날에 채무를 갚지 않으면, 채권자는 저당권이 설정된 부동산을 경매에 부쳐(임의경매), 그 매각대금으로 채권을 확보하게 된다.

(2) 저당권의 성립

저당권은 저당권설정계약과 등기에 의하여 성립한다.

저당권의 피담보채권(저당권으로 담보되는 채권 즉 저당권자가 채무자에 대하여 가지고 있는 채권)은 특정채권인바, 피담보채권과 관련하여 장래의 증감변동하는 불특정 다수의 채권을 담보하기 위해 인정되는 근저당권과 구별된다.

채권자, 채무자, 채권액, 변제기, 이자 및 그 발생, 지급기, 원본 및 이자 지급장소, 손해배상약정, 민법 제358조 단서●의 약정(저당권 효력범위에 대한 특별한 약정 등), 채권이 조건부인 때 그 조건 등은 등기하여야 한다.(부동산등기법 제140조 제1항●●)

저당권설정등기의 비용은 특약이 없는 한 채무자가 부담하는 것이 관행이다.(대법원 4294민상291 판결)

저당권등기는 저당권의 효력발생요건이고 그 존속요건은 아니다. 따라서, 저당권등기가 불법말소된 경우에 말소된 저당권자는 저당권을 상

---

29) 송영곤 723면

● **제358조 (저당권의 효력의 범위)** 저당권의 효력은 저당부동산에 부합된 물건과 종물에 미친다. 그러나 법률에 특별한 규정 또는 설정행위에 다른 약정이 있으면 그러하지 아니하다.

●● **제140조 (저당권)** ① 저당권의 설정등기를 신청하는 경우에는 신청서에 채권액과 채무자를 적어야 한다. 이 경우 등기원인에 변제기(辨濟期), 이자 및 그 발생·지급시기, 원본(元本) 또는 이자의 지급장소, 채무불이행(債務不履行)으로 인한 손해배상에 관한 약정이나 「민법」 제358조 단서의 약정이 있는 경우 또는 채권이 조건부일 경우에는 이를 적어야 한다.

실하지 않고 그 말소된 등기의 회복등기를 할 수 있다^(대법원 87다카2431판결).
다만, 저당물이 경매로 낙찰된 경우에는 저당권등기를 회복할 수 없다
^(▼대법원 98다27197 판결).

왜냐하면, 저당권은 경매로 인하여 항상 소멸하기 때문이다^(법 제91조 제2항●).
이 경우 저당권자는 경매절차에서 실제로 배당받은 자의 배당금의 한
도에서 그 저당권등기가 말소되지 않았더라면 배당받았을 금액을 부당
이득반환청구로서 구할 수 있다^(대법원 98다27197판결).

● 제91조 (인수주의와 잉여주의의 선택 등) ② 매각부동산 위의 모든 저당권은 매각으로 소멸된다.

대법원 98다27197 판결

가. 부동산에 관하여 근저당권설정등기가 경료되었다가 그 등기가 위조된 등기서류에 의하여 아무런 원인 없이 말소되었다는 사정만으로는 곧바로 근저당권이 소멸하는 것은 아니라고 할 것이지만, 부동산이 경매절차에서 경락되면 그 부동산에 존재하였던 근저당권은 당연히 소멸하는 것이므로, 근저당권설정등기가 원인 없이 말소된 이후에 그 근저당 목적물인 부동산에 관하여 다른 근저당권자 등 권리자의 경매신청에 따라 경매절차가 진행되어 경락허가결정이 확정되고 경락인이 경락대금을 완납하였다면, 원인 없이 말소된 근저당권은 이에 의하여 소멸한다.

나. 근저당권설정등기가 위법하게 말소되어 아직 회복등기를 경료하지 못한 연유로 그 부동산에 대한 경매절차에서 피담보채권액에 해당하는 금액을 전혀 배당받지 못한 근저당권자로서는 위 경매절차에서 실제로 배당받은 자에 대하여 부당이득반환 청구로서 그 배당금의 한도 내에서 그 근저당권설정등기가 말소되지 아니하였더라면 배당받았을 금액의 지급을 구할 수 있을 뿐이고 이미 소멸한 근저당권에 관한 말소등기의 회복등기를 위하여 현소유자를 상대로 그 승낙의 의사표시를 구할 수는 없다.

>>> **판례 해설**
부동산이 경락되면 그 부동산에 존재하였던 근저당권은 무조건 소멸한다(법 제91조 제2항 참조).
그러나 근저당권등기가 위조서류 등에 의해 말소되었다면, 근저당권자를 보호할 필요성이 있다.
결국, 부동산이 경매로 경락되면, 근저당권회복등기를 청구할 수는 없고, 다만, 실제 배당받은 자에게 부당이득반환청구만을 할 수 있을 뿐이다.

> **>>> 참고할 이론**
>
> 제3자가 근저당권 말소 관련 서류를 위조하여 그 서류를 법원에 제출함으로써 근저당권이 불법하게 말소되었다면, 근저당권자는 제3자를 형사 고소할 수 있을 뿐만 아니라, 법원에 소송을 하여 불법하게 말소된 근저당권의 회복등기를 청구할 수 있고, 입증이 된다면 승소한다.
>
> 위와 같은 사례에서 법원은 위조서류를 근거로 말소된 근저당권자의 근저당권은 아직 살아 있다는 논리를 세운다. 그렇다면, 대법원 98다27197 판결은 왜 회복등기를 인정하지 않고 부당이득으로 문제를 해결한 것일까? 그 이유는 법 제91조 제2항 때문이다. 법 제91조 제2항 취지에 따르면 부동산이 경매로 낙찰되면 저당권은 무조건 소멸되므로, 법에 따라야 하는 법원 입장에서 경매로 낙찰된 부동산에 존재하였던 근저당권을 회복시킬 수 없게 되는 것이다. 결국, 부당이득법리로 문제를 해결하게 된다(필자).

(3) 저당권의 효력

(가) 저당권의 효력이 미치는 범위

1) 피담보채권의 범위

당사자 간에 약정이 없으면, 원본·이자·위약금·채무불이행으로 인한 손해배상 및 저당권의 실행비용을 담보하는데, 지연배상에 대하여는 원본의 이행기일을 경과한 후의 1년분에 한하여 행사할 수 있다(민법 제360조●).

지연배상의 경우 1년분에 한하는 이유는 저당권자가 저당물의 가치를 판단한 후 가치가 충분하면, 1년에 넘어서까지 권리행사를 하지 않을 경우 즉 1년이 넘어서까지 임의경매를 신청하지 않을 경우 당해 저당권자의 후순위권리자들의 배당범위가 축소되어 그들에게 예측하지 못한 손해를 줄 수 있기 때문이다.

2) 목적물의 범위

저당권의 효력이 미치는 목적물의 범위는 목적부동산의 소유권이 미치는 범위와 일치함이 원칙이다.

저당권의 효력은 부합물에도 미치고, 종물에도 미친다(민법 제358조 본문●●). 부합물이란, 저당부동산에 부착되어 저당부동산과 분리하면 과다

● **제360조 (피담보채권의 범위)** 저당권은 원본, 이자, 위약금, 채무불이행으로 인한 손해배상 및 저당권의 실행비용을 담보한다. 그러나 지연배상에 대하여는 원본의 이행기일을 경과한 후의 1년분에 한하여 저당권을 행사할 수 있다.

●● **제358조 (저당권의 효력의 범위)** 저당권의 효력은 저당부동산에 부합된 물건과 종물에 미친다. 그러나 법률에 특별한 규정 또는 설정행위에 다른 약정이 있으면 그러하지 아니하다.

한 비용을 요하거나 분리·복구 등이 사실상 불가능한 물건을 의미하고, 종물이란 저당부동산에 부속된 물건을 의미한다.

저당권설정 당시에 이미 부합된 것이거나 또는 그 후에 부합된 것이거나 가리지 않고 저당권의 효력이 미친다. 토지에 대한 수목이나 건물에 대한 증개축 부분 및 부속건물 등이 부합물의 예이다.

토지에 저당권을 설정하였을 때에는 그 토지에 있는 정원수와 정원석에도 저당권의 효력이 미친다.(대법원 89다카21095 판결)

그렇다면, 토지를 임차한 토지임차인이 나무를 심었고, 이를 낙찰받은 낙찰자는 나무의 소유권을 취득할 수 있을까? 결론적으로, 취득할 수 없다.

대법원은 갑의 토지에 을이 사용대차에 기하여 수목을 식재한 경우에는 위 토지가 경매되어 병이 그 토지를 경락받았더라도 병은 그 수목까지 취득하는 것은 아니고 을이 이를 취득한다고 판시한 바 있다.(대법원 89다카21095 판결)

부합된 물건이 타인의 지상권·임차권 등과 같은 부동산 이용권으로 인한 때에는 그 물건에 대하여는 그것을 부속(부속(독립성 인정)은 부합(독립성 부정)과 다른 개념임)시킨 자가 그대로 소유하는바, 이는 물건의 생성에 의한 소유권취득으로서 법률의 규정에 의한 물권변동이므로 등기를 필요로 하지 않기 때문이다.(민법 제256조● 참조)

기존건물에 저당권을 설정한 후 건물을 증축했는데, 그 후 기존건물에 대한 저당권을 실행할 때 증축된 건물 부분이 경매 목적물로 평가되지 않았더라도 증축 부분이 독립성이 없는 한 저당권의 효력이 미치고 낙찰자는 증축 부분의 소유권을 취득한다.(대법원 92다26772 판결)

임차인, 전세권자 등이 소유자의 동의를 얻어 증개축한 부분은 타인의 권원에 의해 부속(부합이 아님)된 것에 해당하여 증개축 부분이 임차인 등의 소유가 되나, 독립성이 요구되는바, 그 증개축 부분이

● **제256조 (부동산에의 부합)** 부동산의 소유자는 그 부동산에 부합한 물건의 소유권을 취득한다. 그러나 타인의 권원에 의하여 부속된 것은 그러하지 아니하다.

경제적으로 보아 독립성을 가지지 않을 때에는 건물 소유자의 소유가 되어 당연히 저당권의 효력이 미친다.(대법원 76다464 판결).

종된 권리에도 저당권의 효력이 미친다. 즉, 건물에 대한 저당권의 효력은 그 대지이용권인 지상권·전세권·임차권에도 미친다(대법원 95다52864 판결). 또한 구분소유권의 목적인 집합건물의 전유부분에 관한 저당권은 대지이용권 및 공용부분에 대한 지분권에 관하여 그 효력이 미친다.(대법원 94다12722 판결).

저당권은 교환가치와 관련된 것으로 그 목적물의 이용을 설정자에게 맡겨 두는 것이 원칙이므로 저당물의 과실에는 저당권의 효력이 미치지 않는 것이 원칙이나, 채무자 내지 소유자(물상보증인)가 경매절차를 지연시키는 등의 행위를 방지하기 위해 민법은 압류 후에는 과실에도 저당권이 미치도록 규정하고 있다(민법 제359조● 본문).

(나) 우선변제적 효력

우선변제적 효력이란 저당채무자가 변제기에 변제를 하지 않을 경우 저당채권자의 (임의)경매신청에 의하여 그 대금으로부터 다른 채권자에 우선하여 변제를 받을 권한(민법 제356조●●)을 의미한다.

민법 제365조는 토지를 목적으로 하는 저당권이 설정된 후 설정자가 토지에 건물을 축조한 경우 저당권자에게 토지와 함께 건물에 대하여도 경매를 청구할 수 있는 권리를 부여하고 있는데, 이를 일괄경매청구권이라 한다.

이는 토지에 저당권을 설정받은 저당채권자의 기대이익을 충족시키기 위해 인정되는 것으로, 저당권자가 우선변제를 받을 수 있는 범위는 토지의 경매대금에 한정된다(민법 제365조 단서●●●).

다만, 다른 저당권자나 일반채권자가 없는 경우 건물의 경매대금에서 변제를 받을 수 있다.

저당 토지상의 건물에 대한 일괄경매청구권은 저당권설정자가 건

● **제359조 (과실에 대한 효력)** 저당권의 효력은 저당부동산에 대한 압류가 있은 후에 저당권설정자가 그 부동산으로부터 수취한 과실 또는 수취할 수 있는 과실에 미친다. 그러나 저당권자가 그 부동산에 대한 소유권, 지상권 또는 전세권을 취득한 제삼자에 대하여는 압류한 사실을 통지한 후가 아니면 이로써 대항하지 못한다.

●● **제356조 (저당권의 내용)** 저당권자는 채무자 또는 제삼자가 점유를 이전하지 아니하고 채무의 담보로 제공한 부동산에 대하여 다른 채권자보다 자기채권의 우선변제를 받을 권리가 있다.

●●● **제365조 (저당지상의 건물에 대한 경매청구권)** 토지를 목적으로 저당권을 설정한 후 그 설정자가 그 토지에 건물을 축조한 때에는 저당권자는 토지와 함께 그 건물에 대하여도 경매를 청구할 수 있다. 그러나 그 건물의 경매대가에 대하여는 우선변제를 받을 권리가 없다.

물을 축조한 경우뿐만 아니라 저당권설정자로부터 저당 토지에 대한 용익물권을 설정받은 자가 그 토지 위에 건물을 축조한 경우라도 그 후 저당권설정자가 그 건물의 소유권을 취득했다면 저당권자는 토지와 함께 그 건물에 대해 경매를 청구할 수 있다.(▼대법원 2003다3850 판결).

토지저당권자가 토지만을 경매신청하여 스스로 토지를 낙찰받아 건물철거를 구한다고 해도 이는 권리남용이 아니며, 정당한 권리행사이다.(대법원 77다77 판결 30)).

일괄경매를 청구할 수 있는 상황을 전제할 때 저당권설정 당시 건물이 존재하지 않아 법정지상권이 설정될 수 없고, 가령 토지저당권자가 건물의 축조에 동의를 했다고 해도 법정지상권은 성립될 수 없다.(대법원 2003다26051 판결).

토지에만 저당권이 설정된 신축주택을 임차하여 입주 및 전입신고를 마친 임차인의 경우 토지저당권자의 일괄경매청구 시 임차인이 대항력 구비 당시에 건물에 아무 선순위말소기준권리가 없었다면 낙찰자에게 대항할 수 있는바, 임차인이 확정일자까지 받은 경우는 우선변제권을 행사하여 건물의 경매대금뿐만 아니라 토지의 경매대금에서도 저당권 등과 비교하여 순위에 따른 배당을 받을 수 있다.(주택임대차보호법 제3조의2 제2항 참조●).

---

30) 송영곤 740면

● **제3조의2 (보증금의 회수)** ② 제3조 제1항 또는 제2항의 대항요건(對抗要件)과 임대차계약증서(제3조 제2항의 경우에는 법인과 임대인 사이의 임대차계약증서를 말한다.)상의 확정일자(確定日字)를 갖춘 임차인은 「민사집행법」에 따른 경매 또는 「국세징수법」에 따른 공매(公賣)를 할 때에 임차주택(대지를 포함한다.)의 환가대금(換價代金)에서 후순위권리자(後順位權利者)나 그 밖의 채권자보다 우선하여 보증금을 변제(辨濟)받을 권리가 있다.

 **대법원 2003다3850 판결**

민법 제365조가 토지를 목적으로 한 저당권을 설정한 후 그 저당권설정자가 그 토지에 건물을 축조한 때에는 저당권자가 토지와 건물을 일괄하여 경매를 청구할 수 있도록 규정한 취지는, 저당권은 담보물의 교환가치의 취득을 목적으로 할 뿐 담보물의 이용을 제한하지 아니하여 저당권설정자로서는 저당권설정 후에도 그 지상에 건물을 신축할 수 있는데, 후에 그 저당권의 실행으로 토지가 제3자에게 경락될 경우에 건물을 철거하여야 한다면 사회경제적으로 현저한 불이익이 생기게 되어 이를 방지할 필요가 있으므로 이러한 이해관계를 조절하고, 저당권자에게도 저당 토지상의 건물의 존재로 인하여 생기게 되는 경매의 어려움을 해소하여 저당권의 실행을 쉽게 할 수 있도록 한 데에 있다는 점에 비추어 볼 때, 저당 지상의 건물에 대한 일괄경매청구권은 저당권설정자가 건물을 축조한 경우뿐만 아니라 저당권설정자로부터 저당 토지에 대한 용익권을 설정받은 자가 그 토지에 건물을 축조한 경우라도 그 후 저당권설정자가 그 건물의 소유권을 취득한 경우에는 저당권자는 토지와 함께 그 건물에 대하여 경매를 청구할 수 있다.

>>> 판례 해설

일괄경매청구를 인정한 취지는 토지의 저당권자와 건물의 소유자 모두를 위한 것이다.
일괄경매청구를 인정하지 않으면, 토지의 저당권자가 토지만 경매처리 할 경우 건물에 법정지상권이 성립하지 않아 건물이 철거될 운명에 있어 건물소유자에게 불리한 면이 있고, 일괄경매청구를 인정하면, 토지에 대한 저당권자도 매각의 어려움이 해소될 수 있다.
위와 같은 취지에 비추어 일괄경매청구의 범위를 약간 확장한 것이 위 판례이다(필자).

나. 권리분석 및 배당문제

민법상 담보물권에는 유치권, 질권, (근)저당권이 있는데, 경매부동산 권리분석과 관련이 있는 것은 유치권과 (근)저당권이다.

저당권은 확정판결과 집행문 등을 필요로 하는 강제경매와 달리 담보권의 존재를 증명하는 서류의 제출로 족한바, 이를 임의경매라 한다.

강제경매의 원인이 되었던 확정판결이 존재하는 이상 그 판결의 유무효와 관련 없이 강제경매 절차를 통하여 낙찰자가 유효하게 낙찰받았다면, 낙찰자는 경매목적물의 소유권을 적법하게 취득하는바 이를 강

제경매의 경우에 공신력이 있다고 표현한다.[31]

그러나 (근)저당권의 실행으로 이루어지는 임의경매는 공신력이 없다. 즉, (근)저당권의 부존재·무효, 피담보채권의 불발생·소멸 등과 같은 실체상의 하자가 있으면 경매개시결정을 할 수 없고, 위와 같은 사유는 낙찰불허가 사유가 되는바, 이를 간과하여 낙찰허가결정이 확정되고 낙찰대금까지 납부되고 소유권이전등기까지 경료되었다고 하더라도, 낙찰자는 경매부동산의 소유권을 취득할 수 없다.**(대법원 98다1855 판결)**.

다만, 예외적으로 실체상 존재하는 저당권에 기하여 경매개시결정이 있었다면, 그 후 변제 등의 저당권 소멸사유에 대하여 경매개시결정에 대한 이의, 낙찰허가결정에 대한 항고에 의해 경매절차가 취소되지 않고 경매가 진행된 경우 낙찰허가결정이 확정되고 낙찰대금이 완납되었다면 낙찰자가 적법하게 소유권을 취득한다.**(대법원 2000다44348 판결)**.

종중 소유의 재산은 종중원의 총유에 속하는바, 그 관리 및 처분에 관하여 먼저 종중규약에 정한바가 있으면 그에 따르고, 없다면 종중 총회의 결의에 의하여야 하므로**(민법 제276조●)**, 비록 종중 대표자에 의하여 종중재산이 처분되더라도 위와 같은 절차를 거치지 않으면 무효가 된다.

문제는 위와 같은 절차를 거치지 않고, 종중 재산의 개인 명의자 등이 (근)저당권을 설정하는 경우가 많다는 점이다.

결국, 종중재산(부동산)의 개인 명의자가 위와 같은 절차를 위반하여 개인의 채무를 담보하기 위해 (근)저당권을 설정하고, 채무를 갚지 않아 임의경매가 개시되어 낙찰자가 낙찰을 받으면, 낙찰자의 소유권 취득이 인정되지 않을 수 있음을 유의해야 한다.

즉, 피해자인 종중이 (근)저당권말소소송을 제기하여 승소할 경우 임의경매의 공신력이 인정되지 않아 낙찰자는 소유권을 잃게 된다.

집합건물의 일부 구분건물(예: 아파트 1채)에 입찰할 때 '토지저당권 인수부 특별매각조건'이 붙어 있는 경우가 있는데, 구분건물과 그 대지권에

---

31) 사법연수원 민사집행법 216면

● **제276조 (총유물의 관리, 처분과 사용, 수익)** ① 총유물의 관리 및 처분은 사원총회의 결의에 의한다. ② 각사원은 정관 기타의 규약에 좇아 총유물을 사용, 수익할 수 있다.

관한 경매에서 경매 매물로 나온 1채의 아파트 대지권에 대하여 대지권 등기설정을 하기 전에 이미 아파트 전체 부지에 저당권이 설정된 경우가 있고 통상 등기부에는 '토지 별도등기 있음'이라고 표시되며, 법원은 경매진행 시 아파트 또는 다세대주택 같은 집합건물에서 대지 전체에 설정된 저당권을 지분만큼 인수해야 한다는 '특별매각조건'을 붙인다. 이 경우 낙찰자는 대지에 대한 저당권을 인수하게 되는바, 등기부에는 대지 전체에 설정된 저당권 중 각 구분건물의 지분만큼에 해당하는 저당권이 설정되고, 향후 토지저당권자가 저당권을 실행하면 건물이 철거될 여지도 있게 되므로, 주의해야 한다.[32] •

경매물건이 '제시 목록 이외의 건물'인 경우를 제시외 건물이라 한다.[33] 제시외 건물은 개념상 경매대상에 포함되지 않는 것이 원칙일 것이나, 경매대상에 포함되는 것과 경매대상에 포함되지 않는 것이 있다.

경매집행법원은 경매대상 목적물의 부합물 또는 종물인 제시외 건물은 그 평가액을 최저입찰가격에 포함시키는데, 이를 제외하고 경매를 진행하였다면 법 제121조 제5호••의 이의사유 내지 매각불허가 사유가 된다.

다만, 부합된 제시외 건물이 감정평가에서 빠져서 최저입찰가격결정에서 제외되었다고 할지라도 경락허가결정이 확정된 후에는 다툴 수 없고 제시외 건물은 낙찰자의 소유가 된다.(▼대법원 2000다63110 판결)

제시외 건물이 부합물 또는 종물이 아닌 독립성이 있는 건물일 경우 낙찰자는 제시외 건물의 소유권을 취득할 수 없고, 일정 요건을 갖추면 법정지상권이 성립할 수도 있다.

그러나 부합물이나 종물이 아닌 제시외 건물을 부합물이나 종물로 보아 경매대상에 포함시킨 후 경매절차를 진행하여 매각허가결정이 내려진 경우에, 이때의 제시외 건물에 대한 매각허가결정은 무효이고 매수인은 제시외 건물의 소유권을 취득할 수 없다.(대법원 83다177 판결, ▼대법원 87다카

---

32) 박용석 92면

33) 미래와경영연구소 234면

• 본서 "제19장. 특수한 문제 3. 별도등기의 문제" 참조

•• 제121조 (매각허가에 대한 이의 신청사유) 매각허가에 관한 이의는 다음 각호 가운데 어느 하나에 해당하는 이유가 있어야 신청할 수 있다.
5. 최저매각가격의 결정, 일괄매각의 결정 또는 매각물건명세서의 작성에 중대한 흠이 있는 때

대법원 2000다63110 판결

가. 건물이 증축된 경우에 증축 부분이 기존건물에 부합된 것으로 볼 것인가 아닌가 하는 점은 증축 부분이 기존건물에 부착된 물리적 구조뿐만 아니라, 그 용도와 기능의 면에서 기존건물과 독립한 경제적 효용을 가지고 거래상 별개의 소유권 객체가 될 수 있는지의 여부 및 증축하여 이를 소유하는 자의 의사 등을 종합하여 판단하여야 한다.

나. 지하 1층, 지상 7층의 주상복합건물을 신축하면서 불법으로 위 건물 중 주택 부분인 7층의 복층으로 같은 면적의 상층을 건축하였고, 그 상층은 독립된 외부 통로가 없이 하층 내부에 설치된 계단을 통해서만 출입이 가능하고, 별도의 주방시설도 없이 방과 거실로만 이루어져 있으며, 위와 같은 사정으로 상·하층 전체가 단일한 목적물로 임대되어 사용된 경우, 그 상층 부분은 하층에 부합되었다고 본 사례.

다. 건물의 증축 부분이 기존건물에 부합하여 기존건물과 분리하여서는 별개의 독립물로서의 효용을 갖지 못하는 이상 기존건물에 대한 근저당권은 민법 제358조에 의하여 부합된 증축 부분에도 효력이 미치는 것이므로 기존건물에 대한 경매절차에서 경매목적물로 평가되지 아니하였다고 할지라도 경락인은 부합된 증축 부분의 소유권을 취득한다.

>>> 판례 해설
위 판례는 건물 증축 시 증축 부분이 부합되는지 여부에 대한 판단기준을 제공한다.
낙찰자는 부합물이 경매목적물로 포함되어 있는지 여부를 불문하고 부합물의 소유권을 취득한다.

600 판결, ▼대법원 91다20722 판결)

개정전 공장저당법 제4조●는 제시외 건물에 토지저당권의 효력을 부인하는바, 공장토지상의 제시외 건물이 부합물 또는 종물이라고 해도 공장토지상의 제시외 건물에는 토지저당권의 효력이 미치지 않았다(참고로, 저당권 효력이 부합물과 종물에 미친다는 민법규정은 약정 등으로 배제가 가능한 임의규정임).

그러나 개정전 공장저당법 제4조에 해당하는 개정(2009. 3. 25. 시행)된 공

● **제4조 (공장의 토지의 저당권)** 공장의 소유자가 공장에 속하는 토지에 설정한 저당권의 효력은 건물을 제외한 그 토지에 부가되어 이와 일체를 이루는 물건과 그 토지에 설치된 기계, 기구 기타의 공장의 공용물에 미친다. 그러나 설정행위에 특별한 약정이 있는 경우와 민법 제406조의 규정에 의하여 채권자가 채무자의 행위를 취소할 수 있는 경우에는 그러하지 아니하다.

대법원 87다카600 판결

경매법원이 기존건물의 종물이라거나 부합된 부속건물이라고 볼 수 없는 건물에 대하여 경매신청 된 기존 건물의 부합물이나 종물로 보고서 경매를 같이 진행하여 경락허가를 하였다 하더라도 그 독립된 건물에 대한 경락은 당연무효이고 따라서 그 경락인은 위 독립된 건물에 대한 소유권을 취득할 수 없다.

대법원 91다20722 판결

경매의 대상이 아닌 부동산이 경매절차에서 경매신청 된 다른 부동산과 함께 감정평가되어 경매기일에 공고되고 경매된 결과 경락인에게 경락되고 그 후 경락인에 대한 경락허가결정이 확정되었다고 하더라도 채권자에 의하여 경매신청 되지도 아니하였고 경매법원으로부터 경매개시결정을 받은 바도 없는 독립된 부동산에 대한 경락은 당연무효이므로 경락인은 그 부동산에 대한 소유권을 취득할 수 없다.

공장및광업재단저당법 제3조*는 제시외 건물에 대한 토지저당권의 효력을 부인하지 않는 것으로 보이는바, 제시외 건물이 부합물로 판단된다면, 토지저당권의 효력이 미친다고 볼 수 있을 것이다. 다만, 제시외 건물은 그 용어상 별도의 독립된 부동산일 가능성이 많으므로, 부합물로 판단되는 경우는 많지 않을 것으로 본다.

집합건물의 구분건물의 대지사용권은 전유부분 및 공용부분과 분리처분이 가능한 규약이나 공정증서가 없는 한 전유부분과 종속적 일체불가분성이 인정되어 전유부분에 대한 경매개시결정과 압류의 효력은 당연히 종물 또는 종된 권리인 대지사용권에도 미친다.(대법원 98다45652 판결)

집합건물의 분양대금을 모두 지급하여 대지권을 취득하고도 등기가 늦

* **제3조 (공장 토지의 저당권)** 공장 소유자가 공장에 속하는 토지에 설정한 저당권의 효력은 그 토지에 부합된 물건과 그 토지에 설치된 기계, 기구, 그 밖의 공장의 공용물(공용물)에 미친다. 다만, 설정행위에 특별한 약정이 있는 경우와 「민법」 제406조에 따라 채권자가 채무자의 행위를 취소할 수 있는 경우에는 그러하지 아니하다.

어지던 중에 건물 부분에만 근저당권이 설정되어 그에 기해 낙찰을 받았다면 낙찰자는 대지권도 함께 낙찰받은 것이 되고, 수분양자를 대위하여 최초 분양자에게 직접 대지권에 대한 경정등기절차이행, 즉 대지권변경등기절차이행을 청구할 수 있다(대법원 2002다40210 판결).

저당권은 말소기준권리가 되며, 낙찰로 항상 소멸한다(법 제91조 제2항●).

동일 부동산에 수개의 저당권이 설정되어 있는 경우에는 저당권설정 순위에 의하여 우선변제권이 결정된다.

집합건물의 건물에만 저당권이 설정되었는데 경매로 배당이 되는 경우 저당권자는 전유부분 및 대지권의 전체 가격에서 후순위권리자에 우선하여 배당을 받는다(집합건물에 대한 전세권도 동일함).

저당권이 설정된 부동산을 일반채권자가 경매신청한 경우 저당권은 항상 소멸하므로 저당권의 피담보채권의 변제기가 아직 도래하지 않았더라도 경매로 저당권이 소멸하는바, 이 경우 법원은 저당권자가 받을 금원을 공탁한다.

전세권설정 후 저당권이 설정된 경우 전세권자가 경매신청을 하면 전세권 및 저당권이 모두 경매로 소멸하나, 저당권자가 경매를 신청하면 전세권이 존속된다.

다만, 전세권자가 배당요구를 하면 전세권도 소멸하는바, 이 경우 낙찰자는 전세권을 인수하지 않게 된다.

가압류등기 이후에 저당권이 설정된 경우 선순위가압류와 후순위가압류는 동순위로 배당된다.

즉, 가압류등기 이후에 저당권이 설정되고, 그 이후 가압류등기가 되었다면, 안분배당 후 2순위인 저당권자는 자기의 부족분을 후순위자로부터 흡수한다.

예를 들어 ① 가압류등기, ② 저당권등기, ③ 저당권등기 또는 가압류 또는 확정일자 있는 임차인 등이 각각 순차로 이루어진 경우에는 ① ②

● 제91조 (인수주의와 잉여주의의 선택 등) ② 매각부동산 위의 모든 저당권은 매각으로 소멸된다.

③은 최초에는 동순위로 배당되나, 그 후 ②는 ③으로부터 배당부족분을 흡수한다(안분 후 흡수).

당해세는 저당권에 우선하여 배당되나, 당해세 이외의 조세는 그 조세의 법정기일(신고납부방식의 국세는 신고일, 납세고지서 등으로 징수하는 국세는 고지서 등 발송일)과 저당권설정기일의 순위로 우선변제권이 결정된다.

다만, 당해세 중 재산세, 자동차세, 종합토지세, 도시계획세 등 지방세의 당해세 우선원칙은 1996. 1. 1. 이후부터 시행되는바, 그 이전에 설정된 근저당권자에 대하여는 우선하지 못한다.(대법원 98다59125 판결)

집합건물의 전유부분에만 설정된 저당권이라 해도 대지사용권의 분리처분이 가능하도록 규약으로 정하는 등의 특별한 사정이 없는 한 저당권의 효력은 대지사용권에도 미치는데, 이때 대지사용권에는 대지소유권도 포함하는바, 저당권자는 전체 매각대금 중 대지사용권에 대한 부분에 대하여도 다른 후순위채권자보다 우선하여 변제를 받을 수 있다.(▼대법원 94다12722 판결)

대법원 94다12722 판결

가. 민법 제358조 본문은 "저당권의 효력은 저당부동산에 부합된 물건과 종물에 미친다."라고 규정하고 있는바, 이 규정은 저당부동산에 종된 권리에도 유추적용된다.

나. 구분건물의 전유부분만에 관하여 설정된 저당권의 효력은 대지사용권의 분리처분이 가능하도록 규약으로 정하는 등의 특별한 사정이 없는 한 그 전유부분의 소유자가 사후에라도 대지사용권을 취득함으로써 전유부분과 대지권이 동일 소유자의 소유에 속하게 되었다면, 그 대지사용권에까지 미치고 여기의 대지사용권에는 지상권 등 용익권 이외에 대지소유권도 포함된다.

cf) 판결 이유 중 일부

이 사건 경락대금 중 대지권에 대한 부분에 대하여도 원고가 위 대지권등기 이후에 담보가등기를 설정한 피고보다 우선하여 변제받을 권리가 있다.

>>> **판례 해설**
구분건물의 전유부분에만 저당권이 설정되었더라도, 특별한 사정이 없는 한 저당권의 효력은 종된 권리인 대지사용권(대지소유권 포함)에도 미치는바, 경락대금 중 대지소유권에 대한 대금에서도 저당권의 순위에 따른 배당을 받는다.

 사례

Question 문제

① 가압류(채권 200만 원) → ② 저당권(채권 400만 원) → ③ 가압류(채권 400만 원) 또는 저당권(채권 400만 원)

＊ 배당재단 500만 원

Answer 답

- 말소기준권리는 ①
- 말소되는 권리는 ① ② ③ 모두
- 배당 ①은 100만 원, ②는 400만 원 ③은 0원
- 배당과정
    — 1단계: 안분
        ① 100만 원 ② 200만 원 ③ 200만 원
    — 2단계: 흡수
        ① 100만 원 ② 400만 원 ③ 0원

 **Why 코너**

의문점
강제경매는 공신력이 있는데, 임의경매는 공신력이 없다는 것은 어떤 의미인가?

답
강제경매는 일단 유효한 집행력 있는 정본에 터 잡아 경매절차가 완료된 경우 뒷날 그 집행권원의 실체상 청구권이 부존재, 무효라든지 경매절차 완결 시까지 변제 등의 사유로 소멸하였거나, 재심으로 인하여 집행권원이 폐기되더라도 경락인은 경락부동산의 소유권을 취득하는바, 이를 강제경매는 공신력이 있다고 설명한다.

임의경매의 경우는 담보권 자체에 흠(무효, 부존재, 소멸 등)이 있다면, 임의경매를 통하여 경매부동산을 낙찰받은 경락인은 경락부동산의 소유권을 취득할 수 없는바 이를 임의경매는 공신력이 없다고 한다.

다만, 임의경매의 경우에 실체상 존재하는 저당권에 터 잡아 경매개시결정이 내려졌다면, 그 뒤에 저당권 등이 소멸되었더라도, 매각대금이 모두 지급되었다면 매수인이 적법하게 경락부동산의 소유권을 취득한다.

결국, 공신력 유무는 강제경매 및 임의경매 모두 경매를 진행시킨 채권 자체가 무효이거나 부존재 등인 상황을 전제한 것인바, 그 이외의 채권이 무효이거나 부존재한 경우는 경매의 공신력과 무관한 내용이 됨을 유의한다.

전체에서 부분 보기
임의경매와 강제경매는 모두 채권자의 채권을 강제적으로 실현하는 절차, 즉 돈을 주지 않는 채무자로부터 강제적으로 돈을 빼앗아 오는 절차이다.

앞서 본 바와 같이, 임의경매는 공신력이 없는데, 강제경매는 공신력이 있다.

공신력의 문제는 채권자의 채권과 담보권이 진실한가의 문제와 관련성이 있는데, 채권자채권의 진실성은 임의경매나 강제경매 절차를 진행하는 과정에서 다투는 것이 마땅하다.

위와 같은 사상을 공신력과 관련하여 전면적으로 반영한 것이 강제경매 절차이고, 부분적으로 반영한 것이 임의경매 절차라고 할 수 있겠다(필자).

2 근저당권

핵심정리

- 근저당권은 말소기준권리이다.
- 근저당권은 저당권과 달리 결산기에 최고액 범위에서 확정된 채권을 담보하는 것으로 결산기 이전에 일시적으로 피담보채무가 존재하지 않더라도 결산기까지는 채무가 소멸하지 않는다(저당권에서 인정되는 부종성(피담보채권이 소멸되면 저당권이 소멸되는 성질)이 근저당권에서는 완화됨).
- 근저당권은 저당권과 달리 1년분 이상의 지연배상도 최고액을 넘지 않는 한 담보한다.
- 근저당권설정자와 채무자가 동일인인데, 결산기에 최고액을 넘는 채무가 확정된 경우 채무자는 최고액만을 변제하고 근저당권등기의 말소를 청구할 수는 없으나, 근저당권설정자가 물상보증인이라면 최고액만 변제하고 근저당권의 말소를 청구할 수 있다.
- 근저당권의 결산기를 약정하지 않는 경우에, 근저당권자가 피담보채권의 불이행을 이유로 경매를 신청하면 경매신청 시에 피담보채권이 확정되나, 제3자가 경매를 신청하여 근저당권이 소멸될 경우에는 경락인이 경락대금을 완납할 때에 피담보채권이 확정된다.
- 피담보채권이 확정되면 근저당권이 아니라, 그때부터는 저당권이 된다.

가. 권리분석을 위한 선행학습

(1) 근저당권의 의의

근저당권이란 계속적인 거래관계로부터 발생·소멸하는 불특정 다수의 장래채권을 결산기에 계산한 후 잔존하는 채무를 일정한 한도액(최고액)의 범위 내에서 담보하는 저당권을 의미[34]한다 **(민법 제357조●)**.
피담보채권액을 등기하고 담보하는 저당권과 달리 근저당권은 채권최고액을 등기하고 담보하는바, 장래의 증감·변동하는 불특정의 채권을 담보하는 점에서 특정채권을 담보하는 저당권과 구별된다.

---
[34] 송영곤 763면

● **제357조 (근저당)** ① 저당권은 그 담보할 채무의 최고액만을 정하고 채무의 확정을 장래에 보류하여 이를 설정할 수 있다. 이 경우에는 그 확정될 때까지의 채무의 소멸 또는 이전은 저당권에 영향을 미치지 아니한다. ② 전항의 경우에는 채무의 이자는 최고액 중에 산입한 것으로 본다.

또한, 저당권의 경우 피담보채권이 변제되면 소멸하는 경우와 달리 채무액이 일시적으로 존재하지 않더라도 결산기까지는 채무가 소멸하지 않는다(부종성의 완화).

근저당권은 근저당권설정의 합의와 근저당권설정등기로 성립하는데 근저당권이라는 사실과 최고액은 반드시 등기하여야 한다^(부동산등기법 제140조 제2항●).

근저당권의 존속기간 내지 결산기의 경우 필요적 등기사항은 아니지만, 등기를 하였다면, 존속기간 이후에 발생한 채권은 후순위권리자에게 대항할 수 없는 채권이 된다^(대법원 4293민상893 판결).

(2) 근저당권의 효력

근저당권은 결산기에 현실적으로 존재하는 채권 전부를 피담보채권으로 하는바, 저당권과 달리 1년분 이상의 지연배상도 최고액을 넘지 않은 한 담보가 된다.

근저당권설정자와 채무자가 동일인인 경우에 근저당권의 채권최고액은 후순위담보권자나 근저당 목적부동산의 제3취득자에 대한 우선변제권의 한도로서의 의미에 불과한바, 근저당권이 확정된 후 실제 채권액이 최고액을 초과한 경우 채무자 겸 근저당권설정자가 그 채무의 일부인 채권최고액만을 변제하고 나머지 잔존채무에 대하여는 변제를 하지 않는 경우에는 그 근저당권등기의 말소를 청구할 수 없다^(▼대법원 2000다59081 판결).

반면, 물상보증인의 경우에는 최고액을 초과하는 부분에 해당하는 채권액까지 갚을 필요가 없다^(▼대법원 74다998 판결).

근저당권의 피담보채권의 결산기가 정해진 경우는 결산기에 피담보채무가 확정되나, 결산기가 명확하지 않는 경우 내지는 결산기를 정하지 않은 경우가 문제이다.

● **제140조 (저당권)** ② 제1항의 저당권의 내용이 근저당(根抵當)인 경우에는 신청서에 등기원인이 근저당권설정계약이라는 사실과 채권의 최고액 및 채무자를 적어야 한다. 이 경우 등기원인에 「민법」 제358조 단서의 약정이 있는 경우에는 이를 적어야 한다.

대법원 2000다59081 판결

원래 저당권은 원본, 이자, 위약금, 채무불이행으로 인한 손해배상 및 저당권의 실행비용을 담보하는 것이며, 채권최고액의 정함이 있는 근저당권에 있어서 이러한 채권의 총액이 그 채권최고액을 초과하는 경우, 적어도 근저당권자와 채무자 겸 근저당권설정자와의 관계에 있어서는 위 채권 전액의 변제가 있을 때까지 근저당권의 효력은 채권최고액과는 관계없이 잔존채무에 여전히 미친다.

대법원 74다998 판결

근저당권의 물상보증인은 민법 357조에서 말하는 채권의 최고액만을 변제하면 근저당권설정등기의 말소청구를 할 수 있고 채권최고액을 초과하는 부분의 채권액까지 변제할 의무가 있는 것이 아니다.

근저당권자가 피담보채무의 불이행으로 경매신청을 한 경우는 경매신청 시에 근저당권의 피담보채권이 확정되며, 경매신청을 하여 경매개시결정이 있은 후에 경매신청을 취하하였다고 하더라도 채무확정의 효과가 번복되지는 않는다.(▼대법원 2001다73022 판결).

제3자, 가령 후순위근저당권자가 경매를 신청한 경우 선순위근저당권의 피담보채권의 확정시기는 경락인이 경락대금을 완납한 때가 된다.(대법원 99다26085 판결).

다만, 근저당권설정계약에 다른 일반 채권자 또는 다른 근저당권자로부터 경매신청이 있을 경우 당연히 그 근저당권거래계약이 종료되어 결산기가 도래한다는 특약이 있으면 이 특약에 의해 근저당거래계약이

대법원 2001다73022 판결

근저당권자가 피담보채무의 불이행을 이유로 경매신청을 한 경우에는 경매신청 시에 근저당채무액이 확정되고, 그 이후부터 근저당권은 부종성을 가지게 되어 보통의 저당권과 같은 취급을 받게 되는바, 위와 같이 경매신청을 하여 경매개시결정이 있은 후에 경매신청이 취하되었다고 하더라도 채무확정의 효과가 번복되는 것은 아니다.

>>> **판례 해설**
근저당권자가 피담보채무 불이행으로 경매신청을 하면, 경매신청 시에 근저당채무액이 확정된다.

종료된 때를 기준으로 피담보채권이 확정된다.

위와 같은 특약이 없다면, 제3자가 경매를 신청한 경우는 낙찰자가 낙찰대금을 완납한 때에 근저당권자의 피담보채권이 확정되므로 근저당권자는 그 채권이 매각대금 지급 시까지 발생한 것이기만 하면 채권최고액 범위 내에서 배당요구의 종기 이후라도 채권계산서의 제출에 의해 배당요구채권액을 확장할 수 있다(▼대법원 99다26085 판결).

근저당권이 확정되었음에도 실제의 채권액이 정확히 밝혀지지 않으면 등기된 채권최고액으로 확정된다(대법원 97다26104 판결).

피담보채권의 채권액이 확정되면 근저당권은 보통의 저당권으로 전환된다.

즉, 근저당권의 피담보채무액이 확정되면 그 이후부터 근저당권은 부종성을 가지게 되어 보통의 저당권과 같은 취급을 받는다. 다만, 확정된 원본채권으로부터 생기는 이자 기타 부수처분은 근저당권이 실행될 때까지 발생한 것이라도 최고액 범위 내에서 담보되므로 민법 제360조 단서(지연배상 1년분 한정 조항)는 적용되지 않는다(대법원 4289민상401 판결).

 **대법원 99다26085 판결**

당해 근저당권자는 저당부동산에 대하여 경매신청을 하지 아니하였는데 다른 채권자가 저당부동산에 대하여 경매신청을 한 경우 민사소송법 제608조 제2항, 제728조의 규정에 따라 경매신청을 하지 아니한 근저당권자의 근저당권도 경락으로 인하여 소멸하므로, 다른 채권자가 경매를 신청하여 경매절차가 개시된 때로부터 경락으로 인하여 당해 근저당권이 소멸하게 되기까지의 어느 시점에서인가는 당해 근저당권의 피담보채권도 확정된다고 하지 아니할 수 없는데, 그중 어느 시기에 당해 근저당권의 피담보채권이 확정되는가 하는 점에 관하여 우리 민법은 아무런 규정을 두고 있지 아니한바, 부동산경매 절차에서 경매신청기입등기 이전에 등기되어 있는 근저당권은 경락으로 인하여 소멸되는 대신에 그 근저당권자는 민사소송법 제605조가 정하는 배당요구를 하지 아니하더라도 당연히 그 순위에 따라 배당을 받을 수 있고, 이러한 까닭으로 선순위근저당권이 설정되어 있는 부동산에 대하여 근저당권을 취득하는 거래를 하려는 사람들은 선순위근저당권의 채권최고액만큼의 담보가치는 이미 선순위근저당권자에 의하여 파악되어 있는 것으로 인정하고 거래를 하는 것이 보통이므로, 담보권 실행을 위한 경매절차가 개시되었음을 선순위근저당권자가 안 때 이후의 어떤 시점에 선순위근저당권의 피담보채무액이 증가하더라도 그와 같이 증가한 피담보채무액이 선순위근저당권의 채권최고액 한도 안에 있다면 경매를 신청한 후순위근저당권자가 예측하지 못한 손해를 입게 된다고 볼 수 없는 반면, 선순위근저당권자는 자신이 경매신청을 하지 아니하였으면서도 경락으로 인하여 근저당권을 상실하게 되는 처지에 있으므로 거래의 안전을 해치지 아니하는 한도 안에서 선순위근저당권자가 파악한 담보가치를 최대한 활용할 수 있도록 함이 타당하다는 관점에서 보면, 후순위근저당권자가 경매를 신청한 경우 선순위근저당권의 피담보채권은 그 근저당권이 소멸하는 시기, 즉 경락인이 경락대금을 완납한 때에 확정된다고 보아야 한다.

>>> 판례 해설

당해 근저당권은 저당부동산에 대하여 경매신청을 하지 않았으나, 다른 채권자가 저당부동산에 대하여 경매신청을 한 경우 경락인이 경락대금을 완납한 때에 당해 근저당권의 피담보채무액이 확정된다.
위 판례는 그 이유를 자세히 설명하고 있다.

나. 권리분석 및 배당문제

저당권과 마찬가지로 근저당권은 말소기준권리가 된다.
따라서, 항상 인수되는 권리를 제외하면, 근저당권보다 후순위의 권리들은 낙찰로 소멸한다.

선순위근저당권이 강제경매개시 당시 이미 소멸되었음에도 불구하고 형식상 등기만 남아 있을 뿐일 때의 후순위가처분은 낙찰로 소멸되지 않고 낙찰자가 인수한다(▼대법원 97다26104 판결).

근저당권거래계약의 결산기에 발생한 채권이 채권최고액을 초과하고 있고 근저당권자가 경매신청서 또는 채권계산서에 초과액까지 청구하는 경우에 근저당권설정자가 물상보증인이거나 목적부동산을 제3자가 취득한 경우는 최고액을 변제하고 남은 잔액은 물상보증인 또는 제3자에게 교부되며, 근저당권설정자와 채무자가 동일인이면 최고액을 변제하고 남은 잔액은 근저당권설정자이자 채무자에게 교부되지 않고 최고액을 초과하는 채무변제에 충당되나, 채권최고액을 초과해 배당요구를 한 담보권자가 여러 명이거나 일반 채권자가 있는 경우 최고액 초과부분은 그들에 안분배당 된다.

다만, 이때 근저당권의 채권최고액을 초과하는 부분으로서 우선변제의 효력이 미치지 않는 채권에 관해 다른 일반 채권자와 같은 순위로 안분비례하여 배당받기 위해서는 근저당권에 기한 경매신청이나 채권계산서의 제출만으로는 부족하고, 채권최고액을 초과하는 채권에 관해 별도의 민사집행법에 의한 적법한 배당요구를 했거나 그 밖에 달리 배당을 받을 수 있는 채권으로서의 필요한 요건을 갖추어야 한다(대법원 97다28216 판결).

 **대법원 97다26104 판결**

가. 근저당권자가 피담보채무의 불이행을 이유로 경매신청을 한 경우에는 경매신청 시에 근저당권의 피담보채권액이 확정되고, 그 이후부터 근저당권은 부종성을 가지게 되어 보통의 저당권과 같은 취급을 받게 된다.

나. 강제경매의 개시 당시 이미 소멸하였음에도 형식상 등기만이 남아 있을 뿐이었던 근저당권보다 후순위라는 이유로 집행법원의 촉탁에 의하여 이루어진 가처분기입등기의 말소등기는 원인무효이고, 가처분채권자는 그 말소등기에도 불구하고 여전히 가처분채권자로서의 권리를 가진다.

다. 가처분기입등기에 대한 원인무효의 말소등기가 이루어질 당시 소유권이전등기를 경료하고 있는 자는 법원이 위 가처분기입등기의 회복등기를 촉탁함에 있어서 등기 상 이해관계가 있는 제3자에 해당하므로, 가처분채권자에 대하여 법원의 촉탁에 의한 위 가처분기입등기 회복절차에 승낙할 의무가 있다.

라. 가처분채권자가 가처분의 본안소송인 소유권이전등기청구의 소에서 승소의 확정판결을 받은 이상, 가처분채권자의 지위에서 그 피보전권리인 소유권이전등기청구권에 기하여 등기를 하는 경우에는 위 가처분기입등기 이후에 개시된 강제경매 절차에서 당해 토지를 낙찰받은 낙찰자 명의의 소유권이전등기는 가처분채권자에 대한 관계에서는 무효인 것으로서 말소될 처지에 있다고 할 것이며, 이는 가처분채권자가 위 강제경매 절차가 진행되는 것을 알고 아무런 이의를 하지 아니하였다 하더라도 달리 볼 것이 아니다.

마. 가처분기입등기 이후에 개시된 부동산 강제경매 절차에서 부동산을 낙찰받은 자의 소유권이전등기가 가처분채권자에 대한 관계에서 무효로 되는 경우, 특별한 사정이 없는 한 위 토지에 관한 낙찰자 명의의 소유권이전등기가 아직 말소되지 않고 있다고 하더라도 낙찰자로서는 위 토지를 자신 소유 건물의 부지 등으로 점용하고 있는 가처분채권자에 대하여 그 건물의 철거 및 위 토지 중 가처분채권자가 위 건물의 부지 등으로 점용하고 있는 부분의 인도를 구할 수 없다.

※ 주의
위 판례는 강제경매에 공신력이 있다는 내용(참고로 임의경매는 공신력 부정)과 구별하여야 한다. 강제경매에 공신력이 있다는 것은 일단 유효한 집행력이 있는 정본에 터 잡아 경매절차가 완료되면 뒷날 그 집행권원의 실체상 청구권이 재심 등으로 인하여 부존재 또는 무효 등으로 밝혀졌어도 낙찰자가 낙찰물건의 소유권을 취득한다는 것으로, 위 사안과는 다르다.
위 판례는 강제경매를 신청한 채권자의 집행권원 자체에 문제가 발생한 것이 아니기 때문이다.

 Why 코너

의문점

근저당권에서 채권최고액은 어떠한 의미를 갖는가?

답

보통의 저당권은 일정한 채권액을 담보하지만, 근저당권은 최고액만 정하여 두고 장래 확정될 채권액을 담보한다.

실생활에서는 저당권보다 근저당권이 압도적으로 많이 실행되고 있어, 최고액의 구체적 의미를 밝히는 것은 의미가 있다.

최고액의 구체적인 의미를 파악하는 실익은 근저당권에 의하여 담보되는 실제의 채권액이 최고액을 초과하는 경우에 두드러진다.

예를 들어 근저당권의 채권최고액은 1억 원인데, 채무자의 실제 채무액은 1억 3천만 원이라고 생각해 보자. 위와 같은 사례에서 판례는 ① 채무자가 채무자 소유의 부동산에 근저당권을 설정해 준 경우와 ② 물상보증인이 물상보증인 소유의 부동산에 근저당권을 설정해 준 경우를 나누어 최고액의 의미를 파악한다.

즉 판례는 ①의 경우 채무자가 채무의 일부인 최고액만 변제하면서 근저당권의 말소를 청구할 수 없다고 판시하였고(대법원 2000다59081 판결), ②의 경우 물상보증인은 최고액을 초과하는 부분까지 채권액을 부담하는 것이 아니며(대법원 74다998 판결), 저당목적 부동산의 제3취득자는 근저당권자에게 그 부동산으로 담보된 채권을 변제하고 근저당권의 소멸을 청구함에 있어 최고액만 변제하고 근저당권의 소멸을 청구할 수 있다고 판시한 바 있다(대법원 71다26 판결).

결국, 대법원 판시의 취지는 근저당권설정자와 채무자가 동일인인 경우에 근저당권의 채권최고액은 후순위담보권자나 근저당목적 부동산의 제3취득자에 대한 우선변제권의 한도로서의 의미를 갖는 것에 불과하다는 것이다.

최고액의 의미를 위와 같이 새기는 이유는 등기부를 보고 이해관계를 맺은 후순위자들은 선순위인 근저당권의 채권최고액을 근거로 채무자 내지는 물상보증인과 이해관계를 맺은 것인바, 최고액을 넘어서는 부분까지 채무자 내지 물상보증인이 그들이 제공한 부동산으로 책임을 진다면, 당해 부동산과 이해관계를 맺은 후순위자들에게 불측의 손해를 줄 수 있기 때문이다.

결국, 부동산경매와 관련하여서는 근저당권자가 최고액을 한도로만 우선변제를 받게 된다고 생각하면 된다.

전체에서 부분 보기

은행에서는 대출을 해주면서 주로 근저당권을 설정받고 있다.
이때에, 근저당권최고액을 대출액의 130%로 잡는 것이 은행의 관례라고 한다.

즉, 은행에서 1억 원을 대출해 준다면, 채무자의 부동산 또는 물상보증인의 부동산에 1억 3천만 원을 채권최고액으로 하여 근저당권을 설정받는다는 것이다.

채무자가 은행에게 대출금을 갚지 않는다면, 은행은 채무자나 물상보증인이 담보로 제공한 부동산을 경매에 부칠 것이다.

이때, 은행이 가져가는 돈은 실제 채권액 1억 원과 그 이자가 될 것이고, 은행보다 집행비용이 먼저 빠져나간다.

은행이 최고액을 실제 채권액보다 높은 130%로 잡는 이유를 알 수 있을 것이다.

3 공동저당권

 **핵심정리**

- 공동저당이란 동일 채권을 담보하기 위해 수개의 부동산에 저당권을 설정한 경우이다.
- 공동저당권은 각 부동산의 공동저당권에 있어서 각 말소기준권리가 된다.
- 공동저당권자는 복수의 저당권을 동시 실행할 수도 있고, 일부만 골라서 실행할 수도 있는데, 일부만 실행하더라도 그 경매대가에서 피담보채권 전액을 변제받을 수 있다.
- 공동저당권을 동시에 실행할 경우에 각 부동산의 경매대가에 비례하여 변제받을 채권의 분담을 정하나, 공동저당권자가 일부만 골라서 저당권을 실행할 경우에는 동시 실행하였더라면 다른 후순위자가 피해를 보지 않았을 부분에 한하여 후순위자 대위가 인정된다.
- 다만 저당권설정자가 채무자와 물상보증인으로 구성된 공동저당의 경우는 채무자 소유의 부동산에 설정된 저당권이 먼저 실행된 경우에는 후순위자의 대위가 금지된다(물상보증인 우선).
- 공동저당물이 동일 절차에서 경매가 진행될 경우에, 저당권설정자가 채무자와 물상보증인으로 구성된 공동저당의 경우 채무자 소유의 부동산의 대금만을 미리 배당하면, 채무자 소유 부동산의 차순위저당권자의 대위가 금지되어 그 이익을 침해받으므로, 실무상 나중에 매각대금이 납부되는 부동산의 배당을 기다려 일괄하여 동시배당하고 있다.

35) 송영곤 755면

● 제368조 (공동저당과 대가의 배당, 차순위자의 대위) ① 동일한 채권의 담보로 수개의 부동산에 저당권을 설정한 경우에 그 부동산의 경매대가를 동시에 배당하는 때에는 각 부동산의 경매대가에 비례하여 그 채권의 분담을 정한다. ② 전항의 저당부동산 중 일부의 경매대가를 먼저 배당하는 경우에는 그 대가에서 그 채권 전부의 변제를 받을 수 있다. 이 경우에 그 경매한 부동산의 차순위저당권자는 선순위저당권자가 전항의 규정에 의하여 다른 부동산의 경매대가에서 변제를 받을 수 있는 금액의 한도에서 선순위자를 대위하여 저당권을 행사할 수 있다.

가. 권리분석을 위한 선행학습

(1) 공동저당의 의의(공장저당법 제2장 참조)

공동저당이란 동일한 채권을 담보하기 위하여 수개의 부동산에 저당권을 설정한 경우35)를 의미한다(민법 제368조●).

공동저당관계는 등기가 되어야 하며, 각 부동산마다 한 개씩의 저당권이 성립하므로(일물일권주의), 각 부동산마다 저당권의 성립요건을 갖추어야 한다.

동일채권을 담보하는 수개의 저당물은 동일한 권리자에 속하지 않아도 무방하다.

근저당권의 경우 피담보채권의 동일성은 채권을 발생시키는 개개의 거래행위가 아니라 근저당권설정계약에서 피담보채권의 발생원인으로 정한 기본계약과 청산기를 기준으로 하여 판별한다.

공동저당에 있어 각 저당권의 등기는 다른 부동산과 함께 1개의 채권의 공동담보로 되어 있다는 것을 기재하며, 목적부동산의 수가 5개 이상인 때에는 절차의 번거로움을 피하기 위해 등기신청서에 공동저당목록을 첨부케 하여 이로써 공동저당관계를 공시한다(부동산등기법 제145조 내지 제147조●). 이 공동저당목록은 등기부의 일부로 간주된다(부동산등기법 제151조●●).

(2) 공동저당의 법적 구조

피담보채권이 전부 변제되면 복수의 저당권이 모두 소멸하고 피담보채권이 양도되면 그를 담보하는 복수의 저당권도 함께 이전한다.

공동저당권자는 복수의 저당권을 동시에 실행하거나 일부간을 골라서 실행할 수 있고(실행선택권), 일부만을 실행하는 경우에도 그 경매대가로부터 피담보채권의 전액을 변제받을 수 있다(민법 제368조 제2항).

(3) 공동저당의 효력

(가) 후순위저당권자에 대한 관계

1) 동시배당의 경우

공동저당의 목적물 전부를 경매하여 그 대가를 동시에 배당하는 경우에 각 부동산의 경매대가에 비례하여 그 채권의 분담을 정한다(민법 제368조 제1항●●●). 그 안분비례액을 초과하는 부분은 후순위저당권자의 변제에 충당된다.

동시배당규정(민법 제368조 제1항)은 후순위저당권자가 존재하지 않는 경

● **제145조 (공동담보)** 여러 개의 부동산에 관한 권리를 목적으로 하는 저당권의 설정등기를 신청하는 경우에는 신청서에 각 부동산에 관한 권리를 표시하여야 한다. **제146조 (공동담보목록)** ① 제145조의 경우에 부동산이 5개 이상이면 신청서에 공동담보목록을 첨부하여야 한다. ② 제1항의 목록에는 각 부동산에 관한 권리의 표시를 하고 신청인이 기명날인하여야 한다. **제147조 (추가공동담보)** 1개 또는 여러 개의 부동산에 관한 권리를 목적으로 하는 저당권의 설정등기를 한 후 동일한 채권에 대하여 다른 1개 또는 여러 개의 부동산에 관한 권리를 목적으로 하는 저당권 설정의 등기를 신청하는 경우에는 신청서에 종전의 등기를 표시하는 데에 충분한 사항을 적어야 한다.

●● **제151조 (공동담보목록의 성질)** 공동담보목록은 등기부의 일부로 보고, 그 기재는 등기로 본다.

●●● **제368조 (공동저당과 대가의 배당, 차순위자의 대위)** ① 동일한 채권의 담보로 수개의 부동산에 저당권을 설정한 경우에 그 부동산의 경매대가를 동시에 배당하는 때에는 각 부동산의 경매대가에 비례하여 그 채권의 분담을 정한다.

우에도 적용이 있다. 예컨대, 다른 담보권자, 채무명의를 가진 배당요구채권자, 가압류채권자 등과 같은 저당권자 이외의 자도 부동산경매 대가에 대하여 배당참가를 할 수 있고, 이러한 자들도 공동저당권자를 해하지 않는 범위 내에서 보호하는 것이 타당하기 때문이다.

2) 이시배당의 경우

공동저당의 목적물 중 어떤 부동산이 먼저 경매되어 공동저당권자가 그 대가로부터 채권 전액의 변제(채권을 일부 변제받았을 경우도 포함)를 받았을 경우 그 경매된 부동산의 후순위저당권자(동순위저당권자뿐만 아니라 후순위담보권자로서 매각으로 그 권리가 소멸하는 자 모두가 포함됨)는 만약 동시에 배당했더라면 다른 부동산이 공동저당채권으로 부담하여야 할 금액만큼을 공동저당권자를 대위하여 저당권을 행사할 수 있다.(민법 제368조 제2항●)

대위권은 공동저당권자의 채권이 완제된 때에 발생하므로 채권의 일부 변제만 있는 경우에는 후순위저당권자는 아직 대위권을 취득하여 행사하지는 못한다.

대위의 효과로 등기 없이(민법 제187조●●), 공동저당권자가 가지고 있던 저당권이 후순위저당권자에게 이전한다.

사용자 소유의 수개의 부동산 중 일부가 먼저 경매되어 그 경매대가에서 임금채권자가 우선특권에 따라 우선변제 받은 결과 그 경매한 부동산의 저당권자가 민법 제368조 제1항에 의하여 위 수개의 부동산으로부터 임금채권이 동시배당 되는 경우보다 불이익을 받는 경우 동조 제2항 후문을 유추 적용하여 선순위자인 임금채권자를 대위하여 다른 부동산의 경매절차에서 우선하여 배당을 받을 수 있다.(▼대법원 97다9352 판결)

다만, 동일채권 담보를 위해 부동산과 선박에 대하여 저당권이 설

● **제368조 (공동저당과 대가의 배당, 차순위자의 대위)** ② 전항의 저당부동산 중 일부의 경매대가를 먼저 배당하는 경우에는 그 대가에서 그 채권 전부의 변제를 받을 수 있다. 이 경우에 그 경매한 부동산의 차순위저당권자는 선순위저당권자가 전항의 규정에 의하여 다른 부동산의 경매대가에서 변제를 받을 수 있는 금액의 한도에서 선순위자를 대위하여 저당권을 행사할 수 있다.

●● **제187조 (등기를 요하지 아니하는 부동산물권취득)** 상속, 공용징수, 판결, 경매 기타 법률의 규정에 의한 부동산에 관한 물권의 취득은 등기를 요하지 아니한다. 그러나 등기를 하지 아니하면 이를 처분하지 못한다.

정된 경우에는 민법 제368조 제2항 후문이 유추 적용되지 않는다

(▼대법원 2002다34901 판결)

 **대법원 97다9352 판결**

구 근로기준법(1997. 3. 13. 법률 제5305호로 폐지) 제30조의2 제2항에 규정된 임금 등에 대한 우선특권은 사용자의 총재산에 대하여 저당권에 의하여 담보된 채권, 조세 등에 우선하여 변제받을 수 있는 이른바 법정담보물권으로서, 사용자 소유의 수개의 부동산 중 일부가 먼저 경매되어 그 경매대가에서 임금채권자들이 우선특권에 의하여 우선변제 받은 결과 그 경매한 부동산의 저당권자가 민법 제368조 제1항에 의하여 위 수개의 부동산으로부터 임금채권이 동시배당되는 경우보다 불이익을 받은 경우에는 같은 조 제2항 후문을 유추 적용하여, 위 저당권자로서는 임금채권자가 위 수개의 부동산으로부터 동시에 배당받았다면 다른 부동산의 경매대가에서 변제를 받을 수 있었던 금액의 한도 내에서 선순위자인 임금채권자를 대위하여 다른 부동산의 경매절차에서 우선하여 배당받을 수 있다.

>>> 판례 해설
사용자 소유 수개 부동산 중 일부가 먼저 경매되어 그 경매대가에서 임금채권자가 우선변제 받은 경우에 민법 제368조 제2항 후문을 유추하여 선순위인 임금채권자를 대위하여 다른 부동산경매 절차에서 우선변제를 받을 수 있다.

 **대법원 2002다34901 판결**

근로자의 임금채권우선변제권이 선박경매절차에서 행사된 뒤 그 사용자의 부동산이 경매되는 경우에는 민법 제368조가 유추 적용되지 아니하므로, 선박에 대한 경매절차가 먼저 진행되어 근로자들이 임금채권우선변제권에 따라 배당받음으로써 선박에 대한 저당권자가 부동산과 선박에 대한 경매절차가 함께 진행되어 동시에 배당이 이루어졌다면 받을 수 있었던 금액보다 적은 금액만을 배당받거나 또는 배당을 받지 못하게 되었다고 하더라도 선박에 대한 저당권자는 사용자의 부동산에 대한 경매절차에서 그 근로자들의 임금채권 우선변제권을 대위 행사할 수 없다.

> **〉〉〉 판례 해설**
> 동일채권 담보를 위해 부동산과 선박에 대하여 저당권이 설정된 경우에는 민법 제368조 제2항 후문이 유추 적용되지 않는다.

● **제481조 (변제자의 법정대위)** 변제할 정당한 이익이 있는 자는 변제로 당연히 채권자를 대위한다.

●● **제368조 (공동저당과 대가의 배당, 차순위자의 대위)** ② 전항의 저당부동산 중 일부의 경매대가를 먼저 배당하는 경우에는 그 대가에서 그 채권 전부의 변제를 받을 수 있다. 이 경우에 그 경매한 부동산의 차순위저당권자는 선순위저당권자가 전항의 규정에 의하여 다른 부동산의 경매대가에서 변제를 받을 수 있는 금액의 한도에서 선순위자를 대위하여 저당권을 행사할 수 있다.

●●● **제482조 (변제자대위의 효과, 대위자 간의 관계)** ① 전조의 규정에 의하여 채권자를 대위한 자는 자기의 권리에 의하여 구상할 수 있는 범위에서 채권 및 그 담보에 관한 권리를 행사할 수 있다. ② 전항의 권리행사는 다음 각 호의 규정에 의하여야 한다. 1. 보증인은 미리 전세권이나 저당권의 등기에 그 대위를 부기하지 아니하면 전세물이나 저당물에 권리를 취득한 제삼자에 대하여 채권자를 대위하지 못한다. 2. 제3취득자는 보증인에 대하여 채권자를 대위하지 못한다. 3. 제3취득자 중의 1인은 각 부동산의 가액에 비례하여 다른 제3취득자에 대하여 채권자를 대위한다. 4. 자기의 재산을 타인의 채무의 담보로 제공한 자가 수인인 경우에는 전호의 규정을 준용한다. 5. 자기의 재산을 타인의 채무의 담보로 제공한 자와 보증인 간에는 그 인원수에 비례하여 채권자를 대위한다. 그러나 자기의 재산을 타인의 채무의 담보로 제공한 자가 수인인 때에는 보증인의 부담 부분을 제외하고 그 잔액에 대하여 각 재산의 가액에 비례하여 대위한다. 이 경우에 그 재산이 부동산인 때에는 제1호의 규정을 준용한다.

(나) 물상보증인, 제3취득자와의 관계(변제자대위와 후순위저당권자의 대위의 충돌)

공동저당의 목적물인 수개의 부동산 중 일부가 물상보증인에 의해 제공되고 그 각 부동산에 후순위저당권자가 존재하는데, 이시배당이 이루어져 선순위저당권자가 자신의 채권을 우선변제 받게 될 경우, 변제자대위규정 (민법 제481조●)과 후순위저당권자대위규정 (민법 제368조 제2항●●)이 서로 충돌한다.

대법원은 이 경우 변제자 대위규정이 우선한다는 태도(물상보증인 우선)이다.

즉, 공동저당의 목적인 채무자 소유의 부동산과 물상보증인 소유의 부동산에 각각 채권자를 달리하는 후순위저당권이 설정되어 있는 경우 ① 물상보증인 소유의 부동산에 대하여 먼저 경매가 이루어져 그 경매대금의 교부에 의하여 1번 저당권자가 변제를 받은 때에는 물상보증인은 채무자에 대하여 구상권을 취득함과 동시에, 민법 제481조, 제482조●●●의 규정에 의한 변제자대위에 의하여 채무자 소유의 부동산에 대한 1번 저당권을 취득하고, 이러한 경우 물상보증인 소유의 부동산에 대한 후순위저당권자는 물상보증인에게 이전한 1번 저당권으로부터 우선하여 변제를 받을 수 있으며, 물상보증인이 수인인 경우에도 마찬가지라 할 것이므로(이 경우 물상보증인들 사이의 변제자대위의 관계는 민법 제482조 제2항 제4호, 제3호에 의하여 규율될 것이다.), 자기 소유의 부동산이 먼저 경매되어 1번 저당권자에게 대위변제를 한 물상보증인은 1번 저당권을 대위취득하고, 그 물상보증인 소유의 부동산의 후순위저당권자는 1번 저당권에 대하여 물상대위를 할 수 있고 (대법원 93다25417 판결), ② 공동저당의 목적인 채무자 소유의 부동산과 물상보증인 소유의 부동산 중 채무자 소유의 부동산에 대하여 먼저 경매가 이루어져 그 경매대금의 교부에 의하여 1번 공동저당권자가 변제를 받더라도, 채무자 소유의 부동산에 대한 후순위저당권자는 민법 제368조 제2항 후단에 의하여 1번 공동저당권자를 대위하여 물상보증인 소유의 부동산에 대하여 저당권을 행사할 수 없다.(대법원 95마500 결정).

● 제268조 (준용규정) 부동산을 목적으로 하는 담보권 실행을 위한 경매절차에는 제79조 내지 제162조의 규정을 준용한다.

(다) 저당권설정자에 대한 관계

과잉경매를 막을 필요가 있는바, 1개 부동산의 매득금으로 채권전액을 변제함에 충분한 때에는 법원은 다른 부동산에 대한 경락을 허가하지 아니하고, 채무자는 그 부동산 중 매각할 것을 지정할 수 있다.(법 제268조●, 제124조●●).

●● 제124조 (과잉매각되는 경우의 매각불허가) ① 여러 개의 부동산을 매각하는 경우에 한 개의 부동산의 매각대금으로 모든 채권자의 채권액과 강제집행비용을 변제하기에 충분하면 다른 부동산의 매각을 허가하지 아니한다. 다만, 제101조 제3항 단서에 따른 일괄매각의 경우에는 그러하지 아니하다. ② 제1항 본문의 경우에 채무자는 그 부동산 가운데 매각할 것을 지정할 수 있다.

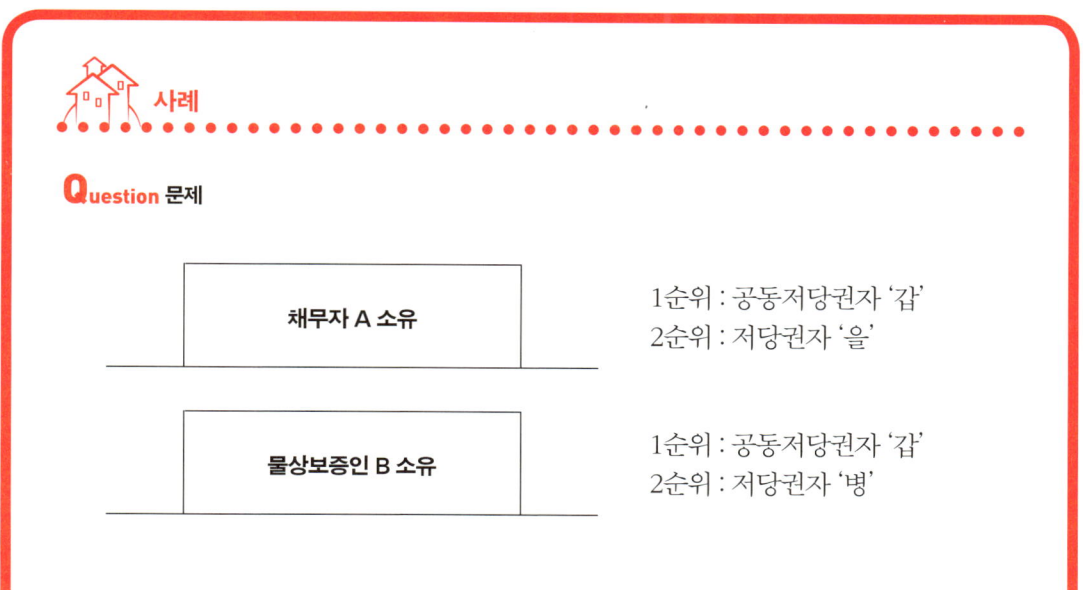

사례

Question 문제

채무자 A 소유 — 1순위 : 공동저당권자 '갑' / 2순위 : 저당권자 '을'

물상보증인 B 소유 — 1순위 : 공동저당권자 '갑' / 2순위 : 저당권자 '병'

Answer 답

- **가. 물상보증인 B 소유 부동산이 먼저 경매된 경우**^(대법원 93다25417 판결)
    - 1순위인 '갑'이 물상보증인 B 소유 부동산경매대금으로부터 자신의 채권을 전액 변제받았다.
    - 물상보증인인 B는 채무자인 A에게 구상권을 취득함과 동시에 채무자 A 소유의 부동산에 1번 저당권을 취득한다.
    - 물상보증인 B 소유의 부동산의 후순위저당권자인 '병'은 물상보증인 B가 채무자 A 소유의 부동산에 취득한 1번 저당권에 대하여 물상대위 할 수 있다.
- **나. 채무자 A 소유 부동산이 먼저 경매된 경우**^(대법원 95마500 결정)
    - 1순위인 '갑'이 채무자 A 소유의 부동산경매대금으로부터 자신의 채무를 전액 변제받았다.
    - 채무자 A 소유 부동산의 2순위 저당권자인 '을'은 1순위이면서 공동저당권자인 '갑'을 대위하여 물상보증인 B 소유의 부동산에 저당권을 행사할 수 없다.

나. 권리분석 및 배당문제

공동저당권은 각 부동산의 공동저당권에 있어서 각 말소기준권리가 된다.

> **[핵심 조문: 동시배당 및 이시배당 규정]**
>
> 민법 제368조 (공동저당과 대가의 배당, 차순위자의 대위)
> ① 동일한 채권의 담보로 수개의 부동산에 저당권을 설정한 경우에 그 부동산의 경매대가를 동시에 배당하는 때에는 각 부동산의 경매대가에 비례하여 그 채권의 분담을 정한다.

② 전항의 저당부동산 중 일부의 경매대가를 먼저 배당하는 경우에는 그 대가에서 그 채권 전부의 변제를 받을 수 있다. 이 경우에 그 경매한 부동산의 차순위저당권자는 선순위저당권자가 전항의 규정에 의하여 다른 부동산의 경매대가에서 변제를 받을 수 있는 금액의 한도에서 선순위자를 대위하여 저당권을 행사할 수 있다.

(1) 공동저당물을 함께 경매신청 하여 동시에 배당하는 경우

동시배당의 경우에는 공동저당권자의 의사에 의하여 어느 특정 부동산의 경매대가만으로 만족을 얻는 것은 허용되지 않고 각 부동산의 경매대가의 비율로 공동저당권의 피담보채권의 부담을 안분할당 하여 그 할당된 부담액에 한해서만 공동저당권자가 우선변제를 받을 수 있고, 이와 같은 부담의 안분은 목적부동산에 일부에만 후순위저당권이 존재할 때도 동일하다.

공동저당 목적부동산에 공동저당권보다 선순위저당권이 있는 경우에는 각 부동산의 매각대금에서 각 부동산의 경매비용을 공제하고 다시 선순위저당권자의 채권을 공제한 나머지 금액이 민법 제368조의 '경매대가'가 된다.

공동저당권자가 선순위라면 각 부동산의 경매대가의 비율로 공동저당권자의 채권을 안분하여 할당하고 나머지는 후순위권리자에게 배당한다.

공동저당권이 2번 순위 또는 3번 순위의 후순위저당권일 때 선순위권리자에게 우선배당 하고 남은 잔액을 기준으로 각 부동산의 부담액을 정한다.

(2) 공동저당물 중에서 일부만 경매신청(또는 일부만 매각허가) 하여 이시에 배당하는 경우

이시배당을 규정한 민법 제368조 제2항은 선순위공동저당권자가 공동저당 목적부동산의 일부에 대하여만 경매신청을 하였거나 또는 목적부동산 전부에 대하여 경매신청을 하였으나 법 제124조 (잉여주의 규정)*의 준용으로 그중 일부 부동산에 대하여만 매각이 허용되고 나머지는 매각불허가 되어 매각된 일부 부동산의 매각대금만으로 배당하는 때 다른 부동산이 부담하여야 할 채권액의 한도에서 차순위채권자가 대위하는 것을 인정함으로써 차순위채권자 상호 간의 이익의 조화를 유지하기 위한 취지의 규정이다.

대위권은 공동저당권자가 일부 부동산의 매각대금으로부터 그 채권의 전부를 변제받은 경우뿐만 아니라 그 채권의 일부만을 변제받은 경우에도 발생하는바, 선순위공동저당권자가 일부 부동산의 매각대금으로부터 그 채권의 일부만을 변제받은 경우에는 선순위공동저당권자가 여전히 잔액 채권에 관하여 매각되지 않은 다른 부동산 위에 저당권을 보유하고 있으므로 차순위저당권자의 대위권은 선순위공동저당권자가 그 채권의 전부를 변제받을 것을 정지조건으로 하여 발생한다.

채무자 갑 소유의 부동산과 물상보증인 또는 제3취득자 을 소유의 부동산이 1순위 공동저당권의 목적이 되어 있고, 갑 소유 부동산에 2순위의 저당권자가 있는 경우 공동저당권자가 갑 소유 부동산을 먼저 매각해도 갑 소유 부동산의 2순위 저당권자는 을 소유 부동산에 대위할 수 없고, 반면에 먼저 을 소유 부동산을 매각하면 을은 변제자 대위 규정 (민법 제481조, 제482조)에 의하여 공동저당권자에 대위하므로 갑 소유 부동산 위의 2순위 저당권자는 을이 변제받은 후의 잔액에 대하여만 권리를 행사할 수 있다.

● **제124조 (과잉매각되는 경우의 매각불허가)** ① 여러 개의 부동산을 매각하는 경우에 한 개의 부동산의 매각대금으로 모든 채권자의 채권액과 강제집행비용을 변제하기에 충분하면 다른 부동산의 매각을 허가하지 아니한다. 다만, 제101조 제3항 단서에 따른 일괄매각의 경우에는 그러하지 아니하다. ② 제1항 본문의 경우에 채무자는 그 부동산 가운데 매각할 것을 지정할 수 있다.

(3) 공동저당물을 함께 경매신청 하였으나, 매각에 시간차이가 생길 때에 동시배당을 할 것인지 또는 이시배당을 할 것인지의 문제

공동저당 목적부동산이 동일한 절차에서 경매가 진행될 경우에 공동저당 목적부동산의 매각에 시간차이가 생길 수 있다.

이때, 공동저당물의 최종 매각을 기다려 배당할 것인지 아니면, 매각이 끝나는 순서대로 배당을 실시하여야 하는지 문제 될 수 있다.

낙찰자가 매각대금을 지급하면 배당을 실시하게 되는데, 공동저당물이 일부 매각되어 매각대금이 납부된 경우에 다른 부동산의 매각을 기다리지 않고 배당이 가능하고, 이때 공동저당권자는 그 부동산의 분할 부담액을 초과하여 피담보채권 전액을 받을 수 있다.

이때 차순위저당권자 등은 민법 제368조 제2항에 따라 선순위공동저당권자를 대위하여 다른 부동산의 매각대금으로부터 만족을 얻는다.

그런데, 공동저당권의 목적부동산의 소유자가 각각 다르다면(예컨대, 채무자 소유의 A 부동산과 물상보증인 소유의 B 부동산이 공동저당의 목적일 때) 이시배당을 하여야 하는지 아니면 동시배당을 하여야 하는지 문제된다.

실무는 나중에 매각대금이 납부되는 부동산의 배당을 기다려 일괄하여 동시배당을 한다.

이는 이시배당을 할 경우 즉, 위 예에서 A 부동산의 대금만을 미리 배당하면 A 부동산 위의 차순위저당권자는 B 부동산의 대금에서 변제를 받을 수 없어 그 이익을 침해받으므로 B 부동산의 매각을 기다려 A 부동산의 대금과 일괄에서 동시배당 하는 것이 각 이해관계인들의 이익을 고려할 때 타당하기 때문이다.

 **Why 코너**

의문점

공동저당 목적부동산의 소유자가 채무자와 물상보증인으로 각각 다를 때, 이시배당에 있어 채무자 소유부동산의 후순위자가 공동저당권자를 대위할 수 없는 이유는 무엇인가?

답

채무자와 물상보증인의 부동산에 각각 저당권을 설정받은 공동저당권자는 어느 부동산으로라도 자신의 채권을 실현하면 그만이다.

위와 같은 사실을 각 부동산에 대한 후순위자는 예견할 수 있다. 다만, 채무자 소유의 부동산에 대한 후순위자는 채무자의 부동산에 대한 선순위 담보만을 의식하고 들어오는 것이 일반적이다.

채무자 부동산의 후순위자가 위 물상보증인에게 대위할 수 있다고 생각하였다면, 최소한 물상보증인의 허락이 있어야 한다고 보는 것이 합리적이기 때문이다.

반면에, 물상보증인은 공동저당권자를 대위할 수 있고, 물상보증인 소유 부동산의 후순위자는 물상보증인을 물상대위 할 수 있는데, 이는 물상보증인과 채무자와의 관계를 고려한 것이다. 즉, 물상보증인 소유 부동산을 경매에 부쳐 공동저당권자가 전액 변제받으면, 법리적으로 물상보증인은 채무자에게 구상권을 획득하는바, 위와 같은 구상권을 실효적으로 뒷받침해 주는 것이 합리적이기 때문이다(필자).

전체에서 부분 보기

물상보증인이 누군지를 살펴보자.

채무자의 부탁을 받고 자신의 물건 즉 자신의 부동산으로 채무자의 채무에 보증을 서주는 사람이다.

주로 채무자의 친인척이나, 사업 파트너가 물상보증인이 된다.

물상보증인은 채무자 소유 부동산이 경매에 부쳐져서 공동저당권자가 자신의 채권을 모두 회수하면 문제가 끝났다고 이해하는 것이 일반적이다. 채무자 부동산의 후순위저당권자에게는 부당할 수 있으나, 이를 반영한 것이 위 판결 (대법원 95마500 결정)이라 할 수 있다.

4 공장저당권

핵심정리

- 공장저당권도 말소기준권리가 된다.
- 공장저당권은 일괄매각이 원칙이다.
- 공장저당 설정 부동산을 일반 저당권자가 경매신청을 하더라도 일반 저당권자는 공장공용물 목록을 제출하여야 한다.

가. 권리분석을 위한 선행학습

(1) 공장저당권의 의의

공장에 속하는 개개의 부동산에 저당권을 설정하는 것을 공장저당이라 한다.

공장재단저당은 전체로서의 공장을 담보로 제공하는 것인데 반하여 공장저당은 공장에 속하는 개개의 부동산에 대하여 저당권을 설정하는 것이다.[36]

다만, 공장에 속하는 부동산에 저당권이 설정되면 원칙적으로 그 부동산에 설치된 기계, 기구 기타 공장공용물에도 당연히 공장저당권의 효력이 미치는바(공장및광업재단저당법 제3조●, 제4조●●), 위 기계, 기구 등은 공장 부동산에 직접 설치된 것이어야 한다.

공장재단저당의 목적인 공장재단에는 타인 권리의 목적이 된 물건이나 압류, 가압류, 가처분의 목적이 된 것은 포함될 수 없고, 공장재단에 속

36) 법원행정처, 부동산등기실무 (Ⅱ) 484면 참조

● **제3조 (공장토지의 저당권)** 공장소유자가 공장에 속하는 토지에 설정한 저당권의 효력은 그 토지에 부합된 물건과 그 토지에 설치된 기계, 기구, 그 밖의 공장의 공용물에 미친다. 다만, 설정행위에 특별한 약정이 있는 경우와 「민법」 제406조에 따라 채권자가 채무자의 행위를 취소할 수 있는 경우에는 그러하지 아니하다.

●● **제4조 (공장건물의 저당권)** 공장소유자가 공장에 속하는 건물에 설정한 저당권에 관하여는 제3조를 준용한다. 이 경우 "토지"는 "건물"로 본다.

하는 개개의 물건에 대하여는 압류, 가압류, 가처분이 금지되는 데 반하여, 공장저당의 목적인 토지나 건물에는 이미 타인 권리의 목적이 되거나 압류, 가압류, 가처분이 되었더라도 공장저당을 설정할 수 있을 뿐만 아니라 공장저당의 목적인 토지나 건물에 대하여는 압류, 가압류, 가처분이 가능하다.

공장재단저당의 목적인 공장재단은 저당권설정의 목적으로 성립된 것이므로 이를 양도하거나 소유권과 저당권 이외 권리의 목적이 될 수 없으나, 공장저당의 목적인 토지나 건물은 이를 양도하거나 소유권과 저당권 이외에도 질권, 지상권, 전세권, 임차권 등의 권리의 목적이 될 수 있다.

공장저당권은 설정계약과 등기가 필요한데, 공장의 토지 및 건물에 설치된 기계 등에 공장저당권의 효력이 미치게 하기 위해서는 공장저당권설정등기 시에 그 목록이 제출되어 기재되어야 한다.(▼대법원 87다카1514 판결).

(2) 공장저당권이 성립하는 목적물의 범위

동일한 채권을 담보하기 위하여 공장에 속하는 수개의 토지나 건물에 공장저당을 설정하였다면, 민법상의 공동저당권과 마찬가지로 공동저당권관계가 성립하였다고 할 것이다.

● '공장저당법'은 현재 '공장및광업재단저당법'으로 법명이 바뀌었음

대법원 87다카1514판결

공장저당법* 제4조, 제5조, 제7조, 제47조, 제53조 및 민법 제186조의 규정 등을 종합하여 보면 공장의 토지 또는 건물에 설치된 기계, 기구 기타 공장의 공용물은 공장저당법 제7조 소정의 기계, 기구목록에 기재되어야만 공장저당의 효력이 미친다고 해석하여야 한다.

개개의 토지나 건물에 설치된 기계, 기구 기타 공장의 공용물은 그 설치된 토지나 건물과 동일한 소유자에 속해야 한다.(▼대법원 98그64 결정)

대법원 98그64 결정

공장저당법 제4조, 제5조의 규정에 의하여 저당권의 목적이 되는 것으로 목록에 기재되어 있는 동산이라고 하더라도 그것이 저당권설정자가 아닌 제3자의 소유인 경우에는 위 저당권의 효력이 미칠 수 없다고 할 것이고, 그 목록에 기재되어 있는 동산이 점유개정의 방법에 의하여 이미 양도담보에 제공되어 있는 것인 경우에도 그 동산은 제3자인 저당권자와의 관계에 있어서는 양도담보권자의 소유에 속하므로, 마찬가지로 공장저당법에 의한 저당권의 효력이 미칠 수 없다고 보아야 한다.

(3) 공장저당권의 효력이 미치는 목적물의 범위

공장소유자가 공장에 속하는 토지에 설정한 저당권의 효력은 토지 또는 건물을 제외한 그 토지 또는 건물에 부가되어 일체를 이루는 물건과 그 토지 또는 건물에 설치된 기계, 기구 및 기타 공장공용물에 미친다(공장및광업재단저당법 제3조●).

다만, 저당목록 동산이라고 해도 제3자의 소유(예: 리스회사의 소유)라면, 그 동산에는 공장저당의 효력이 미치지 않는다.(대법원 98그64 결정)

공장부지 및 공장건물에 대하여 민법상 저당권이 설정되었다면, 공장저당법상 목록 작성이 없다고 해도 주물 종물 등의 이론에 의하여 종물 등에 저당권의 효력이 미침을 주의해야 한다.(▼대법원 94다6345 판결)

● 제3조 (공장토지의 저당권) 공장소유자가 공장에 속하는 토지에 설정한 저당권의 효력은 그 토지에 부합된 물건과 그 토지에 설치된 기계, 기구, 그 밖의 공장의 공용물에 미친다. 다만, 설정행위에 특별한 약정이 있는 경우와 「민법」 제406조에 따라 채권자가 채무자의 행위를 취소할 수 있는 경우에는 그러하지 아니하다.

나. 권리분석 및 배당문제

공장저당권도 말소기준권리가 된다.

 **대법원 94다6345 판결**

가. 주유소의 지하에 매설된 유류저장탱크를 토지로부터 분리하는 데 과다한 비용이 들고 이를 분리하여 발굴할 경우 그 경제적 가치가 현저히 감소할 것이 분명하다는 이유로, 그 유류저장탱크는 토지에 부합되었다고 본 사례.

나. 주유소의 주유기가 비록 독립된 물건이기는 하나 유류저장탱크에 연결되어 유류를 수요자에게 공급하는 기구로서 주유소 영업을 위한 건물이 있는 토지의 지상에 설치되었고 그 주유기가 설치된 건물은 당초부터 주유소 영업을 위한 건물로 건축되었다는 점 등을 종합하여 볼 때, 그 주유기는 계속해서 주유소 건물 자체의 경제적 효용을 다하게 하는 작용을 하고 있으므로 주유소 건물의 상용에 공하기 위하여 부속시킨 종물이라고 본 사례.

다. 공장저당법에 의한 공장저당을 설정함에 있어서는 공장의 토지, 건물에 설치된 기계, 기구 등은 같은 법 제7조 소정의 기계, 기구 목록에 기재하여야만 공장저당의 효력이 생기나, 이와는 달리 공장건물이나 토지에 대하여 민법상의 일반 저당권이 설정된 경우에는 공장저당법과는 상관이 없으므로 같은 법 제7조에 의한 목록의 작성이 없더라도 그 저당권의 효력은 민법 제358조에 의하여 당연히 그 공장건물이나 토지의 종물 또는 부합물에까지 미친다.

>>> 판례 해설
주유소 지하에 매장된 유류저장탱크는 토지의 부합물이다.
주유소 주유기는 주유소 건물의 종물이다.
공장건물에 일반 저당권이 설정된 경우에는 목록 작성이 없더라도 그 저당권의 효력은 종물 및 부합물에 당연히 미친다.

동일 부동산 위에 공장저당권과 민법상 일반 저당권이 동시에 성립하는 경우 저당권 순위는 설정등기의 선후에 의한다.
공장저당권자가 토지나 건물만을 경매함으로써 채권의 만족을 얻을 수 있다고 하더라도 일부 경매신청이 허용되지 않는바, 일괄매각이 원칙이다.

공장저당이 설정된 부동산을 일반 저당권자가 경매를 신청할 때 목적부동산은 기계 등의 공장 공용물과 함께 매각되어야 하므로 일반 저당권자는 경매신청과 함께 공용물목록도 제출하여야 한다.(▼대법원 71마546 결정)

다만, 일반 저당권자는 저당권의 효력이 미치지 않는 기계 등으로부터는 우선변제를 받을 수 없다(다만, 기계 등이 종물 등으로 판단될 때는 우선변제를 받을 수 있을 것이다.).

실수요자 입장에서 공장을 경매로 취득할 경우, 특히 수도권처럼 규제가 많은 지역의 경우에는 각종 인허가 비용 및 부담금 등을 줄일 수 있어 공장을 신설할 때보다 이로운 점이 많다.[37]

37) 김재권 455면

 **대법원 71마546 결정**

기록에 의하면, ○○○플라스틱 주식회사는 본건 경매목적 부동산인 토지, 건물만을 목적으로 하는 보통 저당권을 가지고 있고, 그보다 선순위로 위 토지, 건물 위에 김○재가 공장저당법 제7조에 의한 공장저당권을 가지고 있음이 명백한바, 이와 같은 경우 위 보통 저당권자가 경매법에 의하여 토지 또는 건물에 대하여 저당권 실행을 위한 경매신청을 하면, 경매법원으로서는 위 공장저당법 제7조 소정의 목록에 기재된 기계, 기구 등이 공장저당법(제4조, 제5조)에 의한 저당권의 목적이기 때문에 위 토지 또는 건물과 더불어 그 기계, 기구 등도 경매하여야 할 것이며, 토지나 건물만을 경매할 수는 없다 할 것인바, 원심은 이와는 견해를 달리하여, 토지 또는 건물만을 경매할 수 있다고 판시하였으니 원결정에는 공장저당법의 법리를 오해한 위법이 있다고 하지 않을 수 없고, 이는 재판에 영향을 미쳤다 할 것이므로 논지는 이유 있다.

>>> 판례 해설
민법상 일반 저당권자는 공장에 대하여 경매를 신청할 경우에 경매신청과 함께 공용물목록도 제출하여야 한다는 취지의 판시이다.

 **Why 코너**

의문점

공장저당권이 설정된 공장을 일괄매각하는 이유는 무엇일까?

답

공장저당을 설정하는 이유는 공장에 속하는 토지 또는 건물과 이에 설치된 기계, 기구 등은 전체로서 담보가치를 파악하는 것이 사회경제적으로 유익하기 때문이다.[38]

따라서, 공장에 속하는 부동산과 저당권의 목적이 되는 목록에 기재된 기계 및 기구 등은 일체로서 집행의 대상이 된다.

결국, 공장저당권을 실행하여 경매에 부치게 되면 일괄매각이 이루어진다.

전체에서 부분 보기

공장저당권이 설정된 부동산을 공장 따로, 토지 따로 경매에 부치면 팔리지도 않을 뿐만 아니라, 공장저당권을 설정한 취지에 어긋난다.

공장(건물) 따로, 토지 따로 경매에 부치거나 매각을 하려 했다면, 공장저당권이 아닌 일반 저당권을 설정하면 되기 때문이다.

---

38) 법원행정처, 부동산등기실무
(Ⅱ) 484면

5 지상권

핵심정리

- 지상권은 말소기준권리가 아니다.
- 말소기준권리보다 선순위지상권은 인수되나, 후순위는 낙찰로 소멸한다.
- 은행 등이 나대지를 담보로 대출을 해주면서, 나대지에 대한 근저당권 및 지상권을 설정하는 경우가 많은데, 나대지에 경매가 진행되어 저당권이 낙찰로 소멸되면 지상권도 함께 소멸한다.

가. 권리분석을 위한 선행학습

(1) 지상권의 의의

지상권이란 타인의 토지에 건물 기타의 공작물이나 수목을 소유하기 위하여 그 토지를 사용할 수 있는 물권[39] (민법 제279조●)을 말한다.

지상권은 지역권 및 전세권(담보물권성 보유)과 더불어 용익물권(사용가치에 중점을 둠)에 해당하므로, 공작물 등을 소유하는 것이 중점이 있는 것이 아니라 토지를 사용하는 데에 중점이 있다.

(2) 지상권의 취득

지상권은 지상권설정계약으로 취득하나 등기를 하여야 효력이 발생한다. 지상권은 법률규정 또는 관습법으로도 발생하는바, ① 전세권설정자의 법정지상권 (민법 제305조 제1항), ② 저당물의 경매로 인한 법정지상권 (민법 제366조), ③ 가등기담보등에관한법률에 의한 법정지상권, ④ 입목에관한법률

---

[39] 송영곤 640면

● **제279조 (지상권의 내용)** 지상권자는 타인의 토지에 건물 기타 공작물이나 수목을 소유하기 위하여 그 토지를 사용하는 권리가 있다.

에 의한 법정지상권, ⑤ 관습법상 법정지상권 등이 인정된다.

(3) 지상권의 존속기간

지상권을 무기한으로 정하는 영구지상권도 인정된다.^(대법원 99다66410 판결)

지상권 존속기간 약정이 있으면 그에 따를 것이나, 존속기간의 약정을 하더라도 최단기간의 제한 즉, 견고한 건물 30년, 그 외 건물 15년, 공작물 5년을 위배할 수 없다.^(민법 제280조 제1항●)

최단존속기간에 관한 규정은 건물이나 수목 등의 소유를 목적으로 하는 것이므로 기존건물의 사용을 목적으로 하는 지상권설정의 경우는 적용이 없다.^(▼대법원 95다49318 판결)

당사자 사이에 존속기간을 정하지 않으면, 위 민법 제280조 제1항의 최단존속기간이 그 지상권의 존속기간이 되며, 지상권설정 당시 공작물의 구조와 종류를 정하지 않은 경우는 15년을 존속기간으로 한다.^(민법 제281조 제2항●●)

지상권의 존속기간이 만료되고 공작물 등이 현존한 경우 지상권자는 토지소유자에게 갱신청구를 할 수 있으나, 지상권설정자가 이를 거절할 경우 지상권자는 매수청구를 할 수 있다(갱신청구는 형성권이 아닌 청구권).^(민법 제283조●●●)

● 제280조 (존속기간을 약정한 지상권) ① 계약으로 지상권의 존속기간을 정하는 경우에는 그 기간은 다음 연한보다 단축하지 못한다. 1. 석조, 석회조, 연와조 또는 이와 유사한 견고한 건물이나 수목의 소유를 목적으로 하는 때에는 30년 2. 전호이외의 건물의 소유를 목적으로 하는 때에는 15년 3. 건물 이외의 공작물의 소유를 목적으로 하는 때에는 5년

●● 제281조 (존속기간을 약정하지 아니한 지상권) ① 계약으로 지상권의 존속기간을 정하지 아니한 때에는 그 기간은 전조의 최단존속기간으로 한다. ② 지상권설정 당시에 공작물의 종류와 구조를 정하지 아니한 때에는 지상권은 전조 제2호의 건물의 소유를 목적으로 한 것으로 본다.

●●● 제283조 (지상권자의 갱신청구권, 매수청구권) ① 지상권이 소멸한 경우에 건물 기타 공작물이나 수목이 현존한 때에는 지상권자는 계약의 갱신을 청구할 수 있다. ② 지상권설정자가 계약의 갱신을 원하지 아니하는 때에는 지상권자는 상당한 가액으로 전항의 공작물이나 수목의 매수를 청구할 수 있다.

대법원 95다49318 판결

민법 제280조 제1항 제1호가 석조·석회조·연와조 또는 이와 비슷한 견고한 건물이나 수목의 '소유를 목적으로 하는' 지상권의 경우 그 존속기간은 30년보다 단축할 수 없다고 규정하고 있음에 비추어 볼 때, 같은 법조 소정의 최단존속기간에 관한 규정은 지상권자가 그 소유의 건물 등을 건축하거나 수목을 식재하여 토지를 이용할 목적으로 지상권을 설정한 경우에만 그 적용이 있다.

갱신청구를 받아들인 경우 최단존속기간이 보장된다.

지상권자가 계약을 위반하여 지상권설정자가 계약을 해지하거나 또는 지료 연체를 이유로 지상권소멸청구를 하여 지상권이 소멸된 경우에는 지상권자는 갱신청구를 할 수 없는바, 매수청구도 할 수 없다.

지상권 존속기간과 계약갱신에 관한 규정에 위반되는 계약은 지상권자에 불리한 것으로 효력이 없다^(민법 제289조●).

(4) 지상권의 효력

지상권자는 토지를 사용할 권리가 있고, 지상권설정자는 토지 사용을 방해하지 않을 의무가 있다.

지상권자는 지상권을 양도하거나 존속기간 한도 내에서 임대할 수 있고, 지료를 부담할 의무가 있다. 다만, 지료는 지상권 성립요소는 아니다. 따라서 지상권설정 당시 지료에 대한 약정이 없었다면 토지소유자는 지상권자에게 지료의 지급을 청구할 수 없다^(▼대법원 99다24874 판결).

● **제289조 (강행규정)** 제280조 내지 제287조의 규정에 위반되는 계약으로 지상권자에게 불리한 것은 그 효력이 없다.

대법원 99다24874 판결

가. 지상권에 있어서 지료의 지급은 그의 요소가 아니어서 지료에 관한 유상 약정이 없는 이상 지료의 지급을 구할 수 없다.

나. 지상권에 있어서 유상인 지료에 관하여 지료액 또는 그 지급시기 등의 약정은 이를 등기하여야만 그 뒤에 토지소유권 또는 지상권을 양수한 사람 등 제3자에게 대항할 수 있고, 지료에 관하여 등기되지 않은 경우에는 무상의 지상권으로서 지료증액청구권도 발생할 수 없다.

(5) 지상권의 소멸

지상권은 토지의 멸실이나 존속기간의 만료, 혼동, 시효, 지상권에 우선하는 저당권 실행에 의한 경매, 토지수용, 약정소멸사유 등의 사유로 소멸한다. 다만, 지상물이 소멸한다고 해서 지상권이 소멸하지는 않는다.

정기의 지료를 부담할 지상권자가 2년 이상 단속적으로 지료를 지급하지 않으면, 지상권설정자는 지상권 소멸을 청구할 수 있고, 이때 등기가 없더라도 지상권이 소멸한다.

지상권이 소멸하면, 지상권자는 토지를 원상회복해야 한다.

지상권이 소멸한 경우 지상권자 및 지상권설정자^(민법 제285조●)는 지상물 매수를 청구할 수 있고, 이는 형성권이다.

지상권자 및 지상권설정자의 매수청구권과 지상권자의 수거의무는 강행규정으로 이를 위반한 약정은 무효이다.^(민법 제289조●●)

나. 권리분석 및 배당문제

지상권은 말소기준권리가 아닌바, 말소기준권리를 기준으로 지상권이 선순위이면 낙찰자가 인수하나, 후순위이면 낙찰로 소멸한다.

은행 등은 나대지에 대출을 해줄 때 나대지의 담보효용성의 하락을 방지하기 위하여 나대지에 저당권을 설정하고, 동시에 나대지상에 지상권을 설정하는 경우가 많다.

위와 같은 경우 나대지에 경매가 진행되면, 경락으로 나대지의 저당권이 소멸함과 동시에 지상권도 소멸한다.^(▼대법원 90다카27570 판결)

또한, 은행이 나대지에 저당권 및 지상권을 설정한 후 건물이 축조되었다면 저당권설정 당시 건물은 없었으므로 건물에 저당권 실행으로 인한 법정지상권이 성립되지는 않는다.^(▼대법원 91다23462 판결)

● **제285조 (수거의무, 매수청구권)** ① 지상권이 소멸한 때에는 지상권자는 건물 기타 공작물이나 수목을 수거하여 토지를 원상에 회복하여야 한다. ② 전항의 경우에 지상권설정자가 상당한 가액을 제공하여 그 공작물이나 수목의 매수를 청구한 때에는 지상권자는 정당한 이유없이 이를 거절하지 못한다.

●● **제289조 (강행규정)** 제280조 내지 제287조의 규정에 위반되는 계약으로 지상권자에게 불리한 것은 그 효력이 없다.

지상권의 경우 배당문제는 없다.

대법원 90다카27570 판결

가. 토지를 매수하여 그 명의로 소유권이전청구권보전을 위한 가등기를 경료하고 그 토지 상에 타인이 건물 등을 축조하여 점유 사용하는 것을 방지하기 위하여 지상권을 설정하였다면 이는 위 가등기에 기한 본등기가 이루어질 경우 그 부동산의 실질적인 이용가치를 유지 확보할 목적으로 전소유자에 의한 이용을 제한하기 위한 것이라고 봄이 상당하다고 할 것이고 그 가등기에 기한 본등기청구권이 시효의 완성으로 소멸하였다면 그 가등기와 함께 경료된 위 지상권 또한 그 목적을 잃어 소멸되었다고 봄이 상당하다.

나. 가등기에 기한 소유권이전등기청구권이 시효의 완성으로 소멸되었다면 그 가등기 이후에 그 부동산을 취득한 제3자는 그 소유권에 기한 방해배제청구로서 그 가등기권자에 대하여 본등기청구권의 소멸시효를 주장하여 그 등기의 말소를 구할 수 있다.

대법원 91다23462 판결

대지에 대하여 저당권을 설정할 당시 저당권자를 위하여 동시에 지상권을 설정하여 주었다고 하더라도 저당권설정 당시 이미 그 대지 상에 건물을 소유하고 있고 그 건물에 관하여 이를 철거하기로 하는 등 특별한 사유가 없으며, 저당권의 실행으로 그 지상권도 소멸한 경우에는 건물을 위한 법정지상권이 발생하지 않는다고 할 수 없다.

 **Why 코너**

의문점

은행에서 나대지를 담보로 잡을 때 나대지에 대한 근저당권 설정 이외에 지상권을 설정받는 이유는 무엇인가?

답

대개 은행에서 나대지를 담보로 대출을 받으려 하면, 나대지에 대한 근저당권을 설정받는 이외에 지상권까지 설정받는다.

이는 나대지의 소유자가 은행의 허락 없이 담보대상 나대지 위에 건물을 신축하지 못하도록 하여 나대지의 담보가치를 유지하는 한편 건물을 신축할 경우 건물까지 공동담보로 삼기 위한 것으로 해석하면 될 듯하다. 즉, 은행의 허락 없이 건물을 축조한다면 최악의 경우 철거될 수도 있게 되는 것이다.

전체에서 부분 보기

건물 등이 없는 나대지에 지상권이 설정될 수 있는지 의문이 들 수 있다. 앞서 설명한 바와 같이 지상물이 소멸하였다고 하여 지상권이 소멸하는 것은 아니므로, 건물 자체가 없는 나대지에 지상권을 설정하는 것도 가능하다.

6 지역권

> **핵심정리**
>
> ● 지역권은 말소기준권리에 해당하지 않는바, 말소기준권리를 기준으로 말소기준권리보다 선순위이면 낙찰자가 인수하고 후순위이면 낙찰로 소멸한다.

가. 권리분석을 위한 선행학습

(1) 지역권의 의의

지역권이란 어느 토지의 편익을 위하여 타인의 토지를 이용하는 용익물권40)이다.^(민법 제291조●).

이때, 편익을 받는 토지를 요역지, 편익을 제공하는 토지를 승역지라고 한다.

요역지는 1필의 토지이어야 하므로 토지의 일부를 위한 지역권이 설정될 수 없으나, 승역지는 1필의 토지일 필요가 없다.

(2) 지역권의 취득

일반적으로 약정과 등기로 취득하나, 계속되고 표현된 지역권은 시효취득이 가능하다.

요역지 소유자가 승역지에 통로를 개설하여 그 통로를 사용하는 상태가 민법 제245조●●에 규정된 기간 동안 계속된 경우에는 통행지역권의 취득시효가 인정된다^(대법원 94다42525 판결).

---

40) 송영곤 656면

● **제291조 (지역권의 내용)** 지역권자는 일정한 목적을 위하여 타인의 토지를 자기 토지의 편익에 이용하는 권리가 있다.

●● **제245조 (점유로 인한 부동산소유권의 취득기간)** ① 20년간 소유의 의사로 평온, 공연하게 부동산을 점유하는 자는 등기함으로써 그 소유권을 취득한다. ② 부동산의 소유자로 등기한 자가 10년간 소유의 의사로 평온, 공연하게 선의이며 과실 없이 그 부동산을 점유한 때에는 소유권을 취득한다.

(3) 지역권의 효력

지역권은 지역권의 목적을 달성하는 데 필요하고 또한 승역지 이용자에게 가장 부담이 적은 범위에 한정된다.

(4) 지역권의 소멸

지역권은 20년의 소멸시효에 걸린다^(민법 제162조 제2항●).

나. 권리분석 및 배당문제

지역권은 말소기준권리에 해당하지 않는바, 말소기준권리를 기준으로 말소기준권리보다 선순위이면 낙찰자가 인수하고 후순위이면 낙찰로 소멸한다.

지역권은 배당문제가 없다.

● 제162조 (채권, 재산권의 소멸시효) ② 채권 및 소유권 이외의 재산권은 20년간 행사하지 아니하면 소멸시효가 완성한다.

Why 코너

의문점
지역권은 어떠한 경우에 성립하는가?

답
A 토지와 B 토지가 있다고 가정해 보자. 그런데, A 토지로 들어서기 위해서는 반드시 B 토지를 거칠 수밖에 없다면, A 토지의 소유자는 B 토지를 이용할 필요성이 생긴다.
이와 같은 경우에 A 토지의 소유자는 B 토지에 대하여 일정한 지배권을 필요로 하고, 이것이 물권으로 구성될 때에 그 권리를 지역권이라 할 수 있을 것이다.
물권으로 구성되는 방식은 약정에 의한 지역권등기로 구성될 수도 있고, 시효취득으로 구성될 수도 있다.
위 사례에서 A 토지를 요역지라 부르며, B 토지를 승역지라고 부른다.

경매에 있어 지역권의 부담을 안고 있는 B 토지를 경락받았다면, 지역권이 말소기준권리보다 선순위라면 경락인이 지역권을 인수하게 되는 것이다.

전체에서 부분 보기

필자는 지역권과 유사하다고 할 수 있는 주위토지통행권에 대한 질문을 가끔 받는다.

집으로 들어가는 좁은 타인의 농로를 자동차가 들어갈 수 있도록, 확장하면 안 되느냐는 것이다.

주위토지통행권이란, 어느 토지와 공로 사이에 통로가 없어, 토지소유자에게 통행을 허용토록 하는 것으로 지역권과 유사한 권리이다.

결론적으로 자동차가 들어가는 것이 불가피함을 입증한다면, 최소한의 범위에서 주위토지통행권이 인정될 여지는 있을 것이다.

이 경우에는 통행지 소유자에게 보상을 하고, 통로를 개설하거나 통로를 사용할 수 있는데, 주위토지통행권의 내용을 당사자의 약정을 통하여 지역권이라는 물권으로 구성할 수도 있을 것이다.

7 전세권

핵심정리

- 전세권은 등기부에 등기가 되는 것으로 물권인바, 채권에 불과하고 등기를 하지 않은 전세 즉, 채권적 전세와 구별하여야 한다.
- 다만, 채권적 전세도 주택이나, 일정 요건을 갖춘 상가의 경우 주임법(주택임대차보호법을 말함), 상임법(상가건물임대차보호법을 말함) 등에 의하여 전세권처럼 대항력 등을 취득하여 채권의 물권화가 이루어지는 경우가 있다.
- 전세권은 말소기준권리가 아니다('제3장. 1. 다.'의 견해대립 참조).
- 다만, 말소기준에 우선하는 전세권자가 배당요구를 하면 인수되지 않는다.

가. 권리분석을 위한 선행학습

(1) 전세권의 의의

전세권이란 전세금을 지급하고 타인의 부동산을 점유하여 그 부동산을 용도에 좇아 사용, 수익하는 권리를 의미하며, 그 소멸 시에는 목적물 전부의 환가금으로부터 전세금의 우선변제를 받을 수 있다[41] (민법 제303조 제1항●).

(2) 전세권의 설정

전세권은 설정합의와 등기로 설정된다. 전세금은 전세권의 요소이므로, 전세금의 지급이 있어야 전세권이 유효하게 성립한다.
전세권의 존속기간은 10년을 넘지 못하나, 최단존속기간의 제한은 없다. 다만, 건물전세권의 경우는 최소한 1년을 보장한다(민법 제312조 제1항●●, 제

---

[41] 송영곤 663면

● 제303조 (전세권의 내용) ① 전세권자는 전세금을 지급하고 타인의 부동산을 점유하여 그 부동산의 용도에 좇아 사용·수익하며, 그 부동산 전부에 대하여 후순위권리자 기타 채권자보다 전세금의 우선변제를 받을 권리가 있다.

●● 제312조 (전세권의 존속기간) ① 전세권의 존속기간은 10년을 넘지 못한다. 당사자의 약정기간이 10년을 넘는 때에는 이를 10년으로 단축한다.

2항●).

건물전세권의 경우 법정갱신제도가 있다(민법 제312조 제4항●●).

존속기간의 약정이 없으면, 당사자는 언제든지 상대방에 대하여 전세권의 소멸을 통고할 수 있고, 전세권은 상대방이 이 통고를 받은 날로부터 6개월이 경과함으로써 소멸한다(민법 제313조●●●).

다만, 건물전세권은 비록 존속기간의 약정이 없더라도 1년으로 의제할 것이다(민법 제312조 제2항의 목적론적 확대해석 42)).

(3) 전세권의 효력

전세권자는 목적물을 사용, 수익할 권리를 가지며, 임대인과 달리 "목적물의 현상을 유지하고 그 통상의 관리에 필요한 수선"의무를 부담한다(민법 제309조●●●●).

동일한 소유자에 속하는 건물과 그 대지 중에서 건물에만 전세권을 설정한 후 어떤 사정으로 토지와 건물의 소유자가 달라진 경우에 건물소유자인 전세권설정자는 새로운 대지소유자에 대하여 법정지상권을 취득한다(민법 제305조 제1항 본문●●●●●).

건물전세권은 건물소유자가 위 규정에 의하여 가지게 되는 법정지상권에 대하여 그 효력이 미치게 된다(민법 제304조 제1항●●●●●●).

전세권자는 전세권을 양도 내지 담보제공 할 수 있다.

(4) 전세권의 소멸

존속기간이 있는 전세권은 그 기간의 만료로 인하여 말소등기를 하지 않아도 소멸한다(대법원 98다31301 판결).

전세권의 특별소멸사유로는 소멸청구(민법 제311조●●●●●●) 및 소멸통고(민법 제313조●●●●●●●, 제314조 제2항●●●●●●●●)가 있다.

전세금반환채권이 전세권과 분리하여 양도될 수 있는지에 대하여 대법

42) 송영곤 667면

● 제312조 (전세권의 존속기간) ② 건물에 대한 전세권의 존속기간을 1년 미만으로 정한 때에는 이를 1년으로 한다. 〈신설 1984.4.10〉

●● 제312조 (전세권의 존속기간) ④ 건물의 전세권설정자가 전세권의 존속기간 만료 전 6월부터 1월까지 사이에 전세권자에 대하여 갱신거절의 통지 또는 조건을 변경하지 아니하면 갱신하지 아니한다는 뜻의 통지를 하지 아니한 경우에는 그 기간이 만료된 때에 전전세권과 동일한 조건으로 다시 전세권을 설정한 것으로 본다. 이 경우 전세권의 존속기간은 그 정함이 없는 것으로 본다.

●●● 제313조 (전세권의 소멸통고) 전세권의 존속기간을 약정하지 아니한 때에는 각 당사자는 언제든지 상대방에 대하여 전세권의 소멸을 통고할 수 있고 상대방이 이 통고를 받은 날로부터 6월이 경과하면 전세권은 소멸한다.

●●●● 제309조 (전세권자의 유지, 수선의무) 전세권자는 목적물의 현상을 유지하고 그 통상의 관리에 속한 수선을 하여야 한다.

●●●●● 제305조 (건물의 전세권과 법정지상권) ① 대지와 건물이 동일한 소유자에 속한 경우에 건물에 전세권을 설정한 때에는 그 대지소유권의 특별승계인은 전세권설정자에 대하여 지상권을 설정한 것으로 본다. 그러나 지료는 당사자의 청구에 의하여 법원이 이를 정한다.

●●●●●● 제304조 (건물의 전세권, 지상권, 임차권에 대한 효력) ① 타인의 토지에 있는 건물에 전세권을 설정한 때에는 전세권의 효력은 그 건물의 소유를 목적으로 한 지상권 또는 임차권에 미친다.

●●●●●●● **제311조 (전세권의 소멸청구)** ① 전세권자가 전세권설정계약 또는 그 목적물의 성질에 의하여 정하여진 용법으로 이를 사용, 수익하지 아니한 경우에는 전세권설정자는 전세권의 소멸을 청구할 수 있다. ② 전항의 경우에 전세권설정자는 전세권자에 대하여 원상회복 또는 손해배상을 청구할 수 있다.

●●●●●●● **제313조 (전세권의 소멸통고)** 전세권의 존속기간을 약정하지 아니한 때에는 각 당사자는 언제든지 상대방에 대하여 전세권의 소멸을 통고할 수 있고 상대방이 이 통고를 받은 날로부터 6월이 경과하면 전세권은 소멸한다.

●●●●●●● **제314조 (불가항력으로 인한 멸실)** ② 전항의 일부멸실의 경우에 전세권자가 그 잔존부분으로 전세권의 목적을 달성할 수 없는 때에는 전세권설정자에 대하여 전세권 전부의 소멸을 통고하고 전세금의 반환을 청구할 수 있다.

● **제318조 (전세권자의 경매청구권)** 전세권설정자가 전세금의 반환을 지체한 때에는 전세권자는 민사집행법의 정한 바에 의하여 전세권의 목적물의 경매를 청구할 수 있다.

●● **제303조 (전세권의 내용)** ① 전세권자는 전세금을 지급하고 타인의 부동산을 점유하여 그 부동산의 용도에 좇아 사용·수익하며, 그 부동산 전부에 대하여 후순위권리자 기타 채권자보다 전세금의 우선변제를 받을 권리가 있다.

●●● **제317조 (전세권의 소멸과 동시이행)** 전세권이 소멸한 때에는 전세권설정자는 전세권자로부터 그 목적물의 인도 및 전세권설정등기의 말소등기에 필요한 서류의 교부를 받는 동시에 전세금을 반환하여야 한다.

원은 원칙적으로 분리양도는 인정되지 않지만, 예외적으로 장래에 그 전세권이 소멸하는 경우에 전세금반환채권이 발생하는 것을 조건으로 그 장래의 조건부채권을 양도하는 것은 가능하다고 한다.^(대법원 2001다69122 판결).

대법원은 담보물권의 수반성이란 '피담보채권의 처분이 있으면 언제나 담보물권도 함께 처분된다는 것이 아니라, 특별한 사정이 없는 한 피담보채권의 처분에는 담보물권의 처분도 포함된다고 보는 것이 합리적이라는 것일 뿐'이라고 전제한 뒤, 당사자들이 특약을 통해 전세금반환채권을 양도하되 전세권의 처분은 이에 따르지 않도록 하는 등의 특별한 사정이 있는 경우에는 채권양수인은 담보물권(전세권)이 없는 무담보채권을 양수한 것으로 보고, 채권의 처분에 따르지 않는 담보물권(전세권)은 소멸한다고 한다.^(대법원 97다33997 판결).

전세권자는 전세금반환채권의 만족을 위하여 목적물의 경매(담보권 실행을 위한 경매, 즉 임의경매)를 청구할 수 있으며^(민법 제318조●), 부동산 전부에 대하여 후순위권리자 기타 채권자보다 전세금의 우선변제를 받을 권리가 있다^(민법 제303조 제1항 후단●●).

다만, 전세권자가 경매를 신청하기 위해서는 목적물 및 전세권말소등기에 필요한 서류를 제공^(민법 제317조●●●)하여 전세권설정자가 이행지체에 빠져야 한다.

건물의 일부에 대하여 전세권이 설정되어 있는 경우 그 전세권자는 전세권의 목적물이 아닌 나머지 건물 부분에 대하여는 우선변제권은 별론으로 하고 경매신청권은 없으며^(대법원 91마256 결정), 일부에 대한 경매를 신청하려면, 먼저 그 부분을 분할 등기하여야 한다^(대법원 73마283 판결). 독립성이 없어 분할 등기가 될 수 없는 경우에는 결국 경매를 신청할 수 없다^(대법원 2001마212 결정).

(5) 전세권과 채권적 전세의 구별

전세권은 물권이지만, 채권적 전세는 채권인바, 채권적 전세의 대표적인 예로는 민법상 임대차, 주택임대차보호법이 적용되는 주택임대차 등을 들 수 있다.

전세권은 10년을 넘지 못하고 건물의 경우 1년 미만으로 그 기간을 약정한 때에는 1년으로 하나, 채권적 전세는 20년을 최장기간으로 한다.

전세권은 경매청구권과 우선변제권이 있지만, 채권적 전세에는 없다.

상가건물을 임차할 때는 전세권이 확실한 방법일 수 있으나, 주택을 임차할 때는 굳이 전세권을 설정할 필요 없이 대항력과 우선변제권을 취득하는 것으로 족하다.

단독주택이 경매처분 될 경우에 대항력 있는 확정일자부 임차인은 건물대금과 토지대금 모두에서 배당을 받으나(주임법 제3조의2 제2항●), 전세권자는 건물대금으로부터만 배당을 받는다.

다만, 아파트 등의 구분건물은 전세권자도 건물대금 및 토지대금 모두에서 배당을 받는다(종물이론의 종된 권리에의 유추 적용).

대항력이 있는 임차인은 배당받지 못한 보증금의 경우 낙찰자로부터 받을 수 있으나, 전세권자는 배당금이 부족하더라도 낙찰자가 인수하지 않는다.

기간이 만료되었는데도 건물소유자가 전세금 또는 임차보증금을 반환하지 않아 지체책임을 지게 된 경우는 전세권자는 임의경매를 신청할 수 있고, 임차권자는 확정판결을 받아 강제경매를 신청할 수 있는데, 전세권자는 이사를 가도 무방하나, 임차권자는 임차권등기명령을 득한 후 이사를 가야 한다.

대항력 및 우선변제권 취득 후 전세권까지 등기하면, 전서권자로서의 권리와 대항력 및 확정일자를 취득한 주택임차인의 두 권리를 모두 행사할 수 있다.

● 제3조의2 (보증금의 회수) ② 제3조 제1항 또는 제2항의 대항요건(對抗要件)과 임대차계약증서(제3조 제2항의 경우에는 법인과 임대인 사이의 임대차계약증서를 말한다.)상의 확정일자(確定日字)를 갖춘 임차인은 「민사집행법」에 따른 경매 또는 「국세징수법」에 따른 공매(公賣)를 할 때에 임차주택(대지를 포함한다)의 환가대금(換價代金)에서 후순위권리자(後順位權利者)나 그 밖의 채권자보다 우선하여 보증금을 변제(辨濟)받을 권리가 있다.

나. 권리분석 및 배당문제

전세권은 말소기준권리가 아닌바, 말소기준권리보다 선순위일 때 전세권자가 배당요구를 하면 낙찰로 소멸되나, 배당요구를 하지 않으면 낙찰자가 인수하며(존속기간이 만료되지 않은 전세권이라면 전세권 자체가 인수되며, 존속기간이 만료된 전세권이라면 전세금반환채무가 낙찰자에게 인수됨), 후순위일 때는 낙찰로 소멸한다.

전세권과 저당권이 경합하는 경우에 그 등기의 선후에 따라 우선변제 순위가 결정된다.

 사례

Question 문제

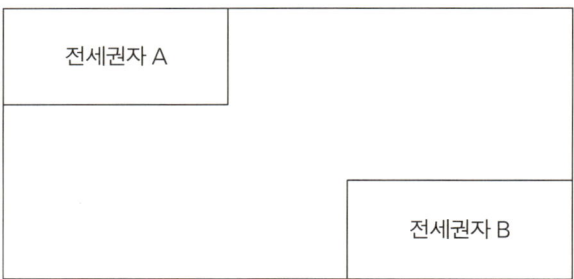

Answer 답

- 위 그림은 하나의 주택에 방이 두 개 있는 것을 그린 것이다.

위 사례에서 건물의 일부 전세권자인 전세권자 A 또는 전세권자 B는 경매를 신청할 수 없고, 제3자가 경매를 신청하면 그 절차에 참가하여 순위에 따른 배당을 받을 수 있을 뿐이다.(대법원 91마256 결정)

전세권자 A 또는 전세권자 B가 경매를 신청하려면, 일괄 채권자로서 확정판결을 득한 후 집행문을 부여받아 강제경매를 신청하면 될 것이다(단, 이 경우는 일반 채권자로 배당을 받는다.). 다만, 위 주택을 A가 단독으로 전세권을 취득하였다면, A는 담보권실행경매(임의경매)를 통하여 자신의 전세금을 확보할 수 있다.

주의할 것은 전세권자는 전세권등기가 경료된 것을 전제하는바, 등기가 되지 않은 채권적 전세(예: 주택임대차보호법상의 대항력 등을 갖춘 임차인)와 구별하여야 한다.

Why 코너

의문점
주택의 일부 전세권자에게 경매신청권(임의경매신청권)이 인정되지 않는 이유는 무엇인가?

답
판례(대법원 91마256 결정)는 주택 등 건물의 일부 전세권자에게는 우선변제권은 별론으로 하고 경매신청권은 없다고 한다.

즉, 건물의 일부 전세권자는 제3자의 경매신청 시 순위에 따른 배당을 받거나, 말소기준권리보다 선순위라면 배당요구 등을 통하여 배당을 받을 수는 있지만, 담보권실행경매 즉 임의경매를 신청할 수는 없다는 것이다. 그러나 건물의 전부에 대해 전세권을 취득한 사람은 전세금 확보를 위한 임의경매 신청이 가능하다.

전체에서 부분 보기
예를 들어보자.

한 집에 복수의 가구가 살고 있다고 할 때, 일부 전세권자가 건물에 대한 임의경매를 신청할 수 있다면, 임의경매를 신청하지 않은 전세권자는 본의 아니게 배당금만을 받고 나가야 하는 문제가 발생할 뿐만 아니라, 임의경매를 신청한 채권자는 자신이 전세권을 취득한 부분 이외의 부분까지 전세금에 대한 담보권을 취득하는 결과가 된다(필자).

결국, 어느 모로 보나 일부 전세권자에 대한 건물에 대한 경매신청권은 부정하는 것이 타당한 것이다.

8 민법상 등기된 임대차

핵심정리

- 임차권은 채권으로 대항력이 없으나, 임차권을 등기하면 물권화되어 대항력이 생긴다.
- 민법상 등기된 임차권은 말소기준권리가 아니다.
- 말소기준권리보다 선순위로 임차권이 등기된 경우에는 임차권이 낙찰로 소멸하지 않으나, 후순위임차권은 낙찰로 소멸한다.

가. 권리분석을 위한 선행학습

(1) 임차권의 의의

임대차란 당사자 일방(임대인)이 상대방(임차인)에게 목적물을 사용·수익하게 할 것을 약정하고, 상대방이 이에 대하여 차임을 지급할 것을 약정함으로써 성립하는 계약[43]이며, 임차인이 임대차에 기해 목적물에 가지는 사용, 수익권을 임차권(민법 제618조●)이라 하는바, 등기된 선순위임차인은 낙찰자를 포함한 제3자에게 대항할 수 있다(임차권의 물권화).

민법상의 임대차가 경매에서 문제되는 것은 등기된 임차권에 한한다(민법 제621조●●).

주택임대차보호법과 달리 민법상 임대차는 민법에 차임을 제외하고 보증금에 대한 규정이 없다.

그러나 임차보증금에 대한 약정이 있으면, 임차권설정등기 신청 시 임차권설정등기신청서에 보증금을 기재하고, 임차권설정등기신청서에

---

[43] 송영곤 1227면

● **제618조 (임대차의 의의)** 임대차는 당사자 일방이 상대방에게 목적물을 사용, 수익하게 할 것을 약정하고 상대방이 이에 대하여 차임을 지급할 것을 약정함으로써 그 효력이 생긴다.

●● **제621조 (임대차의 등기)** ① 부동산임차인은 당사자 간에 반대 약정이 없으면 임대인에 대하여 그 임대차등기절차에 협력할 것을 청구할 수 있다. ② 부동산임대차를 등기한 때에는 그때부터 제삼자에 대하여 효력이 생긴다.

보증금의 기재가 있으면, 이를 등기부에 기재한다[44].

약정에 의한 임대차 존속기간은 20년을 넘지 못하나, 견고한 건물 등의 소유를 위한 토지임차권은 20년의 제한이 없다(민법 제651조●).

약정갱신이 가능하며, 법정갱신제도도 있다(민법 제639조 제1항●●).

(2) 민법상 임차권이 성립하는 목적물의 범위

농지임대차는 농지법, 주택임대차는 주택임대차보호법, 일정한 요건을 갖춘 상가의 경우에는 상가건물임대차보호법이 각 특별법으로 적용되는바, 민법상 임차권은 농지가 아닌 일반토지의 임대차 및 주택, 그리고 일정 상가가 아닌 일반 건물의 임대차가 그 대상이다.

(3) 임차권의 효력

전세권은 전세권자에게 수선의무가 있으나, 임차권의 경우는 임대인이 수선의무를 부담한다.

임대인의 동의 없이 임차인이 임차권을 양도 또는 전대하면 임대인이 계약을 해지할 수 있다.

건물소유를 목적으로 토지를 임차한 경우에 임대차기간 만료 후 건물 등이 현존하면 임차인이 토지소유자에게 지상물 매수를 청구할 수 있고(민법 제643조●●●), 건물임차인이 임대인의 동의를 얻어 부속시킨 물건은 임대차 종료 시 임차인이 임대인에게 매수청구를 할 수 있다(민법 제646조●●●●).

다만, 임차인이 채무불이행으로 임대차계약을 해지당한 경우에는 지상물매수청구를 할 수 없는바, 지상물이 철거될 운명에 놓이게 된다(대법원 96다54249 판결).

건물소유를 목적으로 한 토지임대차는 이를 등기하지 않은 경우에도 임차인이 그 지상에 건물을 신축하여 등기(보존등기)한 때에는 제3자에게 임대차의 효력이 생긴다(민법 제622조●●●●●).

---

44) 법원행정처, 부동산등기실무 (Ⅱ) 413면, 415면

● 제651조 (임대차존속기간) ① 석조, 석회조, 연와조 또는 이와 유사한 견고한 건물 기타 공작물의 소유를 목적으로 하는 토지임대차나 식목, 채염을 목적으로 하는 토지임대차의 경우를 제한 외에는 임대차의 존속기간은 20년을 넘지 못한다. 당사자의 약정기간이 20년을 넘는 때에는 이를 20년으로 단축한다. ② 전항의 기간은 이를 갱신할 수 있다. 그 기간은 갱신한 날로부터 10년을 넘지 못한다.

●● 제639조 (묵시의 갱신) ① 임대차기간이 만료한 후 임차인이 임차물의 사용, 수익을 계속하는 경우에 임대인이 상당한 기간 내에 이의를 하지 아니한 때에는 전임대차와 동일한 조건으로 다시 임대차한 것으로 본다. 그러나 당사자는 제635조의 규정에 의하여 해지의 통고를 할 수 있다.

●●● 제643조 (임차인의 갱신청구권, 매수청구권) 건물 기타 공작물의 소유 또는 식목, 채염, 목축을 목적으로 한 토지임대차의 기간이 만료한 경우에 건물, 수목 기타 지상시설이 현존한 때에는 제283조의 규정을 준용한다.

●●●● 제646조 (임차인의 부속물매수청구권) ① 건물 기타 공작물의 임차인이 그 사용의 편익을 위하여 임대인의 동의를 얻어 이에 부속한 물건이 있는 때에는 임대차의 종료 시에 임대인에 대하여 그 부속물의 매수를 청구할 수 있다. ② 임대인으로부터 매수한 부속물에 대하여도 전항과 같다.

●●●●● 제622조 (건물등기 있는 차지권의 대항력) ① 건물의 소유를 목적으로 한 토지임대차는 이를 등기하지 아니한 경우에도 임차인이 그 지상건물을 등기한 때에는 제삼자에 대하여 임대차의 효력이 생긴다. ② 건물이 임대차기간 만료 전에 멸실 또는 후폐한 때에는 전항의 효력을 잃는다.

건물에 대한 저당권이 실행되어 경락인이 건물의 소유권을 취득한 때에는 특별한 사정이 없는 한 건물의 소유를 목적으로 한 토지의 임차권도 건물의 소유권과 함께 경락인에게 이전된다(대법원 92다24950 판결).

나. 권리분석 및 배당문제

말소기준권리보다 선순위로 임차권이 등기된 경우에는 임차권이 낙찰로 소멸되지 않고 낙찰자가 인수하나, 후순위임차권은 낙찰로 소멸한다.
다만, 민법상 임대차이면서 등기부에 보증금이 기재되어 있다면, 임대차가 말소기준권리보다 선순위라면 그 보증금을 낙찰자가 인수할 것이고, 후순위라면 순위에 따른 배당을 받을 것이다●.

● "법원행정처, 부동산등기실무(Ⅱ) 413면, 415면"에 의하면 민법상 임대차의 보증금이 있는 경우 등기부에 기재가 가능한바, 민법상 임대차이면서 등기부에 보증금이 기재되었다면, 민법상 임대차가 말소기준권리는 될 수 없다고 하더라도(법 제91조 제3항), 말소기준권리보다 선순위라면 대항력이 있어 낙찰자가 보증금을 인수하고 말소기준권리보다 후순위라면 순위에 따른 배당을 받는다고 보는 것이 타당할 것이다. (필자)

9 임차권등기명령

핵심정리

- 주택 및 일정 규모의 상가임차인이 해당 임대차가 종료되었음에도 임차보증금을 반환받지 못한 경우에 법원에 임차권등기명령을 신청하여 취득하는 권리를 임차권등기명령 임차권이라 할 수 있다.
- 임차권등기의 경우 말소기준권리가 아니다.
- 임차권등기가 말소기준권리보다 선순위라면 낙찰자가 인수하나, 후순위라면 낙찰로 소멸한다.

가. 권리분석을 위한 선행학습

(1) 임차권등기명령임차권의 의미

주택 및 일정 규모의 상가임차인이 해당 임대차가 종료되었음에도 임차보증금을 반환받지 못한 경우에 법원에 임차권등기명령을 신청하여 취득하는 권리를 임차권등기명령임차권 45) (주택임대차보호법 제3조의 3 제1항●, 상가임대차보호법 제6조 제1항●●)이라고 말할 수 있을 것이다. 46)

주택임차인 및 일정 규모의 상가임차인의 대항력에는 필수적으로 인도라는 요건이 들어가는데 임대차가 종료된 후 임차인이 보증금을 받지 못한 상황에서 주택 또는 상가의 점유를 상실하면 대항력이 소멸하므로 보증금회수를 위해 도입된 제도가 임차권등기명령제도이다.

따라서 임대차가 종료되었음에도 보증금을 돌려받지 못한 임차인만이 임차권등기명령신청을 할 수 있다.

임차권등기명령의 신청 및 그에 따른 임차권등기와 관련된 소요비용은

45) 법원행정처, 부동산등기실무 (Ⅱ) 415면 이하

46) 법원행정처, 부동산등기실무 (Ⅱ) 415면 이하

● 제3조의3 (임차권등기명령) ① 임대차가 끝난 후 보증금을 반환받지 못한 임차인은 임차주택의 소재지를 관할하는 지방법원·지방법원지원 또는 시·군 법원에 임차권등기명령을 신청할 수 있다.

●● 제6조 (임차권등기명령) ① 임대차가 종료된 후 보증금을 돌려받지 못한 임차인은 임차건물의 소재지를 관할하는 지방법원, 지방법원지원 또는 시·군법원에 임차권등기명령을 신청할 수 있다.

임대인에게 반환청구할 수 있다.

(2) 임차권등기명령임차권의 효력

임차권등기명령 자체의 효력 발생시기는 판결에 의할 경우는 선고 시이며, 결정에 의할 경우에는 결정문이 임대인에게 송달된 때이다.

임차권등기명령의 집행은 임차인의 단독신청에 따라 법원의 촉탁으로 관할등기소 등기관이 등기부상 을구에 기입함으로써 한다.

임차권등기명령에 의한 임차권등기의 효력 발생시기는 등기한 시점이다. 임차인이 임차권등기 이전에 이미 대항력 또는 우선변제권을 취득한 경우에는 대항력 또는 우선변제권의 효력이 유지되고, 아직 취득하지 못한 경우에는 등기경료로 대항력 및 우선변제권을 취득한다.[47]

임차권등기명령에 의하여 임차권등기가 경료된 후 그 건물에 임차인이 들어왔을 때 소액임차인이라도 최우선변제권은 전면적으로 배제된다.

나. 권리분석 및 배당문제

임차권등기의 경우 말소기준권리가 될 수 없는바, 말소기준권리보다 선순위라면 낙찰자가 인수하나, 후순위라면 낙찰로 소멸한다.

첫 경매개시결정기입등기 이전에 임차권등기명령에 의한 임차권이 등기된 경우는 배당요구를 하지 않더라도 배당을 받는다.

---

47) 법원행정처, 부동산등기실무
(Ⅱ) 416면 각주 13

> **참고** **임차인이 임차권등기 이전에 이미 대항력 또는 우선변제권을 취득한 경우**
>
> 위 같은 경우에는 앞서 설명한 바와 같이 대항력 또는 우선변제권이 유지된다. 따라서 이 같은 경우에 말소기준권리보다 임차권등기명령에 의한 등기가 후순위일지라도, 대항력이 선순위라면 인수됨을 주의해야 한다.
>
> 임차권등기명령에 의한 임차권등기에는 임대차계약을 체결한 날 임차보증금, 점유일자, 주민등록 및 사업자등록을 한 날, 확정일자를 받은 날을 각 기재하고 있으므로 이를 확인하여 임차권등기 순위가 아닌 대항력 구비일자를 기준으로 말소기준권리와 비교하여야 한다[48] **(임차권등기명령절차에관한규칙 제6조 참조)**.

---

[48] 이승길 538면

제8장 등기부에 기재되지 않는 권리 요약

앞서, 등기부 갑구와 을구에 나타나는 권리를 중심으로 살펴보았는데, 등기부상에 나타나지 않는 권리가 있다.

즉, 주택임대차보호법상의 임차인, 상가건물임대차보호법상의 임차인, 법정지상권자, 관습법상 법정지상권자, 분묘기지권자, 유치권자 등이 그들인데, 권리분석에 있어 위와 같이 등기부에 나타나지 않는 자들을 분석하는 것은 필수적이다. 왜냐하면, 낙찰자가 위 권리들을 인수하는지 여부를 판단하여야 하기 때문이다.

1 권리분석을 위한 선행학습

 핵심정리

- 주임법은 원칙적으로 자연인에 적용되며, 주거용 건물에 적용된다.
- 말소기준권리보다 선순위로 대항요건(인도 및 전입신고)을 갖추면, 대항력을 취득한다.
- 대항요건과 대항력은 구분되는 개념이다. 대항요건은 인도와 전입신고라는 요건을 모두 갖춘 것을 의미할 뿐이고, 대항요건이 갖추어졌다고 하여 대항력이 인정되는 것은 아니다. 즉, 대항요건을 갖추되, 말소기준권리보다 선순위라면 대항력이 발생한다.
- 대항력은 말소기준권리에 우선하는 것을 전제로 하여 대항요건을 갖춘 다음 날 0시에 취득한다.
- 대항요건은 대항력의 취득 및 존속요건이다.
- 대항력을 취득하면, 낙찰자는 대항력을 취득한 임차인에 대한 부담(보증금반환의무 및 계약기간 동안 거주하게 할 의무 등)을 인수한다.
- 주택임차인이 대항요건과 확정일자를 받으면, 말소기준권리에 우선할 경우 대항력과 우선변제권을 겸유하고, 말소기준권리보다 후순위일 경우는 순위에 따른 배당을 받는다.
- 일정액 이하의 보증금을 갖춘 임차인은 경매개시결정기입등기 이전까지 대항요건을 갖추면, 일정액에 대한 최우선변제권이 인정된다(이때는 확정일자가 불필요하고 대항요건만을 요구하는바, 이를 소액보증금최우선변제권이라 함.).
- 묵시의 갱신이 이루어질 경우에 갱신된 임대차기간은 2년이 되는바, 임차인만이 해지통고를 할 수 있다.
- 주택임차인이 보증금반환청구소송을 제기하여 확정판결을 받아 경매개시결정기입등기를 경료한 경우가 아니라면, 주택임차인의 권리가 말소기준권리가 되지는 않는다.
- ① 대항력과 우선변제권을 취득한 임차인이 배당요구를 하였으나 낙찰대금에서 보증금 전액을 변제받지 못한 경우, ② 대항력과 우선변제권을 취득한 임차인이 배당요구를 하지 않은 경우 및 ③ 대항력을 갖추었으나 확정일자를 부여받지 않아 우선변제권이 없는 경우에는 낙찰자가 선순위임차인의 권리를 인수한다.
- 주택의 인도와 전입신고라는 요건 중에서 두 요건 중 하나라도 근저당권 등 말소기준권리보다 후순위라면 대항력을 취득한 것이라 할 수 없으므로 낙찰자는 임차권을 인수하지 않는다.
- 다만, 위와 같은 경우에도 확정일자를 받았고, 배당요구종기까지 배당요구를 한다면 순위에 따른 배당을 받을 수 있다.
- 세대합가의 경우에는 세대주의 가족인 세대원까지 포함하여 먼저 전입한 날을 기준으로 대항력을 판단한다.

- 대항력확보일(당일 0시)과 저당권설정일(당일 9시 이후 명백)이 동일한 날인 경우에 임차인에게 대항력과 우선변제권이 인정된다.
- 대항력 있는 임차인이 주택담보대출을 많이 받을 욕심을 가진 소유자 겸 임대인의 부탁으로 본의 아니게 '무상거주각서'를 작성해 주는 경우가 있는데, 이 경우 원칙적으로 임차인은 낙찰자에게 대항할 수 없어, 낙찰자로부터 보증금을 받을 수는 없다. 다만, 예외적 판례에 유의한다.

가. 주택임대차보호법의 적용범위(주임법 제2조●)

주택임대차보호법이 적용되려면 주거용 건물이어야 하는데, 주택의 일부가 비주거용으로 사용되는 경우에도 주택임대차보호법이 적용되나, 비주거용 건물의 일부가 주거용으로 사용된다면 주택임대차보호법이 적용되지 않는다.

주거용 건물인가에 대한 판단시점은 원칙적으로 임대차계약체결 시를 기준으로 한다.

미등기전세에도 주택임대차보호법이 적용되나, 일시 사용을 위한 임대차에는 적용되지 않는다.

● **제2조 (적용 범위)** 이 법은 주거용 건물(이하 "주택"이라 한다)의 전부 또는 일부의 임대차에 관하여 적용한다. 그 임차주택(賃借住宅)의 일부가 주거 외의 목적으로 사용되는 경우에도 또한 같다.

●● **제3조 (대항력 등)** ① 임대차는 그 등기(登記)가 없는 경우에도 임차인(賃借人)이 주택의 인도(引渡)와 주민등록을 마친 때에는 그 다음 날부터 제삼자에 대하여 효력이 생긴다. 이 경우 전입신고를 한 때에 주민등록이 된 것으로 본다. ② 국민주택기금을 재원으로 하여 저소득층 무주택자에게 주거생활 안정을 목적으로 전세임대주택을 지원하는 법인이 주택을 임차한 후 지방자치단체의 장 또는 그 법인이 선정한 입주자가 그 주택을 인도받고 주민등록을 마쳤을 때에는 제1항을 준용한다. 이 경우 대항력이 인정되는 법인은 대통령령으로 정한다. ③ 임차주택의 양수인(讓受人)(그 밖에 임대할 권리를 승계한 자를 포함한다)은 임대인(賃貸人)의 지위를 승계한 것으로 본다. ④ 이 법에 따라 임대차의 목적이 된 주택이 매매나 경매의 목적물이 된 경우에는 「민법」 제575조 제1항·제3항 및 같은 법 제578조를 준용한다. ⑤ 제4항의 경우에는 동시이행의 항변권(抗辯權)에 관한 「민법」 제536조를 준용한다.

나. 대항력(주택의 인도(점유)와 전입신고(주민등록))(주임법 제3조●●)

(1) 대항력의 요건

낙찰자가 인수하는 주택임대차는 말소기준권리보다 선순위의 대항력 있는 주택임대차여야 하는데, 대항력의 요건은 주택의 인도(점유)와 전입신고(주민등록)인바, 주택임차인이 임차한 주택에 입주하고 전입신고를 하면 전입신고 다음 날 0시에 대항력을 취득한다.

대항력을 갖추기 위한 요건은 대항력의 성립요건이자 존속요건인바, 배당요구의 종기까지 계속 유지하여야 한다.

따라서, 원칙적으로 주택의 점유를 상실하거나 주민등록을 전출하게 되면 그때부터 대항력을 상실하는바, 이를 보완하기 위한 장치가 앞서 이미 살펴본 임차권등기명령제도이다.

주택의 매도인이 소유 주택에 주민등록을 하고 거주하다가 매도와 동시에 매수인으로부터 당해 주택을 임차하는 경우는 매수인 명의의 소유권이전등기 경료 다음 날 0시에 대항력을 취득한다.(대법원 99다59306 판결).

결국, 매수인이 소유권을 이전하면서 당일에 은행으로부터 돈을 빌리고 근저당권을 설정하여 주었다면, 종전에 자기의 소유 주택이었으나, 현재는 임차인이 된 매도인은 인도와 전입신고라는 대항요건은 갖추었으나 하루 차이 선순위인 근저당권자(은행)에 대항할 수 없는바 낙찰로 소멸하게 된다.

다만, 경매절차에서 낙찰자가 주민등록은 되어 있으나 대항력이 없는 종전 임차인과 새 임대차계약을 체결한 경우는 낙찰자가 낙찰대금을 납부하여 소유권을 취득하는 날 즉시 대항력을 취득한다.[49]

대항력의 한 요건인 주민등록의 경우 점유보조자인 배우자나 자녀 등 가족의 주민등록이 포함된다.

임차권의 적법한 양도나 전대 후 임차인이 간접점유하는 경우에는 전차인이 직접 점유자로서 주민등록하여야 임차인이 대항력을 취득한다.

법인은 주민등록을 할 수 없으므로 원칙적으로 주택임대차보호법의 적용대상이 될 수 없다.

다만, 국민주택기금을 재원으로 하여 저소득층 무주택자에게 주거생활 안정을 목적으로 전세임대주택을 지원하는 법인의 경우 그 법인에 의해 선정된 입주자가 인도와 전입신고를 할 경우에는 그 법인도 대항력을 취득하는바 주택임대차보호법의 적용이 있다.(주임법 제3조 제2항●).

---

49) 사법연수원, 주택임대차보호법(상가 포함) 88면

● 제3조 (대항력 등) ② 국민주택기금을 재원으로 하여 저소득층 무주택자에게 주거생활 안정을 목적으로 전세임대주택을 지원하는 법인이 주택을 임차한 후 지방자치단체의 장 또는 그 법인이 선정한 입주자가 그 주택을 인도받고 주민등록을 마쳤을 때에는 제1항을 준용한다. 이 경우 대항력이 인정되는 법인은 대통령령으로 정한다.

건축물관리대장과 주민등록부상의 전입신고가 불일치하는 경우는 대항력을 구비하였다고 할 수 없는바, 이때 주민등록이 정정되면 정정한 다음 날 0시에 대항력을 취득한다.

다가구의 경우 지번만으로 주민등록의 요건이 충족되나, 아파트 등의 다세대의 경우는 호수까지 건축물관리대장과 일치해야 주민등록의 요건을 충족한다.

(2) 대항력의 발생시기

주택의 인도와 전입신고를 마친 익일 0시에 대항력을 취득하는바, 익일 주간에 등기된 저당권에 기한 경락인에게 임차인은 대항력을 취득한다(주임법 제3조 제1항●).

(3) 인도와 전입신고는 대항력 취득 및 존속요건

주택의 인도와 전입신고는 대항력의 취득요건인 동시에 존속요건인바, 중간에 전입신고에 따른 주민등록을 옮겼다가 재전입하면 기왕의 대항력은 소멸하고 재전입신고 시 그다음 날 0시에 새로운 대항력(말소기준권리보다 선순위를 전제)을 취득한다.

가족이 점유한 상태에서 주민등록을 두는 한 임차인 본인이 일시적으로 주민등록을 옮겨도 대항력이 유지된다.

(4) 대항력의 내용

대항력 발생 이후 신소유자 내지 낙찰자는 임대인의 지위를 법률상 당연히 승계하는바, 양도통지 내지 임차인의 승낙이 필요 없다(주임법 제3조 제3항●●).

임대인 지위는 계약상의 지위 자체가 승계되므로, 보증금도 신소유자 내지 낙찰자가 부담하고, 신소유자 또는 낙찰자는 임대인에게 부당이

● 제3조 (대항력 등) ① 임대차는 그 등기(登記)가 없는 경우에도 임차인(賃借人)이 주택의 인도(引渡)와 주민등록을 마친 때에는 그다음 날부터 제삼자에 대하여 효력이 생긴다. 이 경우 전입신고를 한 때에 주민등록이 된 것으로 본다.

●● 제3조 (대항력 등) ③ 임차주택의 양수인(讓受人)(그 밖에 임대할 권리를 승계한 자를 포함한다)은 임대인(賃貸人)의 지위를 승계한 것으로 본다.

득반환 청구를 할 수 없다.

다만, 임차인이 임대인의 지위승계를 원하지 않을 경우 임차주택의 양도사실을 안 때로부터 상당기간 이의를 제기하여 승계되는 임대차관계의 구속으로부터 벗어날 수 있고, 이 경우에는 양도인의 보증금반환채무도 소멸하지 않는다.

(5) 대항력의 인적 범위

대항력을 취득한 임차인은 신소유자(양수인) 또는 낙찰자(경락인)에게 대항할 수 있는바, 미등기주택의 사실상 양수인에게도 대항할 수 있다.(주임법 제3조 제3항)

권리분석을 하였을 때, ① 제1저당권, ② 주택임차인의 인도 및 전입신고, ③ 제2저당권, ④ 경매개시결정기입등기 등의 순서일 경우, 제1저당권이 경락대금지급기일 이전에 변제 등 사유로 소멸한 경우 임차권의 대항력은 소멸하지 않으며, 대항력이 소멸하는 것으로 믿은 낙찰자는 낙찰허가결정의 취소를 신청할 수 있다.

다. 확정일자부 임차인의 우선변제권

(1) 우선변제권의 요건

주택임차인이 주택의 인도, 전입신고 및 확정일자를 갖추면, 후순위권리자보다 우선하여 배당을 받을 수 있는 권리가 생긴다.

인도, 전입신고, 확정일자를 모두 같은 날 하였다면, 그다음 날 대항력(말소기준권리보다 선순위 전제) 및 우선변제권을 취득하나, 인도, 전입신고를 하고 며칠 후에 확정일자를 받았다면, 인도와 전입신고를 한 다음 날 0시에 대항력을 취득하며, 우선변제권은 확정일자를 받은 당일에 취득한다.

우선변제권이 효력을 발생하려면, 주택임차인이 배당요구의 종기까지 배당요구를 하여야 하는바, 이는 등기부상에 주택임차인이 나타나지 않아 집행법원이 주택임차인의 존재 여부를 명확히 알지 못하기 때문이다. 인도, 전입신고 및 확정일자는 배당요구 시 뿐만 아니라 배당요구의 종기까지 존속하여야 우선변제권의 효력이 유지된다.

참고로 소액임차인은 경매개시결정기입등기가 이루어지기 전까지 대항력을 갖추어야 최우선변제권을 취득하며, 이때에는 우선변제권 취득요건으로서의 확정일자는 필요 없다.

(2) 우선변제권과 임차주택의 양도

주택임차인은 주택을 낙찰자에게 인도하지 아니하면, 보증금을 수령할 수 없는바^(주택임대차보호법 제3조의 2 제3항), 낙찰자로부터 명도확인서를 받아 제출하여야 배당금이 지급되며, 명도확인서가 제출되지 않으면 공탁하는 것이 실무다.

다만, 대항력 있는 임차권자가 배당요구를 하였으나 보증금 중 일부만 배당하는 경우에는 명도확인서를 제출받음이 없이 그대로 배당금을 지급하는 것이 실무다.

(3) 우선변제권 행사요건의 구비시기

앞서 살펴본 바와 같이 인도, 전입신고 및 확정일자는 배당요구 시 뿐만 아니라 배당요구의 종기까지 존속하여야 우선변제권의 효력이 유지된다.

(4) 우선변제권의 행사와 대항력의 주장

임차인이 최선순위일 경우에는 대항력과 우선변제권을 겸유하는바, 우선변제권을 행사하여 배당요구 할 수 있고, 전액배당이 되지 않으면 임차권이 소멸하지 아니하므로 낙찰자에게 나머지 보증금으로 대항할 수 있다.

갱신된 임차권의 경우 대항요건과 우선변제권을 갖춘 종전 임대차와 같은 순위로 우선변제권이 있으나, 갱신과 더불어 보증금이 인상되었다면, 종전 보증금에 한하여 우선변제권이 인정될 뿐이다.

우선변제권을 주장할 수 있는 낙찰대금은 주택뿐만 아니라 대지의 환가대금 전부이다.(주임법 제3조의2 제2항●).

낙찰자가 낙찰대금을 완납하여 주택의 소유권을 취득하였을 때, 우선변제권이 있는 임차인은 임차인에 대한 배당표가 확정될 때까지 임차인의 지위를 유지하므로, 배당표 확정 시까지의 임차인이 주택을 사용, 수익한 부분은 낙찰자에 대한 부당이득이라 할 수 없다.

우선변제권이 있는 임차인이 배당요구종기까지 배당요구를 하지 않아 배당을 받지 못한 경우에 임차인이 배당받은 다른 채권자를 상대로 부당이득반환청구는 할 수 없다.(대법원 98다12379 판결).

라. 소액임차인의 우선변제권(주임법 제8조●●)

(1) 소액임차인 우선변제권의 요건

경매신청의 등기가 이루어지기 전에 소액임차인이 주택의 인도 및 전입신고라는 요건을 구비하여야 하며, 집행법원이 정한 배당요구의 종기까지 위 요건을 구비하여야 한다.

임차주택이 경매 또는 체납처분에 의하여 매각되어야 하며, 배당요구의 종기까지 배당요구를 하여야 한다.

● **제3조의2(보증금의 회수)** ② 제3조 제1항 또는 제2항의 대항요건(對抗要件)과 임대차계약증서(제3조 제2항의 경우에는 법인과 임대인 사이의 임대차계약증서를 말한다.)상의 확정일자(確定日字)를 갖춘 임차인은 「민사집행법」에 따른 경매 또는 「국세징수법」에 따른 공매(公賣)를 할 때에 임차주택(대지를 포함한다)의 환가대금(換價代金)에서 후순위권리자(後順位權利者)나 그 밖의 채권자보다 우선하여 보증금을 변제(辨濟)받을 권리가 있다.

●● **제8조 (보증금 중 일정액의 보호)** ① 임차인은 보증금 중 일정액을 다른 담보물권자(擔保物權者)보다 우선하여 변제받을 권리가 있다. 이 경우 임차인은 주택에 대한 경매신청의 등기 전에 제3조 제1항의 요건을 갖추어야 한다. ② 제1항의 경우에는 제3조의2 제4항부터 제6항까지의 규정을 준용한다. ③ 제1항에 따라 우선변제를 받을 임차인 및 보증금 중 일정액의 범위와 기준은 제8조의2에 따른 주택임대차위원회의 심의를 거쳐 대통령령으로 정한다. 다만, 보증금 중 일정액의 범위와 기준은 주택가액(대지의 가액을 포함한다)의 2분의 1을 넘지 못한다.

● 부칙 〈제22284호, 2010.7.21〉 제1조(시행일) 이 영은 2010년 7월 26일부터 시행한다. 제2조(경과조치) 이 영 시행 전에 임차주택에 대하여 담보물권을 취득한 자에 대해서는 종전의 규정에 따른다.

●● 2010. 7. 13. 법무부 설명자료 '주택·상가 서민 임차인의 보호강화(주택·상가건물임대차보호법 시행령 개정안 국무회의 의결)' 참조

●●● 제3조(보증금 중 일정액의 범위 등) ① 법 제8조에 따라 우선변제를 받을 보증금 중 일정액의 범위는 다음 각 호의 구분에 의한 금액 이하로 한다. 〈개정 2010.7.21〉 1. 서울특별시: 2천500만 원 2. 「수도권정비계획법」에 따른 과밀억제권역(서울특별시는 제외한다.): 2천200만 원 3. 광역시(「수도권정비계획법」에 따른 과밀억제권역에 포함된 지역과 군지역은 제외한다.), 안산시, 용인시, 김포시 및 광주시: 1천900만 원 4. 그 밖의 지역: 1천400만 원 ② 임차인의 보증금 중 일정액이 주택가액의 2분의 1을 초과하는 경우에는 주택가액의 2분의 1에 해당하는 금액까지만 우선변제권이 있다. ③ 하나의 주택에 임차인이 2명 이상이고, 그 각 보증금 중 일정액을 모두 합한 금액이 주택가액의 2분의 1을 초과하는 경우에는 그 각 보증금 중 일정액을 모두 합한 금액에 대한 각 임차인의 보증금 중 일정액의 비율로 그 주택가액의 2분의 1에 해당하는 금액을 분할한 금액을 각 임차인의 보증금 중 일정액으로 본다. ④ 하나의 주택에 임차인이 2명 이상이고 이들이 그 주택에서 가정공동생활을 하는 경우에는 이들을 1명의 임차인으로 보아 이들의 각 보증금을 합산한다.

●●●● 제4조(우선변제를 받을 임차인의 범위) 법 제8조에 따라 우선변제를 받을 임차인은 보증금이 다음 각 호의 구분에 의한 금액 이하인 임차인으로 한다. 〈개정 2010.7.21〉 1. 서울특별시: 7천500만 원 2. 「수도권정비계획법」에 따른 과밀억제권역(서울특별시는 제외한다.): 6천500만 원 3. 광역시(「수도권정비계획법」에 따른 과밀억제권역에 포함된 지역과 군지역은 제외한다.), 안산시, 용인시, 김포시 및 광주시: 5천500만 원 4. 그 밖의 지역: 4천만 원

(2) 소액임차인 우선변제권의 효력

확정일자를 갖출 필요 없이 최선순위로 변제받는다는 점 및 경매개시결정의 기입등기 전까지 대항요건을 갖추어야 한다는 점을 제외하고는 확정일자 임차인의 경우와 동일하다.

대지 부분만이 낙찰된 경우에도 우선변제를 받을 수 있으나, 대지에 관한 저당권설정 이후 지상에 건물이 신축된 경우 건물의 소액임차인은 대지에 관한 환가대금에서 저당권자보다 우선하여 변제를 받을 수는 없다.

(3) 대항력과 우선변제권과의 관계

임차권에 대항력이 있는 경우라면, 즉 낙찰로 임차권이 소멸되지 않는 경우라면 임차인이 소액보증금에 대한 우선변제권을 행사하고 나서도 임차권의 대항력을 주장하여 나머지 보증금의 상환 시까지 명도를 거절할 수 있다.

(4) 우선변제권 행사의 범위

2010. 7. 26. 기준●,●●으로 서울의 경우는 7,500만 원 이하 보증금의 경우 2,500만 원까지 행사할 수 있으나, 주택가액(대지가액 포함) 1/2 범위 내에서 우선변제권을 행사할 수 있다(주임법시행령 제3조●●●, 제4조●●●●).

주택가액(대지가액 포함)의 계산은 임차주택(대지가액포함)의 매각대금에 임찰보증금에 대한 배당기일까지의 이자와 몰수된 입찰보증금 등을 더한 후 집행비용을 제한 것을 말한다.

우선변제권 행사범위는 시행령에 규정되어 있는바, 시행령 개정 전 담보물권을 취득한 자는 개정 전 규정이 적용된다(주임법 시행령 부칙 제2조●●●●●).

뒤에서 자세히 살펴볼 것이나, 위 주임법 시행령 부칙의 '담보물권을 취득한 자'는 저당권이나 가등기담보권은 포함되나, 가압류는 포함되지

않는다.[49]

(5) 우선변제권과 경락인과의 관계

선순위근저당권에 터 잡아 경매가 이루어지고 소액임차인이 후순위이지만 경매개시결정 전에 인도와 전입신고를 마친 경우에는 일정 금액의 배당이 가능하나, 배당요구종기까지 배당요구를 하지 않아 배당을 받지 못한 경우에는 낙찰자가 인수하지 않으며, 소액임차인이 배당받은 채권자에게 부당이득반환청구도 할 수 없게 된다(대법원 2001다70702 판결).
소액임차인이 말소기준권리보다 선순위여서 대항력이 있는 경우에 소액임차인이 배당요구를 하지 않았다고 해서 보증금반환청구권을 포기한 것으로 볼 수 없는바, 낙찰자가 인수한다.

마. 임차권등기명령제도(주임법 제3조의3●)

임대차 종료 후에 보증금을 반환받지 못한 임차인의 단독신청에 따라 임차권등기가 경료되는데 임차권을 등기한 이후에는 임차인이 주거이전(인도라는 요건을 상실)을 하여도 대항력 및 우선변제권이 유지되나, 실제로 임차권등기가 경료될 때까지는 대항력 등을 갖추고 있어야 한다. 기왕에 대항력과 우선변제권이 없었다면, 임차권등기로 대항력 및 우선변제권이 생길 수 있다.
임차권등기가 경료된 주택에 소액임차인이 입주한다고 해도 그 새로운 소액임차인은 소액임차인으로서 누리는 권리를 취득하지 못한다.

●●●●● 부칙 〈제22284호, 2010.7.21〉
제2조(경과조치) 이 영 시행 전에 임차주택에 대하여 담보물권을 취득한 자에 대하여는 종전의 규정에 따른다.

49) 윤경 1433면

● 제3조의3 (임차권등기명령) ① 임대차가 끝난 후 보증금을 반환받지 못한 임차인은 임차주택의 소재지를 관할하는 지방법원·지방법원지원 또는 시·군 법원에 임차권등기명령을 신청할 수 있다. ② 임차권등기명령의 신청서에는 다음 각 호의 사항을 적어야 하며, 신청의 이유와 임차권등기의 원인이 된 사실을 소명(疎明)하여야 한다. 1. 신청의 취지 및 이유 2. 임대차의 목적인 주택(임대차의 목적이 주택의 일부분인 경우에는 해당 부분의 도면을 첨부한다.) 3. 임차권등기의 원인이 된 사실(임차인이 제3조 제1항 또는 제2항에 따른 대항력을 취득하였거나 제3조의2 제2항에 따른 우선변제권을 취득한 경우에는 그 사실) 4. 그 밖에 대법원규칙으로 정하는 사항 ③ 다음 각 호의 사항 등에 관하여는 「민사집행법」 제280조 제1항, 제281조, 제283조, 제285조, 제286조, 제288조 제1항·제2항 본문, 제289조, 제290조 제2항 중 제288조 제1항에 대한 부분, 제291조 및 제293조를 준용한다. 이 경우 "가압류"는 "임차권등기"로, "채권자"는 "임차인"으로, "채무자"는 "임대인"으로 본다. 1. 임차권등기명령의 신청에 대한 재판 2. 임차권등기명령의 결정에 대한 임대인의 이의신청 및 그에 대한 재판 3. 임차권등기명령의 취소신청 및 그에 대한 재판 4. 임차권등기명령의 집행 ④ 임차권등기명령의 신청을 기각(棄却)하는 결정에 대하여 임차인은 항고(抗告)할 수 있다. ⑤ 임차인은 임차권등기명령의 집행에 따른 임차권등기를 마치면 제3조 제1항 또는 제2항에 따른 대항력과 제3조의2 제2항에 따른 우선변제권을 취득한다. 다만, 임차인이 임차권등기 이전에 이미 대항력이나 우선변제권을 취득한 경우에는 그 대항력이나 우선변제권은 그대로 유지되며, 임차권등기 이후에는 제3조 제1항 또는 제2항의 대항요건을 상실하더라도 이미 취득한 대항력이나 우선변제권을 상실하지 아니한다. ⑥ 임차권등기명령의 집행에 따른 임차권등기가 끝난 주택(임대차의 목적이 주

바. 기타 쟁점

(1) 임대차기간(주임법 제4조*)

기간의 정함이 없거나 기간을 2년 미만으로 정한 임대차는 그 기간을 2년으로 하고 다만, 임차인은 2년 미만으로 정한 기간이 유효함을 주장할 수 있다.

(2) 묵시의 갱신(주임법 제6조**)

묵시의 갱신제도가 있는데, 임대인 및 임차인 모두 묵시의 갱신을 주장할 수 있고 묵시의 갱신으로 갱신된 임대차기간은 2년이 됨에 유의한다. 이때 임차인만이 해지통고를 할 수 있고, 3개월 후 해지통고의 효력이 발생한다.

(3) 법정 임대차관계

임대차관계가 종료된 경우에도 임차인이 보증금을 반환받을 때까지는 임대차관계가 존속하는 것으로 의제된다.

택의 일부분인 경우에는 해당 부분으로 한정한다.)을 그 이후에 임차한 임차인은 제8조에 따른 우선변제를 받을 권리가 없다. ⑦ 임차권등기의 촉탁(嘱託), 등기공무원의 임차권등기 기입(記入) 등 임차권등기명령을 시행하는 데에 필요한 사항은 대법원규칙으로 정한다. ⑧ 임차인은 제1항에 따른 임차권등기명령의 신청과 그에 따른 임차권등기와 관련하여 든 비용을 임대인에게 청구할 수 있다.

* 제4조 (임대차기간 등) ① 기간을 정하지 아니하거나 2년 미만으로 정한 임대차는 그 기간을 2년으로 본다. 다만, 임차인은 2년 미만으로 정한 기간이 유효함을 주장할 수 있다. ② 임대차기간이 끝난 경우에도 임차인이 보증금을 반환받을 때까지는 임대차관계가 존속되는 것으로 본다.

** 제6조 (계약의 갱신) ① 임대인이 임대차기간이 끝나기 6개월 전부터 1개월 전까지의 기간에 임차인에게 갱신거절(更新拒絕)의 통지를 하지 아니하거나 계약조건을 변경하지 아니하면 갱신하지 아니한다는 뜻의 통지를 하지 아니한 경우에는 그 기간이 끝난 때에 전 임대차와 동일한 조건으로 다시 임대차한 것으로 본다. 임차인이 임대차기간이 끝나기 1개월 전까지 통지하지 아니한 경우에도 또한 같다. ② 제1항의 경우 임대차의 존속기간은 2년으로 본다. ③ 2기(期)의 차임액(借賃額)에 달하도록 연체하거나 그 밖에 임차인으로서의 의무를 현저히 위반한 임차인에 대하여는 제1항을 적용하지 아니한다.

2 권리분석 및 배당문제

주택임차인이 보증금반환청구소송을 제기하여 확정판결을 받아 경매개시결정기입등기를 경료한 경우가 아니라면, 주택임차인의 권리가 말소기준권리가 되지는 않는다.

① 대항력과 우선변제권을 취득한 임차인이 배당요구를 하였으나 낙찰대금에서 보증금 전액을 변제받지 못한 경우, ② 대항력과 우선변제권을 취득한 임차인이 배당요구를 하지 않은 경우 및 ③ 대항력을 갖추었으나 확정일자를 부여받지 않아 우선변제권이 없는 경우에는 낙찰자가 선순위임차인의 권리를 인수한다.

주택의 인도와 전입신고라는 요건 중에서 두 요건 중 하나라도 근저당권 등 말소기준권리보다 후순위라면 대항력을 취득한 것이라 할 수 없으므로 낙찰자는 임차권을 인수하지 않는다.

다만, 위와 같은 경우에도 확정일자를 받았고, 배당요구종기까지 배당요구를 한다면 순위에 따른 배당을 받을 수 있다.

한 가족의 세대가 분리되어 있다가 다시 합쳐지는 것을 세대합가[50]라고 하는데, 세대합가의 경우에는 세대주의 가족인 세대원까지 포함하여 먼저 전입한 날을 기준으로 대항력을 판단한다.

법원기록상에 나타나는 세대주인 임차인은 후순위라도 그 세대원의 전입일이 말소기준권리인 근저당권설정일보다 빠르면 낙찰자가 임차인의 권리를 인수하는바 주의하여야 한다(세대합가의 경우에 가족이 먼저 전입 후 세대주가 전입하는 경우 다시 주민등록표가 작성되면서 세대주가 전입한 날을 전입일자로 기재하여 위와 같은 문제가 발생한다.).

따라서, 임차권의 확정일자가 근저당권보다 선순위지만 대항력이 없는

---

[50] 이승길 541면 참조

것으로 나타나는 등 세대합가의 의심이 들면 임차인 가족 전체가 기재된 주민등록초본을 확인할 필요가 있다.

대항력 확보일(당일 0시)과 저당권 설정일(당일 9시 이후 명백)이 동일한 날일 경우에는 임차인에게 대항력이 인정된다.

즉, 주택의 인도와 전입신고일이 어제인 경우에 오늘 0시에 대항력을 취득하므로, 대항력 취득일과 동일한 오늘 저당권이 설정된다면, 임차인이 우선한다는 것인바, 저당권은 아무리 빨라도 오전 9시 이후에 등기설정이 가능하기 때문이다.

이 경우 우선변제에 있어서도 임차인이 우선한다.(▼대법원 98다46938 판결의 취지51))

우선변제권이 발생하는 시점은 확정일자를 부여받은 날이지만, 우선변제권은 대항력을 전제하므로 대항력과 확정일자를 같은 날 갖추면 다음날 0시에 대항력과 우선변제권이 발생하는 것이다.

주택임차인으로서 대항요건을 갖춘 다음 날 오전 0시 이후에 확정일자

---
51) 윤경 1413면 참조

 **대법원 98다46938 판결**

구 주택임대차보호법(1999. 1. 21. 법률 제5614호로 개정되기 전의 것) 제3조 제1항은 임대차는 그 등기가 없는 경우에도 임차인이 주택의 인도와 주민등록을 마친 때에는 그 익일부터 제3자에 대하여 효력이 생긴다고 규정하고 있고, 같은 법 제3조의2 제1항은 같은 법 제3조 제1항의 대항요건과 임대차계약증서상의 확정일자를 갖춘 임차인은 경매 등에 의한 환가대금에서 후순위권리자 기타 채권자보다 우선하여 보증금을 변제받을 권리가 있다고 규정하고 있는바, 주택의 임차인이 주택의 인도와 주민등록을 마친 당일 또는 그 이전에 임대차계약증서상에 확정일자를 갖춘 경우 같은 법 제3조의2 제1항에 의한 우선변제권은 같은 법 제3조 제1항에 의한 대항력과 마찬가지로 주택의 인도와 주민등록을 마친 다음 날을 기준으로 발생한다.

>>> **판례 해설**
주택임차인이 인도와 주민등록을 마친 당일 또는 그 이전에 확정일자 요건을 갖춘 경우에 우선변제권은 인도와 주민등록을 마친 다음 날 취득한다.

를 받았는데, 확정일자를 받은 날에 저당권이 설정된 경우에는 확정일자와 저당권의 순위를 명백히 할 수 없으므로 안분배당 된다.52) **(대법원 97다22393 판결)**.

이때 동일 날짜의 저당권자가 여러 명일 경우에는 각 채권에 비례하여 안분배당을 한 후 저당권만 따로 떼내어 접수번호순(즉, 동일 날짜에 저당권이 여러 개이면 접수번호순으로 순위가 결정됨)에 의하여 선순위저당권자가 후순위저당권자의 배당액을 흡수한다.52)

주택임대차보호법은 임차인이 주택의 명도 없이도 강제경매를 할 수 있도록 특별규정을 두고 있다**(주임법 제3조의2 제1항●)**.

임차인은 낙찰자에게 임차주택을 인도하지 않으면 배당된 보증금을 수령할 수 없으나, 전액 배당이 되지 않은 경우에는 주택을 인도할 필요가 없다. 경매개시결정기입등기 전에 대항력을 갖춘 소액임차인의 경우는 일정액 한도에서 최우선으로 변제를 받는데, 그 기준은 최선순위담보권이 설정된 날짜에 시행 중이던 주임법 시행령을 기준으로 한다**(주임법 시행령 부칙 제2조)**.

즉, 현재는 소액임차인에 해당되더라도 구법을 기준으로 하면 소액임차인이 아닌 경우 구법이 적용될 당시에 설정된 (근)저당권자에게 소액임차인의 우선변제권을 주장할 수 없는 것이다.

위 주임법 시행령 부칙 제2조●●의 '담보물권을 취득한 자'는 저당권이나 가등기담보권은 포함되지만, 가압류는 포함되지 않는다.53)

주임법 시행령 부칙 제2조의 '담보물권을 취득한 자'에 확정일자를 갖춘 임차인이 포함되는지에 대하여 부정하는 견해가 있으나, 확정일자를 갖춘 임차인은 부동산담보권자와 유사한 지위에 있으므로 긍정함이 타당하다는 견해53)가 있고, 위 견해에 동조한다.

---

52) 윤경 1413면

53) 윤경 1433면

● **제3조의2 (보증금의 회수)** ① 임차인(제3조 제2항의 법인을 포함한다. 이하 같다)이 임차주택에 대하여 보증금반환청구소송의 확정판결이나 그 밖에 이에 준하는 집행권원(執行權原)에 따라서 경매를 신청하는 경우에는 집행개시(執行開始)요건에 관한 「민사집행법」 제41조에도 불구하고 반대의무(反對義務)의 이행이나 이행의 제공을 집행개시의 요건으로 하지 아니한다.

●● **부칙 〈제20971호, 2008.8.21〉**
제2조 (경과조치) 이 영 시행 전에 임차주택에 대하여 담보물권을 취득한 자에 대하여는 종전의 규정에 따른다.

선순위담보물권 설정일	소액보증금 최우선변제액
1984.1.1. 이전	최우선변제권 인정 안 됨
1984.1.1.부터 1987.11.30.까지	특별시 및 직할시 300만 원까지 기타 지역 200만 원까지
1987.12.1.부터 1990.2.18.까지	특별시 및 직할시 500만 원까지 기타 지역 400만 원까지
1990.2.19.부터 1995.10.18.까지	특별시 및 직할시 2,000만 원(700만 원까지) 기타 지역 1,500만 원(500만 원까지)
1995.10.19.부터 2001.9.14.까지	특별시 및 직할시 3,000만 원(1,200만 원까지) 기타 지역 2,000만 원(800만 원까지)
2001.9.15.부터 2008.8.20.까지	과밀억제권역 4,000만 원(1,600만 원까지) 광역시(군지역 및 인천 제외)3,500만 원(1,400만 원까지) 기타 지역 3,000만 원(1,200만 원까지)
2008.8.21.부터 2010.7.25.까지	과밀억제권역 6,000만 원(2,000만 원까지) 광역시(군지역 및 인천 제외)5,000만 원(1,700만 원까지) 기타 지역 4,000만 원(1,400만 원까지)
2010.7.26.부터 현재까지●	서울 7,500만 원(2,500만 원까지) 과밀억제권역(서울 제외) 6,500만 원(2,200만 원까지) 광역시(과밀억제권역, 군 제외), 안산, 용인, 김포, 광주 5,500만 원(1,900만 원까지) 그 밖의 지역 4,000만 원(1,400만 원까지)

* (수도권)과밀억제권역: 수도권정비계획법에서 인구와 산업이 집중되었거나 집중될 우려가 있어 이전 또는 정비가 필요하다고 지정한 곳(서울, 인천(인천경제자유구역 등 제외), 의정부, 구리, 남양주(호평동 등 일부지역), 하남, 고양, 수원, 성남, 안양, 부천, 광명, 과천, 의왕, 군포, 시흥(반월 제외))

● 2010. 7. 13. 법무부 설명자료 '주택·상가 서민 임차인의 보호강화(주택·상가건물임대차보호법 시행령 개정안 국무회의 의결)' 참조

예를 들어 2005. 9. 5. 저당권이 설정된 서울소재 주택을 2010. 8. 1. 보증금 7,500만 원에 임차하여 경매개시결정기입등기 전에 인도와 전입신고를 마친 경우에 임차인은 현행법을 기준으로 하면 소액임차인으로 보이지만, 저당권이 설정된 구법을 기준으로 소액임차인 여부를 판단하므로 주택임차인은 소액임차인이 아니고 최우선변제권도 획득할 수 없다. 최우선변제를 받을 소액임차인이 다수여서 그들이 받아야 할 우선변제금의 합산액이 주택가액의 1/2을 초과하는 경우에는 1/2에 해당하는 금액을 한도로 하여 임차보증금의 비율에 따라 안분배당 된다.

주택가액이라는 것은 낙찰대금에 입찰보증금에 대한 배당기일까지의 이자, 몰수된 입찰보증금 등을 포함한 금액에서 집행비용을 공제한 실제 배당할 금액을 말한다.

소액임차인에게 최우선변제권이 인정되어 배당요구를 할 수 있는 보증금의 액수는 그중 일정액에 한(서울의 경우 7,500만 원(2,500만 원))하므로 소액임차인은 보증금 전액에 대하여 배당요구를 했다 하더라도 일정액을 초과하는 부분에 대하여는 배당요구의 효력이 인정되지 않고, 배당결과 남은 잉여금이 있다 해도 이를 배당하지 않는다.

 **사례**

1. 2009. 11. 2. 주택임차인이 인도, 전입신고, 확정일자 - 완료
　가. 대항력 취득시기(말소기준권리보다 선순위 전제) : 2009. 11. 3. 0시
　나. 우선변제권 취득시기 : 2009. 11. 3. 0시

2. 2009. 11. 2. 주택임차인이 인도, 전입신고 완료
2009. 11. 3. 확정일자 완료
　가. 대항력 취득시기(말소기준권리보다 선순위 전제) : 2009. 11. 3. 0시
　나. 우선변제권 취득시기 : 2009. 11. 3.(9시 이후임은 명백. 객관적인 시간 확인 불가)

3. 저당권과의 우열 1
　가. 2009. 11. 2. 주택임차인이 인도, 전입신고, 확정일자 완료
　　(1) 대항력 취득시기(말소기준권리보다 선순위 전제) 2009. 11. 3. 0시
　　(2) 우선변제권 취득시기 : 2009. 11. 3. 0시
　나. 2009. 11. 3. 저당권설정

(1) 대항력 및 우선변제권 취득 시기: 2009. 11. 3. 9시 이후 명백

다. 소결

주택임차인은 대항력을 취득하고 배당을 신청하면 저당권자보다 우선한다.

4. 저당권과의 우열 2

가. 2009. 11. 2. 주택임차인이 인도, 전입신고 완료

2009. 11. 3. 확정일자 완료

(1) 대항력 취득시기(말소기준권리보다 선순위 전제) : 2009. 11. 3. 0시

(2) 우선변제권 취득시기 : 2009. 11. 3.(9시 이후임은 명백. 객관적인 시간 확인 불가)

나. 2009. 11. 3. 저당권설정

(1) 대항력 및 우선변제권 취득 시기 : 2009. 11. 3.(9시 이후임은 명백. 객관적인 시간 확인 불가)

다. 소결

주택임차인은 대항력을 취득하나, 배당을 신청하면 저당권자와 안분배당 된다.

※ 참고

위 사례에서 저당권에 설명의 편의상 대항력이라는 표현을 사용하였는데, 저당권이 물권이라는 취지로 이해하면 무난할 것으로 보이고, 특별한 의미를 부여할 필요는 없다.

3 이른바 무상거주각서의 문제

가. 문제의 제기

주택의 소유자 겸 임대인이 주택을 담보로 은행으로부터 대출을 충분히 받기 위해 대항력 있는 임차인에게 "무상거주 및 보증금반환청구를 하지 않겠다."는 취지의 무상거주각서를 받아 은행에 제출하여 은행이 선순위임차인이 존재하지 않음을 전제로 주택을 담보로 설정받고 대출해주는 경우가 있다.

위와 같은 상황에서 주택을 낙찰받은 사람이, 임차인을 상대로 명도소송을 진행할 경우 임차인이 사실은 자신이 대항력이 있는 선순위임차인인데, 임대인의 부탁으로 어쩔 수 없이 무상거주각서를 작성해 주었다면서, 낙찰자가 보증금을 반환해 주어야 명도에 응할 수 있다는 취지의 주장을 할 경우 받아들여질 수 있는지 문제된다.

나. 판례

(1) 대법원 86다카1852 판결

대법원은 저당권자인 은행이 임의경매를 신청하여 은행 스스로 경매대상 주택을 낙찰받은 사례의 판결이유에서

"원심이 확정한 사실관계와 기록에 의하면, 이 사건 건물에 대한 임의경매신청사건에 있어서 집달관이 작성한 임대차조사보고서^(을 제3호증)에 의하면, 이 사건 건물에는 피고가 임차보증금 20,000,000원에 무기한으

로 입주하고 있는 사실이 조사 보고되어 있는 이상 원고는 위 경매절차에서 원고의 근저당권에 대항할 수 있는 피고의 임차권이 있다는 사실을 알고 있었다 할 것이고 한편 피고가 원고의 직원이 이 사건 경매절차와는 아무런 관련도 없이 행한 이 사건 건물에 대한 임대차조사에서 피고의 임대차 사실을 숨겼다 하여도 이 사건 경매절차에서는 이를 분명히 한 이상 원고로 하여금 경매가격을 결정하게끔 신뢰를 준 것이라고는 할 수 없다 할 것이므로 위와 같이 일시 임대차관계를 숨긴 사실만을 가지고서 피고의 이 사건 동시이행의 항변이 신의성실의 원칙에 반하는 것이라고는 볼 수 없다."

고 판시한 바 있다.

(2) 대법원 87다카1708 판결

대법원은 저당권자인 은행이 임의경매를 신청하여 은행 스스로 경매대상 주택을 낙찰받은 사례에서

"갑이 을의 소유건물을 보증금 34,000,000원에 채권적 전세를 얻어 입주하고 있던 중 을이 은행에 위 건물을 담보로 제공함에 있어 을의 부탁으로 은행 직원에게 임대차계약을 체결하거나 그 보증금을 지급한 바가 없다고 하고 그와 같은 내용의 각서까지 작성해 줌으로써 은행으로 하여금 위 건물에 대한 담보가치를 높게 평가하도록 하여 을에게 대출하도록 하였고, 은행 또한 위 건물에 대한 경매절차가 끝날 때까지도 을과 갑 사이의 위와 같은 채권적 전세관계를 알지 못하였다고 한다면 갑이 은행의 명도청구에 즈음하여 이를 번복하면서 위 전세금반환을 내세워 그 명도를 거부하는 것은 특단의 사정이 없는 한 금반언 내지 신의칙에 위반된다."

고 판시한 바 있다.

(3) 대법원 99마4307 판결

대법원은 은행이 아닌 제3자가 낙찰받은 사례에서
'채무자가 동생 소유의 아파트에 관하여 근저당권을 설정하고 대출을 받으면서 채권자에게 자신은 임차인이 아니고 위 아파트에 관하여 일체의 권리를 주장하지 않겠다는 내용의 확인서를 작성하여 준 경우, 그 후 대항력을 갖춘 임차인임을 내세워 이를 낙찰받은 채권자의 인도명령을 다투는 것은 금반언 및 신의칙에 위배되어 허용되지 않는다."
고 판시한 바 있다.

(4) 소결

판례의 취지는 원칙적으로 무상거주각서를 작성하여 은행에 제출한 경우에 은행은 그 각서를 신뢰할 수밖에 없으므로, 그 은행이 근저당권을 실행하여 은행 스스로 낙찰을 받든지 또는 제3자가 낙찰을 받든지에 상관없이, 무상거주각서를 작성하여 은행 내지 임대인에게 제출한 임차인은 낙찰자에 대항하여, 금반언 내지 신의성실의 원칙상 보증금반환을 청구할 수 없다는 것이다.

다만, 근저당권자인 은행이 낙찰을 받기 전에 매각물건명세서에 적시된 보증금이 존재한 임차권자를 발견할 수 있었다면, 무상거주각서를 제출한 임차인이라도 스스로 낙찰받은 은행에게 대항력을 주장하여 보증금 항변을 할 수 있다(즉 보증금을 받을 수 있다는 것)는 것이다.

다. 권리분석 및 배당문제

판례의 취지를 고려하면, 무상거주각서를 작성해준 임차인은 원칙적으로 낙찰자에게 대항할 수 없다. 다만, 구체적 사정에 따라 낙찰자에게 대항할 여지도 있음을 유의한다.

임차인이 무상거주각서를 작성하여 제출하였음에도 불구하고 배당요구 종기 전에 배당요구를 할 경우 채권자인 은행은 배당기일에 배당표에 대한 이의신청을 하고, 배당이의의 소를 제기한 후 경매법원에 소제기 증명원을 제출하는 방식으로 대응하면 될 것으로 본다.

무상거주각서를 작성한 임차인이 경매절차가 종료한 후 낙찰자가 인도명령단계 내지 명도소송을 할 당시에 대항력을 주장하여 보증금의 반환을 주장한다면, 무상거주각서를 은행으로부터 확보하여 각 소송에 응하면 될 것이다.

참고로 무상거주각서에 채무자 겸 소유자가 서명하여 은행에 제출하는 경우가 있다. 이 경우에는 임차인의 대항력이 살아 있어 낙찰자가 인수할 수 있다. 따라서, 은행으로부터 무상거주각서가 있다는 사실을 확인하였더라도, 본인이 직접 확인하기 전에는 100% 신뢰하면 안 될 것이다.

라. 유사판례(대법원 2000다24078 판결)

(1) 판결내용

대법원은 "임대차기간을 2년 미만으로 정한 임대차의 임차인이 스스로 그 약정임대차기간이 만료되었음을 이유로 임차보증금의 반환을 구하는 경우에는 그 약정이 임차인에게 불리하다고 할 수 없으므로, 그 주택에 관한 저당권자의 신청에 의한 임의경매 절차에서 2년 미만의 임대차기간이 만료되어 임대차가 종료되었음을 이유로 그 임차보증금에 관하여 우선변제를 청구할 수 있다."고 하면서,

"임대차가 종료된 경우에 배당요구를 한 임차인은 우선변제권에 의하여 낙찰대금으로부터 임차보증금을 배당받을 수 있으므로, 이와 같은

경우에 일반 매수희망자(낙찰자 포함)는 그 주택을 낙찰받게 되면 그 임대차에 관한 권리·의무를 승계하지 않을 것이라는 신뢰하에 입찰에 참가하게 되는 것인바, 이러한 믿음을 기초로 하여 낙찰자가 임대차보증금을 인수하지 않을 것이라는 전제하에 낙찰이 실시되어 최고가매수희망자를 낙찰자로 하는 낙찰허가결정이 확정되었다면, 그 후에 이르러 임차인이 배당요구 시의 주장과는 달리 자신의 임대차기간이 종료되지 않았음을 주장하면서 우선변제권의 행사를 포기하고 명도를 구하는 낙찰자에게 대항력을 행사하는 것은, 임차인의 선행행위를 신뢰한 낙찰자에게 예측하지 못한 손해를 입게 하는 것이어서 위와 같은 입장 변경을 정당화할 만한 특별한 사정이 없는 한 금반언 및 신의칙에 위배되어 허용될 수 없다."고 판시한 바 있다.

(2) 판례해설

위 사례는 임대차기간이 2년 미만의 임차인이 스스로 임대차가 종료된 것이 명백한 임대차계약서를 제출하면서 배당요구를 하였는바, 인수부담이 없음을 신뢰한 낙찰자가 낙찰을 받아 낙찰허가결정까지 확정된 후, 임차인이 배당을 포기하고 낙찰자에게 대항력을 주장하는 것은 신의칙에 반한다는 것인바, 타당하다고 본다.

주임법상의 주택임대차의 임차기간 2년 보장규정은 임대인의 의무에 불과할 뿐이고, 임차인이 그보다 적은 기간을 약정하고 그 기간을 임차기간으로 임차인 스스로 주장하면, 2년 보장기간이 적용되지 않기 때문이다.

위와 같은 규정을 편면적 강행규정(임대인에게만 강행(의무)규정이고, 임차인에게는 강행규정이 아니라는 의미)이라 한다.

1. 권리분석을 위한 선행학습

핵심정리

- 상임법은 일정한 보증금을 넘지 않아야 적용되며, 적용대상 상가건물은 사업자등록이 가능해야 한다.
- 상임법은 주임법과 달리 법인 등 단체가 임차인이라도 적용된다.
- 이해관계인이 사업자등록사항 등을 열람하여 당해 건물에 상임법이 정한 대항력을 갖춘 임차인이 있음을 알 수 없는 경우에는 공시방법을 제대로 갖추지 못한 것이 되어 대항력을 취득할 수 없다.
- 기타의 권리분석 등의 내용은 주임법상의 주택과 대동소이하다.

가. 상가건물임대차보호법의 적용범위

사업자등록의 대상이 되는 상가건물에 대한 임대차에 적용되며, 임대차보증금이 일정금액 이하인 경우에만 적용되는바, 보증금액 산정 시 월차임이 있는 경우에 보증금액은 "보증금 + (월차임×100)"을 기준으로 한다.

이를 도표로 정리하면 다음과 같다.[54]

지역 \ 내용	상가임대차보호법 적용대상 보증금액	우선변제 소액임차인의 범위 (a)	우선변제 받을 소액보증금의 범위 (b)
서울특별시	300,000,000원 이하	50,000,000원 이하	15,000,000원 이하
과밀억제권역 (서울 제외)	250,000,000원 이하	45,000,000원 이하	13,500,000원 이하
광역시 (과밀억제권역, 군 제외), 안산, 용인, 김포, 광주	180,000,000원 이하	30,000,000원 이하	9,000,000원 이하
그 밖의 지역	150,000,000원 이하	25,000,000원 이하	7,500,000원 이하

* 2002. 11. 1(상임법 시행일). 이후 2008. 8. 20.까지는 서울: 2억 4천만 원, 과밀: 1억 9천만 원, 광역 1억 5천만 원, 그 밖: 1억 4천만 원 각 이하였음. 2008. 8. 21.부터 2010. 7. 25.까지는 서울 2억 6천만 원, 과밀 2

---

54) 사법연수원, 주임법 193면 참조

억 1천만 원, 광역 1억 6천만 원, 그 밖: 1억 5천만 원 각 이하였음. 우선 변제 소액임차인의 경우는 2002. 11. 1(상임법 시행일). 이후 2010. 7. 25.까지 서울: 4천5백만 원 이하(1천3백5십만 원 이하), 과밀: 3천9백만 원 이하(1천1백7십만 원 이하), 광역: 3천만 원 이하(9백만 원 이하), 그 밖: 2천5백만 원 이하(7백5십만 원 이하)였음. 2002. 11. 1(상임법 시행일). 이후 2010. 7. 25.까지의 '광역'은 위 표와 달리 '광역시(군지역과 인천 제외)'로 그 범위가 다름에 유의.

* 위 표는 개정 상가건물임대차보호법 시행령에 따라 2010. 7. 26.부터 적용될 예정임●
* b = a의 30% 상당액

사업자등록은 신규로 사업을 개시하는 경우에 하는 것이므로 상가건물임대차보호법의 적용대상이 되는 건물은 사업용 내지 영업용 건물이어야 하고, 비사업용 내지 비영업용 건물이어서는 안 된다.

비사업용 내지 비영업용인 종중이나 동창회 사무실 등의 건물임대차에는 상가건물임대차보호법이 적용되지 않는다.

임차한 부분 전체가 영업용으로 사용되는 경우는 물론 주된 부분을 영업용으로 사용하는 경우에도 그 적용이 있다.

차임이 없는 경우는 보증금만으로 법적용 여부를 판별하나, 차임이 있는 경우는 앞서 살핀 바와 같이 '보증금 + (월차임×100)'으로 환산한 금액이 법적용 여부의 판별기준이 된다.

예를 들어 보증금 5,000만 원에 월차임이 100만 원이면 환산보증금은 5,000만 원 + (100만 원×100) = 1억 5,000만 원이므로 현재로 보면 지역 불문하고 상가건물임대차보호법이 적용된다. 다만, 소액임차인으로 보호되지는 않는다.

참고로 기존 임차인과 새로운 임차인 사이에 수수한 이른바 권리금은 보증금이 아니므로 상가건물임대차보호법의 적용 여부를 결정하는 기준이 될 수 없다.

나. 대항력의 요건

대항력을 갖추기 위해서는 상가건물의 인도(점유)와 사업자등록의 신청

● 2010. 7. 13. 법무부 설명자료 '주택·상가 서민 임차인의 보호강화(주택·상가건물임대차보호법 시행령 개정안 국무회의 의결)' 참조

이라는 두 요건을 모두 충족하여야 한다.

사업자는 개인뿐만 아니라 법인 및 비법인사단, 비법인재단 기타 단체도 포함되므로, 자연인 이외의 단체도 상가건물임대차보호법의 적용을 받을 수 있다.

세무서장이 신청자가 사업을 사실상 개시하지 아니할 것이라고 인정하여 사업자등록을 정당하게 거부함에 따라 신청자가 재차 사업자등록을 신청하여 사업자등록증을 교부받은 경우에는 재차 사업자등록을 신청한 날을 사업자등록신청일로 보아야 한다.

사업자가 사업자등록에 필요한 요건을 갖추어 신청하였으나 관할세무서장이 이를 수리하지 아니한 경우에는 최초 신청 시에 사업자등록신청이 있었던 것으로 보아야 할 것이다.

부가가치세법상 납세의무는 실제로 사업을 개시한 날을 기준으로 발생하나, 대항력은 상가건물임대차보호법 제3조 제1항●이 규정하고 있는 바에 따라 '신청일 다음 날'부터 효력을 발생한다.

경매절차의 이해관계인(법 제90조●●에 열거됨)은 사업자등록사항 등을 열람할 필요가 있는 상가건물임대차보호법상의 상가건물의 임대차에 이해관계 있는 자에 해당하므로, 이해관계자는 임차인의 성명, 주소, 주민등록번호, 건물의 소재지, 임차목적물 및 면적, 임차보증금 및 차임, 임차기간, 사업자등록신청일 등을 열람할 수 있다(상가건물임대차보호법 제4조 제1항●●●).

건물을 임차하고 사업자등록을 신청한 경우에도 제3자인 이해관계인이 상가건물임대차보호법 제4조에 의하여 사업자등록사항 등을 열람하여 당해 건물에 상가건물임대차보호법이 정한 대항력을 갖춘 임차인이 있음을 알 수 없는 경우는 공시방법을 제대로 갖추지 못한 것이 되어 대항력을 취득할 수 없다.

상가건물임대차보호법에서도 임차목적물의 지번이 건물의 등기부상 지번과 일치하여야만 적법한 사업자등록이라 할 것이다.

● **제3조 (대항력 등)** ① 임대차는 그 등기가 없는 경우에도 임차인이 건물의 인도와 「부가가치세법」 제5조, 「소득세법」 제168조 또는 「법인세법」 제111조에 따른 사업자등록을 신청하면 그다음 날부터 제3자에 대하여 효력이 생긴다.

●● **제90조 (경매절차의 이해관계인)** 경매절차의 이해관계인은 다음 각호의 사람으로 한다. 1. 압류채권자와 집행력 있는 정본에 의하여 배당을 요구한 채권자 2. 채무자 및 소유자 3. 등기부에 기입된 부동산 위의 권리자 4. 부동산 위의 권리자로서 그 권리를 증명한 사람

●●● **제4조 (등록사항 등의 열람・제공)** ① 건물의 임대차에 이해관계가 있는 자는 건물의 소재지 관할 세무서장에게 다음 각 호의 사항의 열람 또는 제공을 요청할 수 있다. 이때 관할 세무서장은 정당한 사유 없이 이를 거부할 수 없다. 1. 임대인・임차인의 성명, 주소, 주민등록번호(임대인・임차인이 법인이거나 법인 아닌 단체인 경우에는 법인명 또는 단체명, 대표자, 법인등록번호, 본점・사업장 소재지) 2. 건물의 소재지, 임차 목적물 및 면적 3. 사업자등록 신청일 4. 사업자등록 신청일 당시의 보증금 및 차임, 임대차기간 5. 임대차계약서상의 확정일자를 받은 날 6. 임대차계약이 변경되거나 갱신된 경우에는 변경・갱신된 날짜, 보증금 및 차임, 임대차기간, 새로운 확정일자를 받은 날 7. 그 밖에 대통령령으로 정하는 사항

● **제5조 (보증금의 회수)** ② 제3조 제1항의 대항요건을 갖추고 관할 세무서장으로부터 임대차계약서상의 확정일자를 받은 임차인은 「민사집행법」에 따른 경매 또는 「국세징수법」에 따른 공매 시 임차건물(임대인 소유의 대지를 포함한다.)의 환가대금에서 후순위권리자나 그 밖의 채권자보다 우선하여 보증금을 변제받을 권리가 있다.

●● **제9조 (임대차기간 등)** ① 기간을 정하지 아니하거나 기간을 1년 미만으로 정한 임대차는 그 기간을 1년으로 본다. 다만, 임차인은 1년 미만으로 정한 기간이 유효함을 주장할 수 있다.

●●● **제10조 (계약갱신 요구 등)** ① 임대인은 임차인이 임대차기간이 만료되기 6개월 전부터 1개월 전까지 사이에 계약갱신을 요구할 경우 정당한 사유 없이 거절하지 못한다. 다만, 다음 각 호의 어느 하나의 경우에는 그러하지 아니하다. 1. 임차인이 3기의 차임액에 해당하는 금액에 이르도록 차임을 연체한 사실이 있는 경우 2. 임차인이 거짓이나 그 밖의 부정한 방법으로 임차한 경우 3. 서로 합의하여 임대인이 임차인에게 상당한 보상을 제공한 경우 4. 임차인이 임대인의 동의 없이 목적 건물의 전부 또는 일부를 전대(轉貸)한 경우 5. 임차인이 임차한 건물의 전부 또는 일부를 고의나 중대한 과실로 파손한 경우 6. 임차한 건물의 전부 또는 일부가 멸실되어 임대차의 목적을 달성하지 못할 경우 7. 임대인이 목적 건물의 전부 또는 대부분을 철거하거나 재건축하기 위하여 목적 건물의 점유를 회복할 필요가 있는 경우 8. 그 밖에 임차인이 임차인으로서의 의무를 현저히 위반하거나 임대차를 계속하기 어려운 중대한 사유가 있는 경우 ② 임차인의 계약갱신요구권은 최초의 임대차기간을 포함한 전체 임대차기간이 5년을 초과하지 아니하는 범위에서만 행사할 수 있다. ③ 갱신되는 임대차는 전 임대차와 동일한 조건으로 다시 계약된 것으로 본다. 다만, 차임과 보증금은 제11조에 따른 범위에서 증감할 수 있다. ④ 임대인이 제1항의 기간 이내에 임차인에게 갱신거절의 통지 또는 조건변경의 통지를 하지 아니한 경우에는 그 기간이 만료된 때에 전 임대차와 동일한 조건으로 다시 임대차한 것으로 본

임차인과 사업자등록명의인이 다른 경우 적법한 공시방법이 될 수 없어 대항력을 취득할 수없을 것이나, 임차인이라 주장하는 자와 사업자가 동거가족일 경우 그 사실을 입증한다면 대항력이 인정될 여지가 있는데, 이 경우 사업자등록 신청 시 소명을 요구하여 분쟁을 방지하는 것이 타당할 것이다.

대항력은 인도 및 사업자등록신청일 다음 날 발생하며, 등록신청을 하였으나 요건의 흠결로 등록이 거부되면 결국 등록이라는 요건을 충족한 사실이 없으므로 등록신청일 다음 날부터 잠정적으로 생긴 대항력은 소급적으로 소멸한다고 봄이 타당하다.

주택임대차보호법과 마찬가지로 사업자등록이 말소, 변경(사업 종류 등의 변경은 대항력의 존속에 방해가 되지 않으므로 소재지 또는 사업자의 변경이 문제될 것)되지 아니하고 유지되어야 하며, 경매절차에서는 배당요구의 종기까지 유지되어야 한다(존속요건).

다. 주요 내용

확정일자 임차인의 우선변제권, 소액임차인의 최우선변제권(다만 소액임차인 및 소액보증금의 범위와 기준은 건물가액(대지가액포함))의 1/3 범위 안에서 대통령령으로 정함), 임차권등기명령제도, 차임증감청구권, 월차임 전환 시 산정률 제한 등은 주택임대차보호법과 같은 구조로 규정되어 있다.

이해관계인이 관할세무서에서 임대차에 대한 등록사항 등을 열람할 수 있는 점 **(상임법 제4조)**, 임차인이 확정일자를 관할세무서장으로부터 받는 점 **(상임법 제5조 제2항●)**, 임대차기간이 최저 1년인 점 **(상임법 제9조 제1항●●)**, 임차인에게 일정한 경우에 계약갱신요구권을 인정한 점 **(상임법 제10조●●●)** 등은 주택임대차보호법과 상이한 규정들이다.

2 권리분석 및 배당문제

주택임대차보호법과 거의 대동소이하다. 즉 상임법의 요건을 갖춘 상가임차인이 보증금반환청구소송을 제기하여 확정판결을 받아 경매개시결정기입등기를 경료한 경우가 아니라면, 상가임차인의 권리가 말소기준권리가 되지는 않는다.

임차인이 임차건물에 대하여 보증금반환청구소송의 확정판결, 그 밖에 이에 준하는 집행권원에 기한 경매를 신청하는 경우에는 법 제41조*의 규정에도 불구하고 반대의 의무의 이행 또는 이행의 제공을 집행개시의 요건으로 하지 않는다(상가건물임대차보호법 제5조 제1항**, 즉임법 제3조의2 제1항***과 유사규정). 즉, 상가건물을 명도하지 않은 상태에서도 강제경매신청이 가능한 것이다.

우선변제권을 행사하기 위해서는 인도, 사업자등록, 확정일자라는 요건을 배당요구의 종기까지 존속시켜야 하며, 배당요구의 종기까지 배당요구를 하여야 배당이 이루어진다.

보증금을 배당받은 임차인은 낙찰자에게 임차건물을 인도하지 않으면 배당된 보증금을 수령하지 못한다.(상가건물임대차보호법 제5조 제3항****)

상가건물을 임차하고 사업자등록을 마친 사업자가 폐업한 경우에 그 사업자등록은 상가임대차보호법이 상가임대차의 공시방법으로 요구하는 적법한 사업자등록이라고 볼 수 없으므로 그 사업자가 폐업신고를 하였다가 다시 같은 상호 및 등록번호로 사업자등록을 하였다고 하더라도 상가임대차보호법상의 대항력 및 우선변제권이 존속한다고 볼 수 없다.(대법원 2006다56299 판결)

다. 이 경우에 임대차의 존속기간은 1년으로 본다. ⑤ 제4항의 경우 임차인은 언제든지 임대인에게 계약해지의 통고를 할 수 있고, 임대인이 통고를 받은 날부터 3개월이 지나면 효력이 발생한다.

● 제41조 (집행개시의 요건) ① 반대의무의 이행과 동시에 집행할 수 있다는 것을 내용으로 하는 집행권원의 집행은 채권자가 반대의무의 이행 또는 이행의 제공을 하였다는 것을 증명하여야만 개시할 수 있다. ② 다른 의무의 집행이 불가능한 때에 그에 갈음하여 집행할 수 있다는 것을 내용으로 하는 집행권원의 집행은 채권자가 그 집행이 불가능하다는 것을 증명하여야만 개시할 수 있다.

●● 제5조 (보증금의 회수) ① 임차인이 임차건물에 대하여 보증금반환청구소송의 확정판결, 그 밖에 이에 준하는 집행권원에 의하여 경매를 신청하는 경우에는 「민사집행법」 제41조에도 불구하고 반대의무의 이행이나 이행의 제공을 집행개시의 요건으로 하지 아니한다.

●●● 제3조의2 (보증금의 회수) ① 임차인(제3조 제2항의 법인을 포함한다. 이하 같다.)이 임차주택에 대하여 보증금반환청구소송의 확정판결이나 그 밖에 이에 준하는 집행권원(執行權原)에 따라서 경매를 신청하는 경우에는 집행개시(執行開始) 요건에 관한 「민사집행법」 제41조에도 불구하고 반대의무(反對義務)의 이행이나 이행의 제공을 집행개시의 요건으로 하지 아니한다.

●●●● 제5조 (보증금의 회수) ③ 임차인은 임차건물을 양수인에게 인도하지 아니하면 제2항에 따른 보증금을 받을 수 없다.

● 제7조 (우선변제를 받을 보증금의 범위 등) ③ 하나의 상가건물에 임차인이 2인 이상이고, 그 각 보증금 중 일정액의 합산액이 상가건물의 가액의 3분의 1을 초과하는 경우에는 그 각 보증금 중 일정액의 합산액에 대한 각 임차인의 보증금 중 일정액의 비율로 그 상가건물의 가액의 3분의 1에 해당하는 금액을 분할한 금액을 각 임차인의 보증금 중 일정액으로 본다.

●● 2010. 7. 13. 법무부 설명자료 '주택·상가 서민 임차인의 보호강화 (주택·상가건물임대차보호법 시행령 개정안 국무회의 의결)' 참조

임대보증금이 소액인 경우 임차인이 임차건물(대지포함)에 대한 경매개시결정기입등기 전에 대항요건을 갖추었다면 경매나 공매 시에 경락금의 1/3 이내에서 보증금 중 일정액을 다른 권리자보다 우선하여 변제를 받을 수 있다.

최우선변제를 받을 소액임차인이 다수여서 그들이 받아야 할 우선변제금 합산액이 건물가액(대지가액 포함)의 1/3을 초과하는 경우에는 1/3에 해당하는 금액을 한도로 임차보증금의 비율에 따라 안분배당 한다.(상가건물임대차보호법시행령 제7조 제3항●).

 **Why 코너**

의문점
주임법은 그 적용을 위한 보증금 제한규정이 없는데, 상임법이 그 적용을 위한 보증금 제한규정을 둔 이유가 무엇일까?

답
주임법은 주택임대차에 적용되고, 그 적용을 위한 보증금 제한규정이 없다. 그러나, 상임법은 서울을 예로 들 경우에 3억 원 이하(2010. 7. 26. 이후●●)의 보증금요건을 충족하여야 그 적용이 있다.
주임법의 입법취지는 서민을 보호하자는 것이다.
주임법을 만들어 놓고 시행을 거듭하던 중에 상임법이 만들어졌는데, 주택을 임차한 서민들뿐만 아니라, 상가를 임차한 서민들도 보호할 필요성이 생겼다.
결국, 위와 같은 상황을 해결하기 위해 상임법이 만들어졌다.
그러나 상임법의 보호대상은 사업자등록이 가능한 상인들이라는 점이 주임법의 적용대상 서민과 차이가 난다.
즉, 상인은 기본적으로 경제적 계산에 능통한 사람들이므로 일반 서민을 대상으로 한 주임법과 달리 새로 생기는 상임법의 적용대상을 한정할 필요가 있었던 것이다.
결국, 입법자의 정책적 판단에 의하여, 상임법의 적용을 받기 위한 보증금 한도가 정해진 것이다.

전체에서 부분 보기

"저는 상가를 임차한 사람인데. 상가보증금 2억 원에 월세 150만 원입니다."
"임대인이 1년 계약 끝났다고 나가라는데, 상임법에 의하여 5년간 보장되는 것 아닙니까?"

필자는 위와 같은 질문을 가끔 받는다.
상임법에 의하면, 임차인이 특별한 잘못을 하지 않았다면, 5년 정도 보장받을 여지가 있는데, 이를 임차인의 계약갱신요구권이라 한다.
위 질문에서 질문자가 상임법 적용대상이라면 맞는 말일 수가 있는 것이다.
그러나 질문자는 상임법 적용대상이 아니다. 결국, 계약기간이 끝났다면, 5년을 보장받지 못한다는 것이다.
상임법은 서울의 경우 3억 원까지 적용되는데, 질문자의 보증금은 3억 5천만 원(2억 원 +150만 원×100)으로 상임법 적용대상이 아니기 때문이다.
위에서 보듯이 상임법은 영세상인을 보호하기 위한 법이라고 생각하면 된다.

권리분석을 위한 선행학습

핵심정리

- 저당권 실행에 의한 법정지상권 성립요건은 ① 저당권설정 당시 지상에 건물 존재 ② 토지와 건물 어느 한쪽이나 양쪽에 저당권설정 ③ 저당권설정 당시 토지와 건물 소유자 동일 ④ 경매로 토지와 건물의 소유자가 바뀔 것 등이다.
- 저당권 실행에 의한 법정지상권 및 관습법상 법정지상권의 경우 법정지상권 성립 후 건물이 철거되고 신축된 경우에도 법정지상권이 소멸되지 않고 인정되나, 구건물을 기준으로 존속기간 및 범위 등이 결정될 뿐이다.
- 다만, 토지와 건물에 공동저당이 설정된 경우에는 예외적으로 건물이 철거되고 신축된 후 토지가 경매되어 토지와 신축건물의 소유주가 바뀐 경우에 건물에 대한 법정지상권이 성립하지 않는다(**대법원 98다43601(전합) 판결**).
- 법정지상권이 성립하는 경우에 건물낙찰자는 법정지상권을 취득할 것이나, 토지낙찰자는 법정지상권을 인수하게 될 것이다

가. 법정지상권의 의의

법정지상권은 ① 전세권설정자의 법정지상권(민법 제305조 제1항) ② 저당권 실행에 의한 법정지상권(민법 제366조) ③ 가담법상의 법정지상권(가등기담보에관한법률 제10조) ④ 입목법상의 법정지상권(입목에관한법률 제6조) ⑤ 관습법에 의한 법정지상권으로 구별된다.[55]

위 5가지 외에 지상권 유사의 권리로는 분묘기지권(타인의 토지 위에 분묘라는 특수한 공작물을 설치한 자가 있는 경우에 그자가 그 분묘를 소유하기 위하여 분묘의 기지부분인 토지를 사용할 수 있는 권리)이 있다(등기불요).

---

[55] 송영곤 642면 참조

분묘기지권이 인정(존속기간은 약정이 있으면, 약정에 따르면 되나, 약정이 없으면 권리자가 분묘의 수호와 봉사를 계속하는 한 분묘기지권도 존속한다.(대법원 81다1220 판결).)될 경우 낙찰자가 인수하게 되는바 유의할 필요가 있다.

위와 같은 법정지상권은 법에 의해 당연히 발생하는바, 그 성립을 위해 등기를 필요로 하지 않는 점을 유의할 필요가 있다(예를 들어 저당권 실행에 의한 법정지상권이 성립하기 위해 별도의 법정지상권등기를 경료할 필요가 없다.).

경매에서 가장 문제되는 것은 ② 저당권 실행에 의한 법정지상권과 ⑤ 관습법에 의한 법정지상권이라 할 수 있다.

아래에서는 저당권 실행에 의한 법정지상권을 검토한다.

나. 저당권 실행에 의한 법정지상권(민법 제366조•)의 의의

저당물의 경매로 인하여 토지와 그 지상건물이 다른 소유자에게 속한 경우에는 토지소유자는 건물소유자에 대하여 지상권을 설정한 것으로 본다.[56] **(민법 제366조)**.

이는 지상건물의 철거방지를 통하여 사회경제적 손실을 방지하고 저당권제도의 효율성을 보장하기 위하여 마련된 제도라 할 것이다.

다. 저당권 실행에 의한 법정지상권의 성립요건

(1) 저당권설정 당시에 그 지상에 건물이 존재해야 한다

건물이 없는 토지 위에 저당권이 설정된 후에 저당권자의 양해 아래 건물이 건축되더라도 법정지상권은 성립하지 않는다.

토지에 저당권을 설정할 당시에는 지상에 건물이 존재하지 않았으나

• **제366조 (법정지상권)** 저당물의 경매로 인하여 토지와 그 지상건물이 다른 소유자에 속한 경우에는 토지소유자는 건물소유자에 대하여 지상권을 설정한 것으로 본다. 그러나 지료는 당사자의 청구에 의하여 법원이 이를 정한다.

[56] 송영곤 741면

그 후 토지소유자에 의하여 건물이 신축되고 그 건물에 저당권이 설정되고 건물에 대한 저당권이 실행되어 건물과 토지의 소유자가 바뀐 경우는 법정지상권이 성립되나, 토지에 대한 저당권자의 경매 실행으로 토지와 건물의 소유자가 바뀌게 되는 경우는 법정지상권이 성립하지 않음(저당권설정 당시 지상에 건물 존재라는 요건 결여)을 유의하여야 한다.[57]

저당권설정 당시에 토지 위에 건물이 존재하면 족하며, 그 건물의 허가 여부 및 보존등기 여부는 법정지상권 성립에 영향이 없는바, 무허가건물이거나 미등기건물이라도 요건을 충족한다면 법정지상권이 성립한다.

저당권설정 당시에 건물이 존재한 이상 그 이후 건물을 개축·증축하는 경우는 물론이고 건물이 멸실되거나 철거된 후 재축·신축하는 경우에도 법정지상권이 성립한다(대법원 90다19985 판결).

이때, 구건물과 신축건물 사이에 동일성을 요하는가 문제될 수 있는데, 대법원 92다20330 판결은 동일성을 요구하지 않은 반면, 대법원 85다카13 판결은 동일성을 요구하여 상호 모순된 취지로 보이나, 대체적인 판례의 태도는 동일성을 요구하는 것보다는 동일성을 요구하지 않고 신축건물의 법정지상권을 인정하면서, 법정지상권의 존속기간 및 범위 등을 구건물을 기준으로 하는 태도[58]를 보이고 있다(논리적으로 생각하면, 특히 멸실 후 신축하는 경우 멸실로 법정지상권이 소멸된다고 보는 것이 합리적이나, 여러 이유(정책적 이유 등)로 판례는 위와 같이 본다.).

다만, 대법원은 공동저당에 있어서, 동일인의 소유에 속하는 토지 및 그 지상건물에 관하여 공동저당권이 설정된 후 그 지상 건물이 철거되고 새로 건물이 신축된 경우에는 그 신축건물의 소유자가 토지의 소유자와 동일하고 토지의 저당권자에게 신축건물에 관하여 토지의 저당권과 동일한 순위의 공동저당권을 설정해 주는 등 특별한 사정이 없는 한 저당물의 경매로 인하여 토지와 그 신축건물이 다른 소유자에 속하게 되더라도 그 신축건물을 위한 법정지상권은 성립하지 않는다(이유: 공동저

---

[57] 송영곤 742면

[58] 최광석, 법정지상권 68, 69면 참조

당권자의 불측의 손해방지)고 판시한 바 있다.(대법원 98다43601 판결(전합)).

건물 없는 토지에 1번 저당권을 설정한 후 건물을 신축하고 그 토지에 2번 저당권을 설정하였는데, 2번 저당권자가 경매를 신청한 경우 건물에 대한 법정지상권은 성립하지 않는다. 법정지상권을 인정할 경우에 1번 저당권자에게 예측하지 못했던 손해를 줄 수 있기 때문이다.

(2) 토지와 건물의 어느 한쪽이나 또는 양자 위에 저당권이 설정되어야 한다

토지와 건물의 어느 한쪽에도 저당권이 설정되어 있지 않으면서 토지와 건물이 각각 다른 소유자에게 속하게 된 경우에는 관습법상 법정지상권은 별론으로 하고 저당권 실행에 의한 법정지상권은 성립하지 않는다.

(3) 저당권설정 당시에 토지와 건물이 동일한 소유자에 속하고 있어야 한다

(4) 경매로 인하여 토지와 그 지상건물이 다른 소유자에게 속하여야 한다

경매에는 임의경매(저당권 실행 경매), 강제경매, 공매 등이 포함된다[59]고 보나, 강제경매의 경우는 관습법상 법정지상권이 성립된다는 판례가 있다.(대법원 70다1454 판결).

---

59) 곽윤직, 물권법 471면 참조

라. 저당권 실행에 의한 법정지상권의 성립과 내용 및 존속기간

(1) 성립

법정지상권은 법률규정에 의한 물권변동으로 등기 없이 효력이 발생하고, 경매절차에서 경락대금(낙찰대금)을 완납한 때에 법정지상권이 성립한다.

(2) 내용

법정지상권의 범위는 단지 그 부지에만 미치는 것이 아니라, 그 건물의 이용에 적당한 범위에까지 미친다.(대법원 77다921 판결)

지료는 협의로 정하고, 협의가 안 되면 법원의 결정으로 정하는데(민법 제366조 단서*), 법원이 결정하는 지료는 지상권 성립 시에 소급하여 효력을 발생한다.(대법원 64다528 판결)

당사자 사이에 지료에 관한 협의가 있었다거나 법원에 의하여 지료가 결정되었다는 아무런 입증이 없다면 법정지상권자는 지료를 지급하지 않았다고 하더라도 지료 지급을 지체한 것으로는 볼 수 없으므로 법정지상권자가 2년 이상의 지료를 지급하지 아니하였음을 이유로 하는 토지소유자의 지상권소멸청구는 이유가 없다.(대법원 99다17142 판결)

토지에 저당권을 설정할 당시에 이미 건물이 존재한 경우 건물의 증개축은 법정지상권 성립에 아무 지장이 없으나, 그 법정지상권의 범위 및 존속기간 등은 구건물을 기준으로 한다.

(3) 존속기간

법정지상권에 관한 명문 규정이 없는바, 학설은 대체로 존속기간을 정하지 않은 일반 지상권의 경우에 준하는 것으로 보아 일반 지상권의 최

● **제366조 (법정지상권)** 저당물의 경매로 인하여 토지와 그 지상건물이 다른 소유자에 속한 경우에는 토지소유자는 건물소유자에 대하여 지상권을 설정한 것으로 본다. 그러나 지료는 당사자의 청구에 의하여 법원이 이를 정한다.

단 존속기간을 법정지상권의 존속기간으로 본다.

즉, 법정지상권이 성립한 후 견고한 건물 등은 30년 등의 지상권 규정이 적용된다.

마. 저당권 실행에 의한 법정지상권의 양도

법정지상권을 취득한 자가 그 건물을 제3자에게 양도하는 경우에 그 건물에 대한 이전등기로서 당연히 법정지상권도 제3자에게 이전되는 것이 아니고, 별도의 이전등기(부기등기)가 있어야 한다^(대법원 84다카1131 판결).

위와 같은 경우에 토지소유자가 건물소유자에 대하여 건물철거를 청구할 수 있는지 문제될 수 있는데, 대법원은 건물의 철거를 구하는 것은 지상권의 부담을 용인하고 그 설정등기 절차를 이행할 의무가 있는 자가 그 권리자를 상대로 한 청구여서 신의칙상 건물철거가 인정될 수 없다고 한다^(대법원 84다카1131 판결).

다만, 토지소유자는 지료를 청구할 수 있다.

바. 저당권 실행에 의한 법정지상권의 소멸

목적물이 멸실되거나 기간이 만료된 경우에는 법정지상권도 소멸한다. 다만, 종전 대법원은 건물 멸실로 다시 신축한 경우 등에는 법정지상권이 소멸한다고 하였으나^(대법원 85다카13 판결), 앞서 설명한 바와 같이 대체적 판례는 민법 제366조 소정의 법정지상권이나 관습법상 법정지상권이 성립한 후에 건물을 개축 또는 증축하는 경우는 물론 건물이 멸실되거나 철거된 후에 신축하는 경우에도 법정지상권은 성립하나 다만 그 법정지상권의 범위는 구건물을 기준으로 하여 그 유지 또는 사용을 위하여 일반적으로 필요한 범위 내의 대지 부분에 한정된다는 취지이다(대법원 96다40080 판결).

협정지상권에 따라 지료가 정해진 경우에 건물소유자인 법정지상권자가 2년 이상(단속적 및 계속적 2년 불문) 지료를 지급하지 않은 때에는 법정지상권소멸청구가 가능하다(민법 제287조●).

지료 연체로 지상권소멸청구가 있었고, 그로 인하여 지상권이 소멸된 경우에는 지상권갱신청구 및 지상물매수청구를 할 수 없다.

다만, 지료가 정해지지 않았다면 법정지상권자가 2년간 지료를 지급하지 않았다고 해도 지료 지체가 없어 법정지상권소멸청구를 할 수 없다.

● **제287조 (지상권소멸청구권)** 지상권자가 2년 이상의 지료를 지급하지 아니한 때에는 지상권설정자는 지상권의 소멸을 청구할 수 있다.

2 권리분석 및 배당문제

법정지상권은 말소기준권리에 해당하는 권리가 아닐 뿐만 아니라, 토지낙찰자가 항상 인수하는 권리이므로 주의해야 한다.

즉 건물낙찰자는 법정지상권을 취득할 것이나, 토지낙찰자는 법정지상권을 인수하게 되는 것이다.

부동산경매와 관련하여 매각물건명세서를 확인하면 법정지상권의 개요에 대한 언급이 있는바, 주의 깊게 살펴야 할 것이다.

법정지상권은 배당문제가 발생하지 않는다.

 **대법원 98다43601(전합) 판결**

>>> **사실관계**
1. 피고 백O호가 농협으로부터 돈을 빌리고 토지와 단층건물에 근저당권을 설정해 주었다.
2. 농협이 임의경매를 실시하였다.
3. 피고 백O호는 피고 서O문에게 단층건물 철거와 3층건물 신축을 의뢰하였고, 피고 서O문은 3층건물을 완공하였다(준공검사는 미필).
4. 단층주택은 철거를 이유로 경매절차가 취소되었다.
5. 토지의 경매는 진행되어 김O숙이 경락받았고, 유O자가 이를 매수한 후 원고가 토지를 최종 매수하였다.
6. 원고는 피고 서O문으로부터 3층건물을 매수하기로 하여 계약금까지 지급하였으나, 피고 서O문이 3층건물의 소유자가 아니라 피고 백O호가 3층건물의 소유자라는 제1심판결이 선고되자 원고는 피고 백O호와 3층건물의 매매계약을 체결하고 계약금을 지급하였다.

>>> **판결요지**(다수의견)
동일인의 소유에 속하는 토지 및 그 지상 건물에 관하여 공동저당권이 설정된 후 그 지상 건물이 철거되고 새로 건물이 신축된 경우에는 그 신축건물의 소유자가 토지의 소유자와 동일하고 토지의 저당권자에게 신

축건물에 관하여 토지의 저당권과 동일한 순위의 공동저당권을 설정해 주는 등 특별한 사정이 없는 한 저당물의 경매로 인하여 토지와 그 신축건물이 다른 소유자에 속하게 되더라도 그 신축건물을 위한 법정지상권은 성립하지 않는다고 해석하여야 하는바, 그 이유는 동일인의 소유에 속하는 토지 및 그 지상 건물에 관하여 공동저당권이 설정된 경우에는, 처음부터 지상 건물로 인하여 토지의 이용이 제한받는 것을 용인하고 토지에 대하여만 저당권을 설정하여 법정지상권의 가치만큼 감소된 토지의 교환가치를 담보로 취득한 경우와는 달리, 공동저당권자는 토지 및 건물 각각의 교환가치 전부를 담보로 취득한 것으로서, 저당권의 목적이 된 건물이 그대로 존속하는 이상은 건물을 위한 법정지상권이 성립해도 그로 인하여 토지의 교환가치에서 제외된 법정지상권의 가액 상당 가치는 법정지상권이 성립하는 건물의 교환가치에서 되찾을 수 있어 궁극적으로 토지에 관하여 아무런 제한이 없는 나대지로서의 교환가치 전체를 실현시킬 수 있다고 기대하지만, 건물이 철거된 후 신축된 건물에 토지와 동순위의 공동저당권이 설정되지 아니하였는데도 그 신축건물을 위한 법정지상권이 성립한다고 해석하게 되면, 공동저당권자가 법정지상권이 성립하는 신축건물의 교환가치를 취득할 수 없게 되는 결과 법정지상권의 가액 상당 가치를 되찾을 길이 막혀 위와 같이 당초 나대지로서의 토지의 교환가치 전체를 기대하여 담보를 취득한 공동저당권자에게 불측의 손해를 입게 하기 때문이다.

>>> 폐기한 판례와 위 판례의 취지(판례 해설)

위 판례는 전원합의체 판결로서 여러 판례를 폐기하였는데, 토지와 건물에 공동저당권이 설정된 것과 관련하여 위 판례와 저촉되는 판례들의 일부를 폐기하였는바, 공동저당과 관련이 없는 종전 판례는 그대로 유효하다고 본다.

따라서, 토지와 건물에 공동저당이 성립된 사안이 아닌 경우이면서, 법정지상권 성립과 관련하여 건물이 멸실된 후 다시 건물이 신축되더라도 신축된 건물의 동일성 여부와 상관없이 법정지상권의 성립이 가능하며, 다만, 그 법정지상권의 존속기간 및 범위 등이 구건물을 기준으로 결정된다는 종전의 판례들은 모두 유효하다고 보아야 할 것이다.

 **Why 코너**

의문점

법정지상권의 경우 판례의 원칙적 태도는 건물이 멸실된 후 신축한 경우에도 신구건물의 동일성 여부를 불문하고 법정지상권이 소멸되지 않는다는 것인데, 법정지상권의 대상물이 멸실되었다면 논리적으로 법정지상권도 소멸되는 것이 물권법의 일반원리로 보이는바, 판례가 왜 위와 같은 태도를 취하는 것일까?

답

앞서 설명한 바와 같이 판례는 위와 같은 경우 법정지상권이 소멸하지 않으나, 구건물을 기준으로 법정지상권의 성립범위를 결정한다는 태도이고, 예외적으로 공동저당의 경우는 법정지상권이 소멸할 수 있다고 한다.

판례가 법정지상권을 소멸시키지 않는 이유는 대개의 신축건물은 구건물보다 견고하고 더 높은 층수의 건물이 세워지는데, 이와 같은 신건물에 법정지상권을 인정하지 않을 경우 건물을 철거할 수밖에 없어, 사회경제적 손실이 너무 크다고 보는 것으로 해석된다. 다만, 법정지상권의 성립으로 피해를 입는 토지소유자는 지료를 청구함으로써 손해를 보전하게 되는 구조를 갖는다.

전체에서 부분 보기

법정지상권이 성립하는지 또는 성립하지 않는지 여부는 경매부동산의 입찰에 응하는 사람의 입장에서는 엄청나게 큰 이해관계가 달려 있다.

따라서, 법정지상권이 성립한 건물이 멸실된 후에 신축된 경우에, 그 건물을 낙찰받으려면, 이와 관련된 위와 같은 판례들을 숙지할 필요가 있다.

> **참고** 법정지상권과 관습법상 법정지상권의 구별

	법정지상권	관습법상 법정지상권
공통점	• 토지와 건물이 함께 존재할 것을 전제함 • 토지와 건물의 소유자 동일성을 요구함 • 경매의 경우 대금납부 시 지상권이 성립함	
토지와 건물의 소유자 동일성 요건 기준시	저당권설정 당시	처분 당시(경락 당시)
소유자 변동의 원인	임의경매(담보권실행경매)	매매 기타 원인 (매매, 강제경매 등)
특약으로 지상권 배제 가능성	불가능	가능

1 권리분석을 위한 선행학습

핵심정리

- 관습법상 법정지상권의 성립요건은 ① 처분 당시 토지와 건물의 소유자 동일 ② 매매 기타 원인으로 소유자 변경 ③ 건물철거 특약의 부존재 등이다.
- 관습법상 법정지상권이 성립하는 경우에 건물낙찰자는 관습법상 법정지상권을 취득할 것이나, 토지낙찰자는 관습법상 법정지상권을 인수하게 될 것이다.

가. 관습법상 법정지상권의 의의

관습법상 법정지상권이란 동일 소유자의 소유에 속하는 토지와 건물 중 어느 하나가 매각 또는 기타의 원인으로 인하여 양자의 소유자가 다르게 되더라도 그 건물을 철거한다는 약정이 없는 경우에 당연히 건물 소유자에게 인정되는 지상권[60]을 의미한다.

관습법상 법정지상권을 인정하는 이유는 위와 같은 요건을 충족하는 경우에는 통상 건물의 소유자로 하여금 토지를 계속 사용하게 하려는 것이 당사자의 의사로 볼 수 있기 때문이다.(대법원 2002다9660 판결).

나. 성립요건

(1) 처분 당시 토지와 건물의 소유권이 동일인에게 속하여야 한다

통상의 경매(강제경매)의 경우에 "처분 당시"라는 요건은 "경락 당시"를

[60] 송영곤 653면

의미하며 압류 시 이후부터 경락에 이르는 기간 중 계속하여 소유자를 같이하고 있을 필요는 없다^(대법원 70다1454 판결).

처분 당시 토지와 건물이 각각 소유자를 달리하고 있을 경우에는 관습법상 법정지상권이 성립되지 않는바, 동일인의 소유에 속하는 이상 미등기의 무허가건물인 경우라도 아무런 상관이 없다^(▼대법원 87다카2404 판결).

(2) 매매 기타의 원인으로 소유자가 달라져야 한다

토지와 건물의 소유자가 달라지는 원인은 저당권에 기한 경매 등 법률상의 법정지상권 발생사유를 제외한 모든 사유이다.

가장 전형적인 것은 매매일 것이나, 증여^(대법원 63다11 판결), 공유물분할, 강제경매^(대법원 70다1454 판결), 귀속재산의 불하^(대법원 85다카2275 판결), 국세체납처분에 의한 공매^(대법원 67다1831 판결) 등도 포함된다.

매매 등의 법률행위의 경우에는 소유권이전등기 시, 그 밖의 경우에는 해당 법률규정에 따라 소유권이전의 효력이 생기는 때에 각각 법정지상권이 성립한다.

 **대법원 87다카2404 판결**

동일인의 소유에 속하였던 토지와 건물이 매매, 증여, 강제경매, 국세징수법에 의한 공매 등으로 그 소유권자를 달리하게 된 경우에 그 건물을 철거한다는 특약이 없는 한 건물소유자는 그 건물의 소유를 위하여 그 부지에 관하여 관습법상의 법정지상권을 취득하는 것이고 그 건물은 건물로서의 요건을 갖추고 있는 이상 무허가건물이거나 미등기건물이거나를 가리지 않는다.

(3) 당사자 사이에 건물을 철거한다는 특약이 없어야 한다

건물철거의 합의가 있다는 사실은 주장하는 자가 입증하여야 한다(대법원 87다카279 판결).

동일인에 속하였던 대지와 건물 중 건물만을 매도하면서 따로 건물을 위해 대지에 대한 임대차계약을 한 경우에는 건물매수인이 관습법상 법정지상권을 포기한 것으로 보아야 한다(대법원 91다1912 판결).

다. 성립·내용·양도·소멸

저당권 실행에 의한 법정지상권과 대동소이하므로 저당권 실행에 의한 법정지상권 부분(제11장)을 참고하기 바란다.

2 권리분석 및 배당문제

관습법상 법정지상권은 말소기준권리에 해당하는 권리가 아닐 뿐만 아니라, 토지낙찰자가 항상 인수하는 권리이므로 주의해야 한다.
즉 건물낙찰자는 관습법상 법정지상권을 취득할 것이나, 토지낙찰자는 관습법상 법정지상권을 인수하게 되는 것이다.
부동산경매와 관련하여 매각물건명세서를 확인하면 관습법상 법정지상권의 개요에 대한 언급이 있는바, 주의 깊게 살펴야 할 것이다.
관습법상 법정지상권은 배당문제가 발생하지 않는다.

> **참고** 대지에 대한 근저당권설정과 지상권설정 문제
>
> 금융기관에서는 나대지에 대하여 근저당권을 설정받을 때에 지상권도 함께 설정받는 경우가 있다. 이 같은 경우에 지상권은 근저당권이라는 담보권의 담보가치 하락을 우려하여 설정받은 것*이므로 그 지상권이 저당권보다 선순위라고 할지라도 경락인이 인수하지 않는다. 위와 같은 지상권은 근저당권에 부속된 권리로 보는 것이 합리적이기 때문이다. 위와 같은 지상권을 담보지상권[61]이라고 표현하기도 한다.

---

* 저당권이 설정된 토지 위에 타인에게 용익권이 설정된다면 은행의 근저당권의 담보가치가 하락할 것이다.

61) 강은현 276면

제13장 분묘기지권

 권리분석을 위한 선행학습

 **핵심정리**

- 분묘기지권이 성립되어 있는 토지를 낙찰받으면, 낙찰자는 분묘기지권을 인수한다.
- 분묘기지권이 성립하였더라도 관리를 하지 않아 평장에 가까워졌다면 분묘기지권이 소멸될 수 있다.

가. 분묘기지권의 의의

분묘기지권이란 타인의 토지 위에 분묘라는 특수한 공작물을 설치한 자가 있는 경우에 그자가 그 분묘를 소유하기 위하여 분묘의 기지 부분인 토지를 사용할 수 있는 권리로서 지상권 유사의 관습에 의해 인정되는 물권을 의미한다.[62]

나. 취득요건

대법원이 분묘기지권을 인정한 예로는 ① 타인의 토지 내에 그 소유자의 승낙을 얻어 분묘를 설치한 경우^(대법원 4294민상1451 판결) ② 자기 소유의 토지에 분묘를 설치하고 후에 분묘기지에 관한 소유권을 유보하거나 또는 분묘를 따로 이장한다는 등의 특약을 함이 없이 그 토지를 타인에게 양도한 경우^(대법원 67다1920 판결) ③ 타인 소유의 토지에 그의 승낙 없이

[62] 송영곤 649면

분묘를 설치한 자가 20년간 평온, 공연하게 점유함으로써 분묘기지권을 시효취득 하는 경우(대법원 68다1927 판결) 등이다.

다만, 분묘기지권의 시효취득과 관련하여 장사등에관한법률이 시행되는 2001. 1. 13. 이후에는 토지소유자의 승낙 없이 분묘를 설치할 경우 분묘기지권이 성립하지 않는다. (장사등에관한법률 제27조 제1항 및 제3항●, 동법 부칙 제1조●●)

분묘기지권이 성립하려면, 분묘 내부에 시신이 안장되어 있을 것을 요하므로, 시신이 안장되어 있지 않은 이상 외형상 분묘의 형태를 갖추었더라도 분묘기지권이 성립하지는 않는다.(대법원 76다1359 판결).

다. 내용

(1) 물권

분묘기지권은 일종의 제한물권으로서 그 사용은 오직 분묘를 소유하기 위해서만 인정된다. 이때의 분묘는 언제나 '이미 설치되어 있는 분묘'만을 의미하고 기지에 새로운 분묘를 설치할 권능은 포함되지 않는다.(대법원 4290민상771 판결). 따라서, 부부 중 일방이 먼저 사망하여 이미 그 분묘가 설치된 경우 그 분묘기지권이 미치는 범위는 그 후에 사망한 다른 일방을 단분 형태로 합장하여 분묘를 설치하는 것을 포함하지 아니한다(대법원 2001다28367 판결).

분묘기지권이 물권인 이상 분묘가 침해당한 때에는 분묘소유자가 그 침해의 배제를 청구할 수 있다.

(2) 범위

분묘기지권은 분묘의 수호 및 봉사에 필요한 주위의 빈 땅에도 그 효력이 미친다(대법원 65다17 판결). 토지의 소유자라 하더라도 그 지상에 적법하게

● 제27조 (타인의 토지 등에 설치된 분묘 등의 처리 등) ① 토지 소유자(점유자나 그 밖의 관리인을 포함한다. 이하 이 조에서 같다), 묘지 설치자 또는 연고자는 다음 각 호의 어느 하나에 해당하는 분묘에 대하여 보건복지부령으로 정하는 바에 따라 그 분묘를 관할하는 시장 등의 허가를 받아 분묘에 매장된 시체 또는 유골을 개장할 수 있다. 1. 토지 소유자의 승낙 없이 해당 토지에 설치한 분묘 2. 묘지 설치자 또는 연고자의 승낙 없이 해당 묘지에 설치한 분묘 ③ 제1항 각 호의 어느 하나에 해당하는 분묘의 연고자는 해당 토지 소유자, 묘지 설치자 또는 연고자에게 토지 사용권이나 그 밖에 분묘의 보존을 위한 권리를 주장할 수 없다.

●● 부칙 〈제6158호, 2000.1.12〉 제1조 (시행일) 이 법은 공포 후 1년이 경과한 날부터 시행한다.

존속하는 타인의 기지 주변을 침범하여 공작물 등을 설치할 수 없다.^(대법원 4291민상770 판결)

(3) 존속기간

존속기간은 약정이 있으면 그에 따르고 약정이 없으면 권리자가 분묘의 수호와 봉사를 계속하는 한 분묘기지권도 존속한다.^(대법원 81다1220 판결)
토지소유자가 분묘를 파헤쳐 유골을 꺼낸 후 이를 화장하여 납골당에 안치함으로 인하여 분묘가 멸실된 경우라 하더라도 유골이 존재하여 분묘의 원상회복이 가능하면 일시적인 멸실에 해당하여 분묘기지권은 소멸하지 않고 여전히 존속한다.^(▼대법원 2005다44114 판결)

 **대법원 2005다44114 판결**

가. 분묘의 수호 관리나 봉제사에 대하여 현실적으로 또는 관습상 호주상속인인 종손이 그 권리를 가지고 있다면 그 권리는 종손에게 전속하는 것이고 종손이 아닌 다른 후손이나 종중에서 관여할 수는 없다고 할 것이나, 공동 선조의 후손들로 구성된 종중이 선조 분묘를 수호 관리하여 왔다면 분묘의 수호관리권 내지 분묘기지권은 종중에 귀속한다.

나. 토지소유자의 승낙을 얻어 분묘가 설치된 경우 분묘소유자는 분묘기지권을 취득하고, 분묘기지권의 존속기간에 관하여는 당사자 사이에 약정이 있는 등 특별한 사정이 있으면 그에 따를 것이나, 그러한 사정이 없는 경우에는 권리자가 분묘의 수호와 봉사를 계속하며 그 분묘가 존속하고 있는 동안 존속한다고 해석함이 타당하다. 또, 분묘가 멸실된 경우라고 하더라도 유골이 존재하여 분묘의 원상회복이 가능하여 일시적인 멸실에 불과하다면 분묘기지권은 소멸하지 않고 존속하고 있다고 해석함이 상당하다.

(4) 지료

토지소유자의 청구가 있으면 지료를 지급하여야 한다는 견해와 지상권 유형을 구분하여 달리 판단하여야 한다는 견해가 있다. 이와 관련하여 판례는 지상권에 있어서 지료의 지급은 그 요소가 아니어서 지료에 관한 약정이 없는 이상 지료의 지급을 구할 수 없는 점에 비추어 보면, 분묘기지권을 시효 취득하는 경우에도 지료를 지급할 필요가 없다고 해석함이 상당하다는 판시를 한 사실이 있다^(대법원 1994다37912 판결).

라. 공시방법

분묘기지권은 분묘 자체가 공시의 기능을 가지고 있는바, 등기가 필요 없다. 따라서 공시기능이 소멸 내지 공시기능이 없다고 볼 수 있는 평장 내지 암장으로는 분묘기지권이 성립된다고 볼 수 없다^(▼대법원 96다14036 판결).

대법원 96다14036 판결

가. 평온한 점유란 점유자가 점유를 취득 또는 보유하는 데 있어 법률상 용인될 수 없는 강포행위를 쓰지 않는 점유이고, 공연한 점유란 은비의 점유가 아닌 점유를 말한다.

나. 타인 소유의 토지에 소유자의 승낙 없이 분묘를 설치한 경우에는 20년간 평온, 공연하게 그 분묘의 기지를 점유하면 지상권 유사의 관습상의 물권인 분묘기지권을 시효로 취득하는데, 이러한 분묘기지권은 봉분 등 외부에서 분묘의 존재를 인식할 수 있는 형태를 갖추고 있는 경우에 한하여 인정되고, 평장되어 있거나 암장되어 있어 객관적으로 인식할 수 있는 외형을 갖추고 있지 아니한 경우에는 인정되지 않으므로, 이러한 특성상 분묘기지권은 등기 없이 취득한다.

 **대법원 2005다44114 판결**

가. 분묘의 수호 관리나 봉제사에 대하여 현실적으로 또는 관습상 호주상속인인 종손이 그 권리를 가지고 있다면 그 권리는 종손에게 전속하는 것이고 종손이 아닌 다른 후손이나 종중에서 관여할 수는 없다고 할 것이나, 공동선조의 후손들로 구성된 종중이 선조 분묘를 수호 관리해 왔다면 분묘의 수호 관리권 내지 분묘기지권은 종중에 귀속한다.

나. 토지소유자의 승낙을 얻어 분묘가 설치된 경우 분묘소유자는 분묘기지권을 취득하고, 분묘기지권의 존속기간에 관하여는 당사자 사이에 약정이 있는 등 특별한 사정이 있으면 그에 따를 것이나, 그러한 사정이 없는 경우에는 권리자가 분묘의 수호와 봉사를 계속하며 그 분묘가 존속하고 있는 동안 존속한다고 해석함이 타당하다. 또, 분묘가 멸실된 경우라고 하더라도 유골이 존재하여 분묘의 원상회복이 가능하여 일시적인 멸실에 불과하다면 분묘기지권은 소멸하지 않고 존속하고 있다고 해석함이 상당하다.

 권리분석 및 배당문제

분묘기지권은 물권이므로 분묘기지권이 성립한 토지를 낙찰받은 경우 분묘기지권을 인수한다. 경매로 임야 등 분묘가 있는 물건에 입찰하려는 경우는 입찰 전에 분묘기지권이 인정되는 분묘인지 여부를 확인하고 입찰 여부를 결정하여야 한다.

분묘기지권이 부정(예: 2001. 1. 13. 이후 토지소유자의 승낙 없이 분묘가 설치된 경우)되면 일정 절차를 거쳐 분묘를 개장할 수 있으나, 분묘기지권이 성립되는 경우 인수할 수밖에 없으므로 결국, 연고자를 찾아 협의로 해결할 수밖에 없다(장사등에관한법률 참조). 분묘기지권의 경우, 배당문제는 발생하지 않는다.

제14장 유치권

1 권리분석을 위한 선행학습

핵심정리

- 유치권의 성립요건은 ① 타인의 물건 또는 유가증권의 적법 점유 및 점유 계속 ② 채권과 물건의 견련성 ③ 채권의 변제기 도래 ④ 유치권 배제특약의 부존재 등이다.
- 유치권자가 점유를 상실하면 유치권도 소멸한다.
- 유치권자가 점유를 계속하는 한 유치권 자체의 소멸시효는 진행하지 않으나, 피담보채권은 점유의 계속과 무관하게 소멸시효가 진행된다.
- 유치권은 권리신고와 무관하게 성립함을 유의하고, 낙찰자가 인수하는 권리임을 명심한다.
- 토지 위에 건물을 짓다가 건축이 중단된 후 토지가 경매로 나온 경우에는 토지낙찰자에게 건축업자는 공사대금을 피담보채권으로 하여 유치권을 주장할 수 없음이 원칙이다(공사대금채권은 건물과 견련성이 있을 뿐이고 토지와 견련성은 없기 때문).
- 압류등기(경매개시결정기입등기) 후에 성립한 유치권은 압류의 처분금지효에 반하므로 낙찰자에게 대항할 수 없다.

가. 유치권의 의의

유치권이란 타인의 물건 또는 유가증권을 점유하는 자가 그 물건 또는 유가증권에 관하여 생긴 채권의 변제를 받을 때까지 그 목적물을 유치하여 채무자의 변제를 간접적으로 강제하는 담보물권을 말한다[63]**(민법 제320조 제1항●)**.

즉 유치권은 저당권과 같은 전형적인 담보물권과 달리 교환가치를 직접적 목표로 하는 것이 아니라 간접적으로 채무의 이행을 강제하는 데에 주안점이 있다.

[63] 송영곤 694면

● **제320조 (유치권의 내용)** ① 타인의 물건 또는 유가증권을 점유한 자는 그 물건이나 유가증권에 관하여 생긴 채권이 변제기에 있는 경우에는 변제를 받을 때까지 그 물건 또는 유가증권을 유치할 권리가 있다.

따라서, 유치권은 우선변제권 내지 물상대위권이 인정되지 않는다.

나. 유치권의 성립요건

(1) 타인의 물건 또는 유가증권을 적법하게 점유하여야 한다

유치권의 목적물이 누구의 소유인가는 문제되지 않는바^(대법원 73다746 판결), 채무자 소유임을 요하는 상사유치권과 구별된다.

유치권은 점유를 잃으면 소멸하므로 목적물에 대한 점유가 계속되어야 하며, 점유는 직접점유이건 간접점유이건 상관이 없다.

점유가 불법행위에 의해서 시작된 것이면 유치권이 성립할 수 없다^(민법 제320조 제2항●).

예를 들어 건물임대차계약 해지 후에 임차인이 계속 건물을 점유하여 필요비를 지출하여도 그 상환청구권에 대하여는 유치권이 성립하지 않는다^(대법원 66다2144 판결).

(2) 채권과 물건은 견련관계에 있어야 한다

통설은 견련성의 의미에 대하여 채권이 목적물 자체로부터 발생한 경우와 채권이 목적물의 반환청구권과 동일한 법률관계나 사실관계로부터 발생한 경우가 견련성이 있는 경우라고 이해한다.

유치권이 발생하기 위해서 '채권과 물건의 점유' 사이에 견련성이 있어야 하는 것은 아니다.

따라서 물건의 점유 전에 관련되어 채권이 발생한 후 그 물건의 점유를 취득하더라도 유치권은 성립한다.

대법원은 임차인의 임차보증금반환채권은 그 임대차 목적물에 관하여 생긴 채권이라 할 수 없다고 하여 이에 기한 유치권 성립을 부정한다^{(대}

● 제320조 (유치권의 내용) ② 전항의 규정은 그 점유가 불법행위로 인한 경우에 적용하지 아니한다.

법원 4292민상229 판결).

(3) 채권의 변제기가 도래하여야 한다

피담보채권의 변제기 도래는 다른 담보물권의 경우에는 실행을 위한 요건에 불과하나 유치권에 있어서는 성립요건이 된다.

따라서, 법원에 의해 변제의 유예가 허여된 경우에는 변제기가 설령 도달했다고 하더라도 유치권은 소멸한다.

(4) 유치권 배제의 특약이 없어야 한다

유치권은 법정담보물권이지만 채권자의 이익보호를 위한 채권담보의 수단에 불과하므로 당사자 간에 유치권의 발생을 배제하는 특약이 있는 경우에는 그 특약이 유효하다.

다. 유치권의 효력

(1) 유치권자의 권리

유치권자는 목적물을 유치하여 채권을 확보할 때까지 목적물에 대한 인도를 거절할 수 있는 권리가 있고, 민사소송법의 변론주의로 인하여 유치권자의 권리주장이 없으면 법원은 유치권을 이유로 소유자 등의 반환청구를 배척하지 못한다.

유치권자의 유치권 존재의 주장이 있었을 경우 그 판결의 형태는 상환급부 판결이 된다(대법원 69다1592 판결).

유치권자는 유치물을 경매할 수 있는데(민법 제322조 제1항●), 우선변제권이 없는바, 경매신청의 목적은 목적물 보관의 부담에서 벗어나기 위한 것이다.

● 제322조 (경매, 간이변제충당) ① 유치권자는 채권의 변제를 받기 위하여 유치물을 경매할 수 있다.

경매는 담보권 실행을 위한 경매 즉 임의경매의 예에 따라 실시하며, 유치권에 의한 경매 실행 중 같은 목적물에 일반의 강제집행신청이 있을 때에는 유치권경매는 정지하고, 일반의 강제집행 절차를 진행한다.

다만, 일반의 강제집행 절차가 취소되면 유치권에 의한 경매절차를 계속하여 진행한다.

유치권에 기한 경매는 배당절차가 존재하지 않는바, 그 매각대금은 유치권자에 교부되어 보관하게 되는데, 유치권자는 매각대금을 소유자에게 반환할 채무와 자기의 피담보채권을 상계처리함으로써 사실상 우선변제를 받는 효과를 얻을 수 있다. 다만, 상계적상 등의 상계의 요건의 충족이 전제가 된다.

유치권 실행 방법을 경매에만 한정시키면, 소액채권을 담보하기 위해 유치권을 실행하는 경우 문제가 생길 수 있어 인정되는 것이 간이변제충당이다.

유치권자가 정당한 이유를 소명하여 법원에 간이변제충당을 신청하여 법원에서 간이변제충당결정을 하면 유치권자는 목적물의 소유권을 취득하고 채권액을 초과하는 평가액을 채무자에게 반환한다.

유치권자는 유치물의 과실을 수취하여 다른 채권자보다 먼저 그 채권의 변제에 충당할 수 있다.(민법 제323조 제1항 본문●).

유치권자는 유치물을 사용 수익할 수 있는 권리가 원칙적으로 없는바, 유치권자가 유치물을 사용 수익하면 원칙적으로 부당이득이 된다.

유치권자가 유치물에 대하여 필요비를 지출한 때에는 소유자에게 그 상환을 청구할 수 있다.

유치권자가 유치물에 관하여 유익비를 지출한 때에는 그 가액의 증가가 현존한 경우에 한하여 소유자의 선택에 좇아 그 지출한 금액이나 증가액의 상환을 청구할 수 있다. 다만 법원은 소유자의 청구에 의하여 상당한 상환기간을 허여할 수 있다.(민법 제325조 제2항●●). 법원에 의하여 상당한

● 제323조 (과실수취권) ①유치권자는 유치물의 과실을 수취하여 다른 채권보다 먼저 그 채권의 변제에 충당할 수 있다. 그러나 과실이 금전이 아닌 때에는 경매하여야 한다.

●● 제325조 (유치권자의 상환청구권) ② 유치권자가 유치물에 관하여 유익비를 지출한 때에는 그 가액의 증가가 현존한 경우에 한하여 소유자의 선택에 좇아 그 지출한 금액이나 증가액의 상환을 청구할 수 있다. 그러나 법원은 소유자의 청구에 의하여 상당한 상환기간을 허여할 수 있다.

기간이 허여되면 유치권은 변제기 도래요건 미비로 소멸된다.

임차인의 유익비상환청구권은 임대차 종료 시에 행사할 수 있는 데 반하여, 유치권자의 필요비상환청구권은 언제든지, 즉 유치권의 존속 중에도 이를 행사할 수 있다.

(2) 유치권자의 의무

유치권자는 선량한 관리자의 주의로 유치물을 점유하여야 한다(민법 제324조 제1항●).

유치권자는 채무자(채무자가 소유자와 다를 경우는 소유자 승낙을 요함)의 승낙 없이 유치물의 사용·대여·담보제공을 하지 못한다(민법 제324조 제2항●●).

유치권자가 유치권자의 의무를 위반하면, 채무자는 유치권의 소멸을 청구할 수 있는바(민법 제324조 제3항●●●), 이는 일종의 형성권이다.

다만, 유치권자의 유치물 보존을 위한 사용은 유치권 소멸의 사유가 되지 않는다.

대법원은 이와 관련하여 "유치권자가 유치건물 중 큰 홀을 다른 사람에게 빌려주어 그곳에서 영화를 상영하게 하는 정도는 유치물의 보존에 필요한 사용행위이므로 채무자에게 유치권소멸청구권이 인정되지 않는다(대법원64다1797판결)."라고 판시한 바 있다.

채무자의 유치권소멸청구가 있으면 유치권은 장래에 대하여 소멸한다. 문제는 보존에 필요한 사용을 유치권자가 해태한 경우에도 유치권소멸청구권을 행사할 수 있는가라는 점이다. 보존에 필요한 사용도 의무의 성격이 강하므로 선관주의의무 위반과 동일하게 처리하여 청구권을 긍정하자는 견해가 있다.

● 제324조 (유치권자의 선관의무) ① 유치권자는 선량한 관리자의 주의로 유치물을 점유하여야 한다.

●● 제324조 (유치권자의 선관의무) ② 유치권자는 채무자의 승낙 없이 유치물의 사용, 대여 또는 담보제공을 하지 못한다. 그러나 유치물의 보존에 필요한 사용은 그러하지 아니하다.

●●● 제324조 (유치권자의 선관의무) ③ 유치권자가 전2항의 규정에 위반한 때에는 채무자는 유치권의 소멸을 청구할 수 있다.

라. 유치권의 소멸

(1) 물권 공통의 소멸사유로 인한 소멸

유치권도 물권이므로 목적물 멸실, 혼동, 포기, 공용수용 등으로 소멸한다.

다만, 유치권은 점유를 하는 한 권리를 행사하는 것이고 점유가 없으면 유치권도 소멸하는바, 유치권자가 점유를 하고 있는 한 소멸시효가 진행하지 않는다.

(2) 담보물권 공통의 소멸사유로 인한 소멸

담보물권이 시효로 소멸하면 유치권도 소멸하는바, 유치권이 유치물을 점유하는 경우 시효가 진행되지는 않으나, 유치물의 점유와 상관없이 피담보채권이 시효로 소멸한다면, 그에 따라 유치권도 소멸됨을 유의하여야 한다.

(3) 유치권의 특유한 소멸사유에 의한 소멸

앞서 살펴본 바와 같이 유치권자가 유치권자로서의 의무 위반 시 유치권소멸청구가 가능하며 (민법 제324조 제3항), 채무자(또는 소유자)는 상당한 담보를 제공하고 유치권의 소멸을 청구할 수 있다 (민법 제327조●).

유치권은 점유의 상실로 소멸한다 (민법 제328조●●).

● **제327조 (타담보제공과 유치권소멸)** 채무자는 상당한 담보를 제공하고 유치권의 소멸을 청구할 수 있다.

●● **제328조 (점유상실과 유치권소멸)** 유치권은 점유의 상실로 인하여 소멸한다.

2 권리분석 및 배당문제

유치권은 말소기준권리에 해당하지 않고, 낙찰자가 항상 인수하는 권리인바, 유의하여야 한다.

따라서, 낙찰자는 낙찰을 받기 전에 현황조사보고서나 물건명세서 등을 확인하여야 한다.

다만, 낙찰자가 물건명세보고서 등에 유치권이 없음을 확인하고 경매 부동산을 낙찰받았는데 낙찰을 받은 후 유치권을 주장하는 자가 나타날 경우에는 낙찰허가에 대한 이의신청, 또는 낙찰허가결정에 대한 즉시항고를 할 수 있고, 낙찰허가결정이 확정된 경우라도 낙찰대금을 납부하지 않았다면 낙찰허가결정 취소신청 **(법 제127조●)** 등을 활용하여 보증금을 반환받을 수 있다.

유치권은 권리신고를 필요로 하지 않는 권리이므로 유치권자는 경매절차에서 그 권리에 대한 신고를 경매법원에 할 필요가 없다. 다만, 권리신고를 하여 유치권자로 증명된다면 해당 경매절차에서 이해관계인이 된다.[64] **(법 제90조 제4호●●)**.

유치권신고는 유치권행사신고서, 건축물축조필증, 건물주확인서 등만 제출하면 되는바 법원이 실사를 나가는 경우는 거의 없다고 한다.

유치권은 건물에 대한 유치권과 토지에 대한 유치권으로 크게 나눌 수 있는데, 주로 공사대금채권을 피담보채권으로 한다.[65]

건물에 대한 유치권의 예로는 신개축건물의 미지급공사대금을 피담보채권으로 하는 유치권, 주택 등의 임차인이 필요비 내지 유익비로 지출된 공사비 등을 피담보채권으로 하는 유치권 등이 있다.

토지에 대한 유치권의 예로는 토지 위에 공작물 설치 채권을 피담보채

---

[64] 노인수, 이선우 142면

[65] 박용석 349면

● 제127조 (매각허가결정의 취소신청) ① 제121조 제6호에서 규정한 사실이 매각허가결정의 확정 뒤에 밝혀진 경우에는 매수인은 대금을 낼 때까지 매각허가결정의 취소신청을 할 수 있다. ② 제1항의 신청에 관한 결정에 대하여는 즉시항고를 할 수 있다.

●● 제90조 (경매절차의 이해관계인) 경매절차의 이해관계인은 다음 각 호의 사람으로 한다. 1. 압류채권자와 집행력 있는 정본에 의하여 배당을 요구한 채권자 2. 채무자 및 소유자 3. 등기부에 기입된 부동산 위의 권리자 4. 부동산 위의 권리자로서 그 권리를 증명한 사람

권으로 하는 유치권, 토지의 택지조성 등을 위한 공사비를 피담보채권으로 하는 유치권 등이 있다.

대부분 공인중개사 사무실에서 사용되는 임대차계약서는 임차인이 임대차 종료 시 원상으로 복구한다는 '문구'가 적시되어 있는바, 특약으로 그 문구를 배제하지 않았다면, 임차인이 필요비 내지 유익비 등을 주장하여 유치권을 주장하기는 어려울 것이다.[66]

앞서 살펴본 바와 같이 유치권은 특약으로 배제될 수 있는 권리인바, 위 '문구'가 유치권을 배제하는 특약으로 해석될 여지가 많기 때문이다.

채권이 유치권의 목적물로부터 생겨야 유치권이 성립할 수 있는데, 토지 위에 토지소유자가 건물을 짓다가 공사가 중단되고 해당 토지가 경매로 나오는 경우 건물공사를 담당한 건축업자가 토지경매 시에 유치권신고를 하는 경우가 있는데, 이 경우에는 원칙적으로 유치권이 성립하지 않는다.

대법원은 건물 신축공사로 인한 공사대금은 건물에 관한 채권일 뿐이고 건물부지인 토지에 관한 채권은 아니라는 전제에서 건축 중 중단되어 아직 부동산이라고 볼 수 없는 구조물은 토지의 부합물이므로 토지 내지 토지 지상 구조물에 대하여는 유치권이 불가능하다는 취지의 판시를 한 바 있다.(▼대법원 2007마98 결정)

---

[66] 노인수, 이선우 125면

대법원 2007마98 결정

건물의 신축공사를 한 수급인이 그 건물을 점유하고 있고 또 그 건물에 관하여 생긴 공사금채권이 있다면, 수급인은 그 채권을 변제받을 때까지 건물을 유치할 권리가 있는 것이지만(대법원 1995. 9. 15. 선고 95다16202, 16219 판결 등 참조), 건물의 신축공사를 도급받은 수급인이 사회통념상 독립한 건물이라고 볼 수 없는 정착물을 토지에 설치한 상태에서 공사가 중단된 경우에 위 정착물은 토지의 부합물에 불과하여 이러한 정착물에 대하여 유치권을 행사할 수 없는 것이고, 또한 공사중단 시까지 발생한 공사금채권은 토지에 관하여 생긴 것이 아니므로 위 공사금채권에 기하여 토지에 대하여 유치권을 행사할 수도 없는 것이다.

유치권자 입장에서 유치권채무자(또는 소유자)가 물리적인 힘으로 유치권자를 목적부동산에서 몰아내려 할 때에는 그러한 상황을 예방하기 위한 조치로 '출입금지등가처분신청'을 통하여 유치권자의 점유상태를 유지할 수 있다.[67]

임차인이 임대차계약이 해지된 후에 필요비를 지출하면 유치권이 성립하지 않는다.

유치권을 주장하는 자의 점유 취득이 목적부동산의 교환가치를 감소시킬 우려가 있다면 유치물의 처분행위에 해당하여 유치권이 인정되지 않는바, 채무자 소유의 부동산에 강제경매개시결정기입등기가 경료된 후 채무자가 부동산에 관한 공사대금채권자에게 그 점유를 이전하여 유치권을 주장하도록 하였다면, 그 공사대금채권자는 낙찰자 등에게 유치권을 주장할 수 없다. 압류(경매개시결정기입등기)의 처분금지효에 저촉된다고 보아야 하기 때문이다(▼대법원 2005다22688 판결의 취지).

유치권은 배당문제가 발생하지 않는다.

67) 노인수, 이선우 360면 참조 (대법원 96다21188판결)

 **대법원 2005다22688 판결**

채무자 소유의 건물 등 부동산에 강제경매개시결정의 기입등기가 경료되어 압류의 효력이 발생한 이후에 채무자가 위 부동산에 관한 공사대금채권자에게 그 점유를 이전함으로써 그로 하여금 유치권을 취득하게 한 경우, 그와 같은 점유의 이전은 목적물의 교환가치를 감소시킬 우려가 있는 처분행위에 해당하여 민사집행법 제92조 제1항, 제83조 제4항에 따른 압류의 처분금지효에 저촉되므로 점유자로서는 위 유치권을 내세워 그 부동산에 관한 경매절차의 매수인에게 대항할 수 없다.

>>> **판례 해설**
경매부동산에 강제경매개시결정기입등기(압류등기)를 마친 후에 공사대금채권자가 점유를 취득하여 유치권을 주장하는 경우는 압류의 처분금지효에 반하므로 낙찰자에게 대항할 수 없다.

 **Why 코너**

의문점
채권과 달리 물권의 경우 성립한 순서에 의하여 권리의 순위가 결정되는데, 유치권은 왜 같은 물권인 저당권 등의 권리보다 늦게 성립하여도, 유치권 이외의 자에게 유치권으로 대항할 수 있을까?

답
유치권도 물권이기는 하나, 저당권 등과 달리 우선변제권 등의 권리는 없고, 물건을 유치(점유)함으로써, 물건으로부터 생긴 채권을 확보하는 성질을 갖는다.
즉, 유치권자는 자신의 채권을 확보하기까지 유치물의 반환을 거부할 특수한 권리를 행사하는 것이다.
따라서, 다른 물권과 달리 성립 순위에 따른 제한을 받지 않는 것이다.
다만, 부동산경매에서 허위유치권 등이 난립하면서, 유치권도 다른 물권과 같이 성립 순위에 따른 권리행사를 하도록 제한하고, 집행법원에의 권리신고를 의무적으로 하도록 하자는 견해도 대두되고 있다.[68]

전체에서 부분 보기
유치권은 일반 물권과 여러 가지 차이를 보인다.
유치권도 물권이기는 하나, 부동산소유권과 같은 물권의 대명사가 등기부에 등기되어 공시되는 것과 달리 점유라는 것으로 공시될 뿐이어서 여러 가지로 불완전해 보인다.
이와 같은 사정을 이용하여 경매부동산에 이해관계를 가진 자들이 무분별하게 유치권을 주장하는 경우가 많다.
결국, 낙찰자의 입장에서 유치권 주장자는 일단 의심하고 보는 것이 경매로 인한 투자수익 극대화를 위하여 합리적임을 명심하자.

---

68) 김기찬 170면

> **참고** **유치권신고와 법원실무**
>
> 집행법원은 유치권신고가 있으면 유치권신고금액에 대하여 평가하지 않고 최저매각가격을 정하여 진행한다. 대신 매각물건명세서에 유치권신고 사실을 기재하는데, 매각물건명세서에 유치권신고금액을 기재하는 것이 으무는 아니다. 반면 매각물건명세서에 유치권신고서를 첨부하는 법원도 있다[69].
>
> **1. 매각물건명세서 기재례 1.(유치금액 미기재)**
>   "(   )로부터 (   )부동산에 대하여 유치권신고가 있으나 그 성립 여부는 불분명함"
>
> **2. 매각물건명세서 기재례 2.(유치금액 기재)**
>   "(   )로부터 (   )부동산에 대하여 금 (   )원의 유치권신고가 있으나 그 성립 여부는 불분명함"

---

[69] 강은현 209면

제15장 유치권 심화연구

1 서설

핵심정리

- 필요비상환청구권을 피담보채권으로 유치권을 주장할 수 있다.
- 아파트관리비는 필요비인바, 유치권의 피담보채권이 될 수 있다. 그러나, 피담보채권의 범위는 특별한 사정이 없다면 공용부분 관리비의 3년분 원금에 한정된다.
- 유익비상환청구권을 피담보채권으로 유치권을 주장할 수 있다. 다만, 유익비로 인정되는 예가 드물며, 계약서에 포기약정이 명시되어 있다면, 유치권이 성립하지 않는다.
- 수급인의 공사대금채권은 유치권의 피담보채권으로 가장 흔하게 볼 수 있는데, 도급형태에 따라 소유권이 수급인에게 귀속된다면, 유치권이 부정될 수 있다.
- 물건과 원래의 채권 사이에 견련성이 있다면 손해배상청구권과 목적물 사이에도 견련성이 인정되고, 유치권이 성립될 수 있다.
- 임대인의 시설미비에 의한 손해배상채권, 위약금채권, 보증금반환청구권, 권리금반환청구권, 부속물매수청구권 행사를 통한 부속물매수대금채권 등의 경우 유치권이 성립되지 않는다.
- 미등기건물의 양수인의 점유가 토지소유자에 대하여 불법인 경우에 토지소유자에 대한 불법점유에 해당하여 유치권이 성립하지 않는다.
- 유치권자가 점유상실 후 다시 점유를 적법하게 회수하면 유치권이 성립한다.
- 유치권 주장은 법률상 항변에 해당하여 대체적으로 유치권자가 유치권 요건을 주장·입증하여야 하나, 유치권 배제특약이 있는 사실 및 불법점유 사실 등은 유치권을 부정하는 자, 즉 유치권 주장자의 상대방이 주장·입증책임을 부담한다.

권리분석과 관련한 기본적인 유치권 검토는 앞서 하였다. 다만, 유치권은 경매시장에서 상당히 어려운 분야에 속하고, 유치권이 문제된 경매물건은 상당한 가격저감이 일어난다.
결국, 투자자 즉 낙찰자의 입장에서는 유치권이 관련된 물건이 투자가치가 높을 수밖에 없다.

위와 같은 상황을 염두하여 유치권에 대한 심화연구를 별도의 장으로 마련하였다.

따라서, 유치권 관련 물건을 낙찰받고자 한다면, 유치권 심화연구에 대한 지식 습득은 필수적이라 할 것이다.

2 필요비와 유치권

가. 필요비의 의미

필요비란 물건의 보존·관리를 위하여 지출되는 비용으로 필요비로 인정되기 위하여는 그것이 그 물건 자체의 보존이나 원래의 용법에 따른 사용에 기여하는 것이어야 한다.[70]

민법은 통상의 필요비와 특별한 필요비를 나누어 취급하는데, 통상의 필요비는 평상적인 보존·관리에 필요한 비용으로 통상 반복되는 지출을 의미하고, 이러한 통상의 필요비는 점유자가 과실을 취득하면 그 상환을 청구하지 못한다(민법 제203조 제1항 단서●). 여기서 말하는 '점유자가 과실을 취득한 때'란 그자가 선의의 점유자로서 과실을 취득할 권리가 있는 경우를 의미한다.

특별한 필요비는 임시비라고도 하며, 통상의 필요비 이외의 필요비를 의미한다.

점유자는 선의이든 또 자주점유자인지 타주점유자인지를 불문하고 필요비 전부의 상환을 구할 수 있다. 그 비용지출로 가치의 현존 여부는 불문하고, 유익비와 달리 상환기간의 유예도 허용되지 않는다.

다만, 사용대차의 경우에 통상의 필요비는 차주가 부담한다(민법 제611조 제1항●●).

---

70) 송영곤 587면 이하 참조

● **제203조 (점유자의 상환청구권)** ① 점유자가 점유물을 반환할 때에는 회복자에 대하여 점유물을 보존하기 위하여 지출한 금액 기타 필요비의 상환을 청구할 수 있다. 그러나 점유자가 과실을 취득한 경우에는 통상의 필요비는 청구하지 못한다.

●● **제611조 (비용의 부담)** ① 차주는 차용물의 통상의 필요비를 부담한다.

나. 유치권의 성부

필요비상환청구권은 유치권상의 피담보채권이 될 수 있다.

대법원은 임야를 사설묘지로 사용하기 위하여 석축을 쌓고 나무를 심고 잔디를 입히는 등 그 시설에 들인 비용은 임야소유자가 임야를 보존하는 데 필요한 비용은 아니라 할 것이고 또한 그 시설비가 사설묘지 설치허가 없는 임야소유자에 대하여는 임야의 가치를 증가시킨 유익비라고 할 수 없다고 판시(대법원 78다417 판결)한바, 임야를 사설묘지로 사용하기 위하여 석축 등을 쌓은 것은 사치비로 판단하였다.[71]

서울고등법원은 건물의 사용대차에서 낡은 출입문을 새로 만들고 마루문, 지붕 및 방 4개를 보수하고 상수도관이 삭아서 새로 바꾸고 정원과 마당을 일부 보수한 것은 주택의 유지보존을 위한 통상의 필요비에 해당되어 차주가 부담하여야 한다는 취지의 판시를 하였다(서울고등법원 75나1886 판결).

대법원은 자기들의 생산고를 높이기 위하여 토지에 적지 않은 퇴비 기타 비료를 넣고 또 배토 등을 하여 완전한 열전으로 만듦에 소요된 비용은 객관적으로 유익비로 볼 수 없고 경작자 자신들이 부담할 통상의 필요비라 할 것이라고 판시(대법원 66다1857)한 바 있는데, 판결이유에서 위와 같은 통상의 필요비는 우리의 관습상 토지임차인이 부담하는 것이 옳고 게다가 점유자가 물건의 과실을 취득하면 통상의 필요비를 청구할 수 없음을 그 근거로 들었다(민법 제203조 제1항 단서).

다. 관리비의 문제

집합건물의 관리비는 필요비의 하나인데, 관리 주체가 낙찰자에게 관

---

71) 노인수, 이선우 86면

행적으로 유치권을 행사하는 경우가 많다.[72]

그렇다면, 관리 주체 즉 관리사무실에서 관리비의 연체를 이유로 낙찰자에게 유치권을 주장하면 어떻게 되는가? 이때 유치권의 여타 요건이 성립되면 관리 주체의 유치권은 성립된다.

다만, 유치권의 피담보채권의 범위가 문제될 것이다.

이에 대하여 대법원은 집합건물의 전 입주자가 체납한 관리비는 공용부분에 한하여 특별승계인에게 승계되는데, 공용부분 관리비에 대한 연체료는 특별승계인에게 승계되지 않는다고 하면서, 관리비는 그 시효가 3년이라고 설시한바, 결국 매수인은 집합건물의 공용부분 관리비의 3년분 원금에 한하여 승계 책임을 진다고 판시한 바 있다 (▼대법원 2005다65821 판결).

따라서, 관리 주체가 경매물건의 매수인에게 관리비로 유치권을 행사한다면, 그 유치권의 피담보채권액은 특별한 사정이 없는 한 공용부분 관리비의 3년분 원금에 한정될 것이다.

72) 노인수, 이선우 88면 참조

대법원 2005다65821 판결

가. 집합건물의 전 입주자가 체납한 관리비가 관리규약의 정함에 따라 그 특별승계인에게 승계되는지 여부 (=공용부분에 한하여 승계)

나. 공용부분 관리비에 대한 연체료가 특별승계인이 승계하여야 하는 공용부분 관리비에 포함되는지 여부(소극)

다. 민법 제163조 제1호에서 3년의 단기소멸시효에 걸리는 것으로 규정한 '1년 이내의 기간으로 정한 채권'의 의미 및 1개월 단위로 지급되는 집합건물의 관리비채권이 이에 해당하는지 여부(적극)

cf) 판결 이유 중 일부

민법 제163조 제1호에서 3년의 단기소멸시효에 걸리는 것으로 규정한 '1년 이내의 기간으로 정한 채권'이란 1년 이내의 정기로 지급되는 채권을 말하는 것으로서(대법원 1996. 9. 20. 선고 96다25302 판결 참조) 1개월 단위로 지급되는 집합건물의 관리비채권은 이에 해당한다고 할 것이다.

라. 민법상 필요비 규정[73]

민법상 필요비 규정은 민법 제325조 제1항[*], 동법 제203조 제1항[**], 동법 제367조, 동법 제594조 제2항[***], 동법 제626조 제1항[****], 동법 제611조 제1항[*****] 등이 있다.

---

[73] 노인수, 이선우 83면 이하 참조

● **제325조 (유치권자의 상환청구권)** ① 유치권자가 유치물에 관하여 필요비를 지출한 때에는 소유자에게 그 상환을 청구할 수 있다.

●● **제203조 (점유자의 상환청구권)** ① 점유자가 점유물을 반환할 때에는 회복자에 대하여 점유물을 보존하기 위하여 지출한 금액 기타 필요비의 상환을 청구할 수 있다. 그러나 점유자가 과실을 취득한 경우에는 통상의 필요비는 청구하지 못한다.

●●● **제594조 (환매의 실행)** ② 매수인이나 전득자가 목적물에 대하여 비용을 지출한 때에는 매도인은 제203조의 규정에 의하여 이를 상환하여야 한다. 그러나 유익비에 대하여는 법원은 매도인의 청구에 의하여 상당한 상환기간을 허여할 수 있다.

●●●● **제626조 (임차인의 상환청구권)** ① 임차인이 임차물의 보존에 관한 필요비를 지출한 때에는 임대인에 대하여 그 상환을 청구할 수 있다.

●●●●● **제611조 (비용의 부담)** ① 차주는 차용물의 통상의 필요비를 부담한다.(←사용대차 규정임)

3 유익비와 유치권

가. 유익비의 의미

유익비란 점유자가 물건의 개량 기타 그 효용의 적극적인 증진을 위하여 지출한 비용을 의미한다.[74]

유익비의 상환을 구하기 위하여는 그 지출로 인하여 그 물건의 가액의 증가가 현존하여야 한다.

이때 점유자는 회복자의 선택에 좇아 그 지출금액이나 증가액의 상환액을 청구할 수 있다.

이 경우 회복자의 선택권을 위하여 그 유익비는 실제로 지출한 비용과 현존하는 증가액을 모두 산정하여야 한다(▼대법원 2001다40381 판결).

유익비상환청구권이 행사된 경우에 법원은 회복자의 청구에 의하여 상

74) 송영곤 587면

 **대법원 2005다8682 판결**

유익비상환청구에 관하여 민법 제203조 제2항은 점유자가 점유물을 개량하기 위하여 지출한 금액 기타 유익비에 관하여는 그 가액의 증가가 현존한 경우에 한하여 회복자의 선택에 좇아 그 지출금액이나 증가액의 상환을 청구할 수 있다고 규정하고 있고, 민법 제626조 제2항은 임차인이 유익비를 지출한 경우에는 임대인은 임대차 종료 시에 그 가액의 증가가 현존한 때에 한하여 임차인의 지출한 금액이나 그 증가액을 상환하여야 한다고 규정하고 있으므로, 유익비의 상환범위는 점유자 또는 임차인이 유익비로 지출한 비용과 현존하는 증가액 중 회복자 또는 임대인이 선택하는 바에 따라 정하여진다고 할 것이고, 따라서 유익비상환의무자인 회복자 또는 임대인의 선택권을 위하여 그 유익비는 실제로 지출한 비용과 현존하는 증가액을 모두 산정하여야 할 것이다.

● **제203조 (점유자의 상환청구권)** ② 점유자가 점유물을 개량하기 위하여 지출한 금액 기타 유익비에 관하여는 그 가액의 증가가 현존한 경우에 한하여 회복자의 선택에 좇아 그 지출금액이나 증가액의 상환을 청구할 수 있다.

●● **제203조 (점유자의 상환청구권)** ② 점유자가 점유물을 개량하기 위하여 지출한 금액 기타 유익비에 관하여는 그 가액의 증가가 현존한 경우에 한하여 회복자의 선택에 좇아 그 지출금액이나 증가액의 상환을 청구할 수 있다. ③ 전항의 경우에 법원은 회복자의 청구에 의하여 상당한 상환기간을 허여할 수 있다.

●●● **제310조 (전세권자의 상환청구권)** ① 전세권자가 목적물을 개량하기 위하여 지출한 금액 기타 유익비에 관하여는 그 가액의 증가가 현존한 경우에 한하여 소유자의 선택에 좇아 그 지출액이나 증가액의 상환을 청구할 수 있다. ② 전항의 경우에 법원은 소유자의 청구에 의하여 상당한 상환기간을 허여할 수 있다.

●●●● **제325조 (유치권자의 상환청구권)** ② 유치권자가 유치물에 관하여 유익비를 지출한 때에는 그 가액의 증가가 현존한 경우에 한하여 소유자의 선택에 좇아 그 지출한 금액이나 증가액의 상환을 청구할 수 있다. 그러나 법원은 소유자의 청구에 의하여 상당한 상환기간을 허여할 수 있다.

●●●●● **제367조 (제삼취득자의 비용상환청구권)** 저당물의 제삼취득자가 그 부동산의 보존, 개량을 위하여 필요비 또는 유익비를 지출한 때에는 제203조 제1항, 제2항의 규정에 의하여 저당물의 경매대가에서 우선상환을 받을 수 있다.

●●●●●● **제594조 (환매의 실행)** ② 매수인이나 전득자가 목적물에 대하여 비용을 지출한 때에는 매도인은 제203조의 규정에 의하여 이를 상환하여야 한다. 그러나 유익비에 대하여는 법원은 매도인의 청구에 의하여 상당한 상환기간을 허여할 수 있다.

당한 상환기간을 허여할 수 있다. 이에 의하여 유예기간이 설정되면 변제기가 도래하지 않은 것으로 되어 점유자는 유치권을 행사하지 못하게 된다.

나. 유치권의 성부

유익비가 인정되면 그 상환청구권을 피담보채권으로 하여 유치권이 성립될 수 있다.

다만, 판례가 유익비를 인정한 경우는 그리 많지 않다.

대법원은 민법 제203조 제2항●에 의한 점유자의 회복자에 대한 유익비상환청구권은 점유자가 계약관계 등 적법하게 점유할 권리를 가지지 않아 소유자의 소유물반환청구에 응하여야 할 의무가 있는 경우에 성립되는 것으로서, 이 경우 점유자는 그 비용을 지출할 당시의 소유자가 누구였는지 관계없이 점유회복 당시의 소유자 즉 회복자에 대하여 비용상환청구권을 행사할 수 있는 것이나, 점유자가 유익비를 지출할 당시 계약관계 등 적법한 점유의 권원을 가진 경우에 그 지출비용의 상환에 관하여는 그 계약관계를 규율하는 법조항이나 법리 등이 적용되는 것이어서, 점유자는 그 계약관계 등의 상대방에 대하여 해당 법조항이나 법리에 따른 비용상환청구권을 행사할 수 있을 뿐 계약관계 등의 상대방이 아닌 점유회복 당시의 소유자에 대하여 민법 제203조 제2항에 따른 지출비용의 상환을 구할 수는 없다고 판시한 바 있다 (대법원 2001다64752 판결).

따라서, 점유자가 유익비를 지출할 당시에 계약관계 등 적법 점유권원을 가진 경우에 그 계약을 규율하는 법조항을 적용하여 유익비상환을 청구하여야 하며, 그것이 가능하다면, 그 청구권을 근거로 유치권을 주장할 수 있다는 것이다. 여기서 유익비로 인정될 수 있는지 여부는 별개의 문제라고 본다.

건물임차인이 건물을 증개축하였는데, 그것이 건물에 부합되었다면 그 부합물은 임대인의 소유가 되므로 그것이 현존하는 한 유익비상환 청구의 대상이 되며, 유치권도 성립할 수 있다.[75]

건물임대차와 관련하여 기본적 내부 시설공사는 기본적 나부시설공사가 마무리되지 아니한 상태에서 내부시설공사를 하였다면 유익비로 인정될 가능성이 많아 유치권 성립 여지가 있으나, 외부시설의 경우는 토지임차인의 지상물매수청구권의 대상으로 인정될 여지는 있으나 대체로 유익비 등으로 인정될 여지가 적은바, 유익비를 근거로 한 유치권이 성립될 여지는 적다.[76]

●●●●●●●● **제626조 (임차인의 상환청구권)** ② 임차인이 유익비를 지출한 경우에는 임대인은 임대차종료 시에 그 가액의 증가가 현존한 때에 한하여 임차인의 지출한 금액이나 그 증가액을 상환하여야 한다. 이 경우에 법원은 임대인의 청구에 의하여 상당한 상환기간을 허여할 수 있다.

75) 노인수, 이선우 101면

76) 노인수, 이선우 102면

다. 민법상 유익비 규정

민법상 유익비 규정으로는 민법 제203조 제2항 제3항●●, 동법 제310조 제1항 제2항●●●, 동법 제325조 제2항●●●●, 동법 제367조●●●●●, 동법 제594조 제2항●●●●●●, 동법 제626조 제2항●●●●●●● 등이다.

4. 공사대금채권과 유치권

가. 의의 및 유치권의 성부

공사대금채권은 유치권의 피담보채권으로 가장 흔하게 주장되는 채권으로 도급인으로부터 일정한 공사를 수급받아 목적물을 완성하여 인도할 의무를 지닌 수급인은 공사를 하여 목적물을 완성하였다면 특별한 사정이 없는 한 공사대금채권을 갖는다[77] (민법 제664조●).

이때 위 공사대금채권을 변제받을 때까지 위 공사대금채권을 피담보채권으로 하여 유치권을 행사할 수 있게 된다.

다만, 도급형태에 따라 목적물의 소유권 귀속이 달라질 수 있어 유치권 성립이 부정될 수 있다(대법원 91다14116 판결●●).

공사대금채권의 시효는 3년인바, 공사대금채권이 시효로 소멸하면, 유치권도 소멸한다.

---

[77] 노인수, 이선우 104면

● **제664조 (도급의 의의)** 도급은 당사자 일방이 어느 일을 완성할 것을 약정하고 상대방이 그 일의 결과에 대하여 보수를 지급할 것을 약정함으로써 그 효력이 생긴다.

●● 대법원 91다14116 판결의 이유 일부: "유치권은 타물권인 점에 비추어 볼 때 수급인의 재료와 노력으로 건축되었고 독립한 건물에 해당되는 기성 부분은 수급인의 소유라 할 것이므로 수급인은 공사대금을 지급받을 때까지 이에 대하여 유치권을 가질 수 없다".

●●● **제321조 (유치권의 불가분성)** 유치권자는 채권 전부의 변제를 받을 때까지 유치물 전부에 대하여 그 권리를 행사할 수 있다.

나. 유치권의 불가분성

유치권은 불가분성이 있으므로 (민법 제321조●●●), 원청자로부터 일부의 공사를 완공한 하수급인도 공사내용에 따라 전체에 대하여 유치권을 행사할 수 있다.

대법원은 하수급인이 집합건물 중에서 한 세대를 점유하고 유치권을 주장하고 있더라도, 그 주장 내용이 전체에 걸치고 있다면, 거기에도 유치권이 성립할 수 있다는 태도이다(▼대법원 2005다16942 판결).

 **대법원 2005다16942 판결**

가. 민법 제320조 제1항에서 '그 물건에 관하여 생긴 채권'은 유치권제도 본래의 취지인 공평의 원칙에 특별히 반하지 않는 한 채권이 목적물 자체로부터 발생한 경우는 물론이고 채권이 목적물의 반환청구권과 동일한 법률관계나 사실관계로부터 발생한 경우도 포함하고, 한편 민법 제321조는 "유치권자는 채권 전부의 변제를 받을 때까지 유치물 전부에 대하여 그 권리를 행사할 수 있다."라고 규정하고 있으므로, 유치물은 그 각 부분으로써 피담보채권의 전부를 담보하며, 이와 같은 유치권의 불가분성은 그 목적물이 분할 가능하거나 수개의 물건인 경우에도 적용된다.

나. 다세대주택의 창호 등의 공사를 완성한 하수급인이 공사대금채권 잔액을 변제받기 위하여 위 다세대주택 중 한 세대를 점유하여 유치권을 행사하는 경우, 그 유치권은 위 한 세대에 대하여 시행한 공사대금만이 아니라 다세대주택 전체에 대하여 시행한 공사대금채권의 잔액 전부를 피담보채권으로 하여 성립한다고 본 사례.

5 손해배상채권과 유치권

가. 손해배상채권의 의미

손해배상채권은 크게 볼 때 채무불이행 내지 불법행위가 인정될 경우에 성립하는 채권인바, 손해배상채권 등을 피담보채권으로 하여 유치권이 성립될 수 있는지 문제될 수 있다.

나. 채무불이행에 의한 손해배상청구권

채무불이행에 의한 손해배상청구권과 목적물 간의 견련성에 관하여는 손해배상청구권을 원래의 채권의 연장으로 보아야 하기 때문에 물건과 원래의 채권 사이에 견련성이 있다면 손해배상청구권과 목적물 사이에도 견련성이 인정된다고 본다.[78] 따라서 위와 같은 경우에는 유치권이 성립될 수 있다.

다. 임대인의 시설미비로 인한 임차인의 손해배상청구권

대법원은 임대인이 건물시설을 아니하기 때문에 임차인에게 건물을 임차목적대로 사용하지 못한 것을 이유로 하는 손해배상청구권은 민법 제320조 소정의 그 건물에 관하여 생긴 채권이 될 수 없어 유치권의 피담보채권이 될 수 없다고 한다 (▼대법원 75다1305 판결).[79]

---

[78] 한국사법행정학회 물권 (3) 381면

[79] 한국사법행정학회 물권 (3) 381면

 **대법원 75다1305 판결**

건물의 임대차에 있어서 임차인의 임대인에게 지급한 임차보증금반환청구권이나 임대인이 건물시설을 아니하기 때문에 임차인에게 건물을 임차목적대로 사용 못한 것을 이유로 하는 손해배상청구권은 모두 민법 제320조 소정 소위 그 건물에 관하여 생긴 채권이라 할 수 없다.

라. 약정에 따른 위약금채권

대구고등법원은 건물임대차 시 위약금의 약정에 따라 취득한 건물임차인인 피고의 돈 400만 원의 위약금채권과 임대차 종료로 인한 피고의 위 건물명도의무는 동시이행 관계에 있는 것도 아니고 또 위 건물에 관하여 생긴 채권이라고도 할 수 없어 유치권도 인정되지 않는다고 판시한 바 있다.(대구고등법원 83나874·875 판결) [80]

[80) 한국사법행정학회 물권 (3) 383면 각주 27

보증금반환청구권과 유치권

임대차에 있어서 임차인이 임대인에게 교부한 보증금반환청구권은 그 물건에 관하여 생긴 채권이라 보지 아니하여 유치권의 성립을 부정하는 것이 판례이다(대법원 77다115 판결).[81]

다만, 임대차가 종료된 경우에 임대인의 건물명도청구권과 임차인의 임차보증금반환청구권 사이의 동시이행 관계는 인정된다(대법원(전합) 77다1241·1242 판결).

> **참고 유치권의 특성**
>
> 유치권은 법정요건에 해당하면 당연히 성립하고 그 요건을 갖추지 못하면 소멸하는 특성이 있다. 따라서 경매절차상 유치권신고가 있거나 유치권을 주장하는 사람이 있더라도 그 성립 여부를 단정할 수 없는 문제가 있다. 추후 재판절차를 통하여 유치권이 확정될 수밖에 없는 구조다.
>
> 다만, 유치권이 성립된다면 유치권이 당연히 인수된다는 점에 유의하여야 한다. 실무적으로 자주 나타나는 유치권의 모습은 건설과 관련된 유치권과 점유자의 시설물 설치와 관련된 시설유치권이 대부분이다. 시설유치권으로 인정될 수 있는 것은 수도, 하수도 등 배관공사비, 전기시설공사비, 온돌시공비 등을 들 수 있다. 다만, 시설설치자의 영업을 위한 인테리어 비용 등은 이에 해당하지 않는다[82].

---

81) 한국사법행정학회 물권(3) 383면

82) 이승길 506면

7 권리금반환청구권과 유치권

임대인과 임차인 사이에 건물명도 시 권리금을 반환하기로 하는 약정이 있는 경우에도 그와 같은 권리금반환청구권은 건물에 관하여 생긴 채권이라고 할 수 없으므로 그와 같은 채권을 가지고 건물에 대한 유치권을 행사할 수 없다.(대법원 93다62119 판결) [83)]

> **참고** 유치권이 의심될 때 응찰자의 입찰방법
>
> 매각물건명세서나 물건현황조사서 및 감정평가서를 통하여 유치권 성립 여부가 의심된다면 유치권 주장자의 피담보채권액을 고려하여 방어적으로 응찰하여야 한다. 피담보채권액이 소액이라면 응찰해도 무관할 것이나, 다액이라면 이를 고려하지 않을 수 없다. 다만, 다액의 피담보채권액이 일방적 주장에 불과할 가능성이 크다. 추후 협의 또는 재판과정에서 피담보채권액의 저감이 가능하다는 이야기다.
> 유치권은 매각물건명세서 등에 공시되지 않더라도 성립될 수 있음을 주의해야 한다.

---

83) 한국사법행정학회 물권 (3) 383, 384면

8 부속물매수청구권을 행사한 경우에 부속물매수대금채권과 유치권

건물 또는 공작물의 임대차관계 종료 시에 임차인이 임대인에 대하여 그 부속물의 매수를 청구하였기 때문에 매매의 효력이 생긴 경우에 임차인은 그 대금채권에 관하여 건물 전체에 대하여 유치권을 행사할 수 있는지 문제된다.

일본의 대심원(우리의 대법원)은 "그 매매대금 채권과 그 부속물에 관하여 생긴 채권에 그치며, 가옥 전체에 관하여 생긴 채권이라고 할 수 없다."고 하여 견련성을 부인하면서 유치권을 부정한다.[84]

우리나라의 경우 부속물매수대금채권과 부동산 전체에 대한 견련성을 직접 언급한 판례는 없는 것으로 보이나, 부속물매수청구권과 토지 전체의 견련성은 부정한 바 있다(대법원 77다115 판결[85]).

결국, 임차인이 채무불이행으로 임대차계약이 해지되는 등의 특별한 사정이 있는 경우를 제외하고는 부속물매수청구권을 임차인이 행사하면 형성권으로 곧바로 매매계약이 성립[86]되므로 부속물매수청구권과 토지 전체의 견련성을 부인한 판례에 비추어 부속물배수청구권을 행사하여 매매계약이 성립되었다면 부속물매수대금채권과 부동산 전체에 대한 견련성도 부인된다고 보는 것이 타당한바, 유치권이 성립된다고 볼 수는 없을 것이다.

---

84) 한국사법행정학회 물권 (3) 384면

85) 노인수, 이선우 119면

86) 송영곤 1245면

9 점유와 유치권

가. 점유의 의미

점유란 거래관념상 인정된 물건에 대한 사실적인 지배 또는 물건이 사회관념상 그 사람의 사실적 지배에 속한다고 여겨지는 객관적인 관계에 있는 것을 말한다.[87]

점유가 있는지를 판단하는 기준으로는 공간적 지배관계 및 시간적 지배관계가 있어야 하며, 경우에 따라서는 본권관계도 그 기준이 된다. 이에 대하여 통설은 일정한 주관적 의사도 필요하다고 한다.[88]

따라서, 점유자가 유치물을 항상 소지하고 있을 필요는 없고, 유치물을 밀접하게 공간적으로 지배하고, 이러한 공간적 지배를 외부의 관심자가 인식할 정도이며, 타인의 지배를 배제할 가능성을 보유하고, 점유의 사실적 지배관계가 어느 정도 계속되어야 하며, 점유자에게 점유하려는 의사 즉 점유설정의사가 있다면 점유가 성립된다고 볼 수 있을 것이다.

결국, 부동산경매와 관련하여 점유를 판단하는 잣대를 언급한다면, 건물에 대한 점유는 최소한 자물쇠로 잠가두고 그 자물쇠의 열쇠를 보관하는 정도는 되어야 할 것이며, 토지의 경우는 최소한 현수막이라도 걸어두어야 점유하고 있다는 주장을 펼칠 여지가 있을 것이다.

---

[87] 송영곤 487면

[88] 송영곤 487, 488면

나. 점유의 태양과 유치권

(1) 직접점유
유치권을 주장하는 자가 자신이 직접 유치물을 점유하고 유치권의 요건을 충족한다면 유치권이 적법하게 성립한다.

(2) 간접점유
점유매개자를 통한 점유를 간접점유라고 하는데, 점유매개자의 예로는 임차인이 적당하다. 즉, 임대차관계에서 임대인이 임차인을 점유매개자로 하여 임대목적물을 직접점유하게 되는 것이다.

임차인을 점유매개 관계로 하여 임대인이 간접점유하고 있는 임대목적물에 대하여 임대인이 유치권을 주장할 경우에 유치권의 다른 요건이 충족된다면 유치권이 성립한다.

즉 유치권자의 점유는 직접점유뿐만 아니라 간접점유도 포함된다.

대전고등법원은 점유매개 관계의 판단기준으로 직접점유자의 간접점유자에 대한 반환청구권의 존재를 들었다(대전고등법원 2007나11895 판결[89]). 즉, 직접점유자가 간접점유자에게 반환청구권을 보유한다면 점유매개 관계가 인정되어 유치권의 전제인 직접점유자의 점유가 인정될 수 있으나, 그렇지 않다면 유치권의 전제인 점유가 인정되기 어렵다는 것이다.

결국, 직접점유자와 간접점유자의 관계를 서면 등으로 명확히 할 필요가 있다.

(3) 점유보조자를 통한 직접점유
점유보조자란 타인의 지시를 받아 물건에 대한 사실상의 지배를 하는 자를 말한다.[90]

예를 들어 공사대금의 유치권을 주장하는 건설회사가 그 건설회사의

---

[89] 노인수, 이선우 184, 185면

[90] 송영곤 489면

직원을 유치물에 보내어 관리하게 하였다면, 그 건설회사의 직원은 점유보조자가 되고, 그 건설회사는 유치물의 직접점유자가 된다.

즉 점유보조자 자신은 점유자로 인정되지 않고, 관리를 지시한 사람만이 점유자가 된다.

따라서 점유자가 점유보조자를 통하여 유치물을 점유하고, 기타 유치권의 성립요건을 충족시킨다면 유치권이 성립하게 된다.

(4) 불법점유

유치권을 주장하는 자의 점유가 불법행위에 의한 것이라면 유치권이 성립하지 않는다(민법 제320조 제2항●).

민법 제320조 제2항의 불법행위는 민법 제750조의 불법행위에 한정되는 것이라기보다는 점유개시행위가 윤리적으로 비난받을 만하다면 불법점유에 해당[91]하여 유치권이 성립하지 않는다고 보는 것이 타당하다.

미등기건물의 양수인의 점유가 불법인 경우 판례는 유치권의 성립을 부정한다.[92] 즉 대법원은 "건물철거는 그 소유권의 종국적 처분에 해당하는 사실행위이므로 원칙으로는 그 소유자에게만 그 철거처분권이 있으나 미등기건물을 그 소유권의 원시취득자로부터 양도받아 점유중에 있는 자는 비록 소유권취득등기를 하지 못하였다고 하더라도 그 권리의 범위 내에서는 점유 중인 건물을 법률상 또는 사실상 처분할 수 있는 지위에 있으므로 그 건물의 존재로 불법점유를 당하고 있는 토지소유자는 위와 같은 건물점유자에게 그 철거를 구할 수 있다."라고 하면서, 본건에 있어 "건물점유자가 건물의 원시취득자에게 그 건물에 관한 유치권이 있다고 하더라도 그 건물의 존재와 점유가 토지소유자에게 불법행위가 되고 있다면 그 유치권으로 토지소유자에게 대항할 수 없다."고 판시한 바 있다(대법원 87다카3073 판결).

● 제320조 (유치권의 내용) ② 전항의 규정은 그 점유가 불법행위로 인한 경우에 적용하지 아니한다.

91) 노인수, 이선우 186, 187면

92) 곽용진, 유치권과경매 319면

채권자가 수선한 채무자의 물건을 제3자가 점유하고 있는 경우에 채권자가 제3자로부터 그 물건을 탈취하여 점유를 취득하였다 하더라도 유치권이 성립하지 않는바, 불법행위는 채무자뿐만 아니라 목적물을 점유하고 있는 제3자에 대하여 발생한 것이라도 무방하다.

유치권이 부정되는 불법점유는 점유가 불법행위에 의하여 시작된 경우뿐만 아니라 점유개시 후에 불법행위로 된 경우에도 유치권이 성립하지 않는다.

예컨대, 건물의 임차인이 임대차계약이 해지, 해제된 후에도 계속 건물을 점유하면서 유익비 내지 필요비 등을 지출하였다고 하더라도 임대인에 대한 상환청구권에 관하여는 유치권이 성립하지 않는다.[93]

민법 제200조●에 의하여 점유자가 점유물에 대하여 행사하는 권리는 적법하게 보유한 것으로 추정되는바, 불법점유라는 것에 대한 입증책임은 불법점유를 주장하는 자에게 있다.(대법원 66다600·601 판결 [94]).

다. 점유의 회복

(1) 점유의 회복의 의의

유치권은 점유의 상실로 인하여 소멸한다. 그러나 점유물반환청구권에 의하여 점유를 회복한 때에는 점유를 상실하지 않았던 것으로 되므로 (민법 제192조 제2항●●), 유치권도 소멸하지 않았던 것으로 된다.[95]

그런데, 유치권의 요건을 모두 갖추어 유치물을 점유하는 자를 상대로 매수인(경락인)이 유치권자의 점유를 강탈할 가능성도 배제할 수 없다.

위와 같은 경우에 유치권자는 점유회수의 소 내지 자력구제요건을 갖추어 유치물을 다시 점유할 수 있고, 다시 점유를 취득한다면 유치권을 적법하게 행사할 수 있다.

---

[93] 노인수, 이선우 190면

[94] 노인수, 이선우 191면

[95] 송영곤 705면

● **제200조 (권리의 적법의 추정)** 점유자가 점유물에 대하여 행사하는 권리는 적법하게 보유한 것으로 추정한다.

●● **제192조** ② 점유자가 물건에 대한 사실상의 지배를 상실한 때에는 점유권이 소멸한다. 그러나 제204조의 규정에 의하여 점유를 회수한 때에는 그러하지 아니하다.

(2) 점유회수의 소(민법 제204조•)

대법원은 원고는 침탈자의 특별승계인에게는 민법 제204조 제2항에 의하여 점유회수를 청구할 수 없는바, 다만, 특별승계인이 악의라면 점유회수를 청구할 수 있다고 하면서, 원고가 특별승계인의 악의를 주장·입증하지 않는 한 특별승계인인 참가인에 대한 명도청구를 받아들일 수 없다는 취지의 판시를 하였다.(대법원 95다12927 판결).

즉, 유치물을 강탈당한 후 유치물을 매수한 매수인에게 점유회수의 소를 제기하는 자는 유치물매수자, 즉 특별승계인이 악의라는 사실을 주장하고 입증할 책임이 있다.

점유회수는 1년의 제척기간이 있음을 주의한다. 판례는 제척기간의 의미를 출소기간, 즉 소송을 제기하여야 하는 기간으로 본다(▼대법원 2001다8097 판결).

• 제204조 (점유의 회수) ① 점유자가 점유의 침탈을 당한 때에는 그 물건의 반환 및 손해의 배상을 청구할 수 있다. ② 전항의 청구권은 침탈자의 특별승계인에 대하여는 행사하지 못한다. 그러나 승계인이 악의인 때에는 그러하지 아니하다. ③ 제1항의 청구권은 침탈을 당한 날로부터 1년 내에 행사하여야 한다.

•• 제209조 (자력구제) ① 점유자는 그 점유를 부정히 침탈 또는 방해하는 행위에 대하여 자력으로써 이를 방위할 수 있다. ② 점유물이 침탈되었을 경우에 부동산일 때에는 점유자는 침탈 후 직시 가해자를 배제하여 이를 탈환할 수 있고 동산일 때에는 점유자는 현장에서 또는 추적하여 가해자로부터 이를 탈환할 수 있다.

대법원 2001다8097 판결

민법 제204조 제3항과 제205조 제2항에 의하면 점유를 침탈당하거나 방해를 받은 자의 침탈자 또는 방해자에 대한 청구권은 그 점유를 침탈당한 날 또는 점유의 방해행위가 종료된 날로부터 1년 내에 행사하여야 하는 것으로 규정되어 있는데, 여기에서 제척기간의 대상이 되는 권리는 형성권이 아니라 통상의 청구권인 점과 점유의 침탈 또는 방해의 상태가 일정한 기간을 지나게 되면 그대로 사회의 평온한 상태가 되고 이를 복구하는 것이 오히려 평화질서의 교란으로 볼 수 있게 되므로 일정한 기간을 지난 후에는 원상회복을 허용하지 않는 것이 점유제도의 이상에 맞고 여기에 점유의 회수 또는 방해제거 등 청구권에 단기의 제척기간을 두는 이유가 있는 점 등에 비추어 볼 때, 위의 제척기간은 재판 외에서 권리행사 하는 것으로 족한 기간이 아니라 반드시 그 기간 내에 소를 제기하여야 하는 이른바 출소기간으로 해석함이 상당하다.

(3) 자력구제(민법 제209조••)

대법원은 민법 제209조 제2항의 자력탈환권과 관련하여 "위 규정에서 말하는 '직시'란 '객관적으로 가능한 한 신속히' 또는 '사회관념상 가해자를 배제하여 점유를 회복하는 데 필요하다고 인정되는 범위 안에서 되도록 속히'라는 뜻으로 해석할 것이므로 점유자가 침탈 사실을 '알고 모르고'와는 관계없이 침탈을 당한 후 상당한 시간이 흘렀다면 자력탈환권을 행사할 수 없다."라고 판시한바,^(대법원 91다14106 판결 [96]), 자력탈환권의 시간적 한계를 주의할 필요가 있다.

---

96) 노인수, 이선우 342면

10 유치권자의 권리

가. 인도거절권(민법 제320조 제1항•)

유치한다는 것은 인도를 거절하는 것을 의미하며, 유치권은 물권이므로 채무자뿐만 아니라 모든 사람에게 그 인도를 거절한 권리가 있다.
법 제91조 제5항••에 의하면 동 조항이 유지권자의 매수인에 대한 유치적 효력 이외에 직접적인 변제청구권까지 규정한 것인지 다투어진 사실이 있는데, 대법원은 유치권자가 경락인(매수인)에게 피담보채권의 변제가 있을 때까지 유치목적물의 인도를 거절할 수 있을 뿐이고 그 피담보채권의 변제를 청구할 수는 없다고 판시한 바 있다(▼대법원 95다8713 판결).
유치권자가 유치권을 주장하지 않으면 변론주의 원칙상 법원이 유치권 존부를 판단할 필요가 없으며, 유치권자가 유치권을 주장하면 동시이행 항변이 인용되는 것과 유사하게 상환급부 판결을 한다.

• 제320조 (유치권의 내용) ① 타인의 물건 또는 유가증권을 점유한 자는 그 물건이나 유가증권에 관하여 생긴 채권이 변제기에 있는 경우에는 변제를 받을 때까지 그 물건 또는 유가증권을 유치할 권리가 있다.

•• 제91조 (인수주의와 잉여주의의 선택 등) ⑤ 매수인은 유치권자에게 그 유치권으로 담보하는 채권을 변제할 책임이 있다.

대법원 95다8713 판결

가. 점유라고 함은 물건이 사회통념상 그 사람의 사실적 지배에 속한다고 보여지는 객관적 관계에 있는 것을 말하고 사실상의 지배가 있다고 하기 위하여는 반드시 물건을 물리적, 현실적으로 지배하는 것만을 의미하는 것이 아니고 물건과 사람과의 시간적, 공간적 관계와 본권관계, 타인지배의 배제가능성 등을 고려하여 사회관념에 따라 합목적적으로 판단하여야 한다.

나. 공장 신축공사 공사잔대금채권에 기한 공장건물의 유치권자가 공장건물의 소유회사가 부도가 난 다음에 그 공장에 직원을 보내 그 정문 등에 유치권자가 공장을 유치·점유한다는 안내문을 게시하고 경비용역

회사와 경비용역계약을 체결하여 용역경비원으로 하여금 주야 교대로 2인씩 그 공장에 대한 경비·수호를 하도록 하는 한편 공장의 건물 등에 자물쇠를 채우고 공장 출입구 정면에 대형 컨테이너로 가로막아 차량은 물론 사람들의 공장 출입을 통제하기 시작하고 그 공장이 경락된 다음에도 유치권자의 직원 10여 명을 보내 그 공장 주변을 경비·수호하게 하고 있었다면, 유치권자가 그 공장을 점유하고 있었다고 볼 여지가 충분하다는 이유로, 유치권자의 점유를 인정하지 아니한 원심판결을 파기한 사례.

다. 민사소송법 제728조에 의하여 담보권의 실행을 위한 경매절차에 준용되는 같은 법 제608조 제3항은 경락인은 유치권자에게 그 유치권으로 담보하는 채권을 변제할 책임이 있다고 규정하고 있는바, 여기에서 '변제할 책임이 있다'는 의미는 부동산상의 부담을 승계한다는 취지로서 인적 채무까지 인수한다는 취지는 아니므로, 유치권자는 경락인에 대하여 그 피담보채권의 변제가 있을 때까지 유치목적물인 부동산의 인도를 거절할 수 있을 뿐이고 그 피담보채권의 변제를 청구할 수는 없다.

나. 경매신청권(민법 제322조 제1항*)

채무자 등이 유치권자에게 변제를 할 때까지 유치물 보관의 부담에서 벗어날 수 있도록 유치권자에게 경매신청권이 인정된다.[97]

유치권자에게 우선변제권은 인정되지 않으므로 유치권자가 우선변제권을 행사할 수는 없으나, 유치권자가 매각대금을 보관하면서 상계적상의 요건이 충족된다면 상계를 함으로써 사실상 우선변제권을 달성하는 효과가 발생할 수 있다.

유치권에 의한 경매는 담보권실행경매의 예를 따르나, 우선변제를 받기 위한 것이 아닌바, 이를 형식적 경매라고 한다.

---

97) 송영곤 700면

● 제322조 (경매, 간이변제충당) ① 유치권자는 채권의 변제를 받기 위하여 유치물을 경매할 수 있다.

●● 제322조 (경매, 간이변제충당) ② 정당한 이유 있는 때에는 유치권자는 감정인의 평가에 의하여 유치물로 직접변제에 충당할 것을 법원에 청구할 수 있다. 이 경우에는 유치권자는 미리 채무자에게 통지하여야 한다.

다. 간이변제충당(민법 제322조 제2항**)

소액채권 확보를 위해 유치권을 주장하는 경우 유치권 실행방법을 경매로 한정시키면 과다 비용 내지는 절차의 복잡성 등 여러 문제가 발생할 수 있으므로 채권자에게 불리할 수 있다. 이에 대비하여 민법은 간이변제충당제도를 두고 있다.

간이변제충당이 가능하려면, 정당한 이유, 법원에 청구와 법원의 허가, 감정인의 환가평가, 차액정산 후 채무자에 지급 등의 요건 등이 필요하다.

라. 우선변제권

원칙적으로 유치권자는 우선변제권이 없으나, 앞서 살펴본 바와 같이 상계로 우선변제적 효력을 확보할 수 있다.

다만, 예외적으로 간이변제충당, 과실수취권 (민법 제323조 제1항●) 및 별제권●

●●(채무자회생및파산에관한법률 제411조●●●)은 유치권자가 갖는 우선변제권이라 할 수 있다.

마. 유치물의 사용 · 수익권(민법 제324조●●●●)

유치권은 채권담보를 위하여 목적물을 점유하는 권리이므로 원칙적으로 이용행위를 그 내용으로 인정하지 않는다. 만일 유치권자가 목적물을 함부로 이용하여 손해가 생기면 손해배상을 청구할 수 있고, 유치권의 소멸도 청구할 수 있다.

다만 예외적으로 채무자의 승낙이 있거나, 유치물 보전에 필요한 사용은 사용수익권이 인정되는데 (민법 제324조 제2항)(▼서울고등법원 72나1978 판결), 이때에 유치물을 사용함으로써 얻은 이익은 부당이득이 된다.

● 제323조 (과실수취권) ① 유치권자는 유치물의 과실을 수취하여 다른 채권보다 먼저 그 채권의 변제에 충당할 수 있다. 그러나 과실이 금전이 아닌 때에는 경매하여야 한다. ② 과실은 먼저 채권의 이자에 충당하고 그 잉여가 있으면 원본에 충당한다.

●● 별제권이란 파산재단에 속하는 특정재산에서 다른 채권자보다 우선하여 변제를 받을 수 있는 권리를 의미한다.

●●● 제411조 (별제권자) 파산재단에 속하는 재산상에 존재하는 유치권 · 질권 · 저당권 또는 전세권을 가진 자는 그 목적인 재산에 관하여 별제권을 가진다.

●●●● 제324조 (유치권자의 선관의무) ① 유치권자는 선량한 관리자의 주의로 유치물을 점유하여야 한다. ② 유치권자는 채무자의 승낙 없이 유치물의 사용, 대여 또는 담보제공을 하지 못한다. 그러나 유치물의 보존에 필요한 사용은 그러하지 아니하다. ③ 유치권자가 전2항의 규정에 위반한 때에는 채무자는 유치권의 소멸을 청구할 수 있다.

 **서울고등법원 72나1978 판결**

유치권자인 피고가 위 건물(1층 66.73평 2층 75.71평)의 대부분을 사용하고 그 1층 중 56.73평을 다른 사람에게 대여한 것이라면 위 건물의 보존에 필요한 정도의 사용이라 못 볼 바 아니어서 이러한 경우에는 채무자인 원고에게 유치권소멸청구권이 발생할 여지가 없다.

바. 비용상환청구권(민법 제325조●)

유치권자는 유치물에 지출한 비용의 상환을 청구할 수 있다. 상환을 청구할 수 있는 비용은 필요비와 유익비로 나뉘고, 이에 대하여는 앞에서 상세히 설명하였다.

● **제325조 (유치권자의 상환청구권)** ① 유치권자가 유치물에 관하여 필요비를 지출한 때에는 소유자에게 그 상환을 청구할 수 있다. ② 유치권자가 유치물에 관하여 유익비를 지출한 때에는 그 가액의 증가가 현존한 경우에 한하여 소유자의 선택에 좇아 그 지출한 금액이나 증가액의 상환을 청구할 수 있다. 그러나 법원은 소유자의 청구에 의하여 상당한 상환기간을 허여할 수 있다.

11 유치권자의 의무(민법 제324조)

가. 선관주의의무

유치권자는 선량한 관리자의 주의로 유치물을 점유하여야 하고, 이를 위반하여 채무자 또는 소유자에게 손해를 입힌 경우에는 채무불이행으로 인한 손해배상책임을 부담한다.
유치권자가 선관주의의무를 위반하면 채무자가 유치권의 소멸을 청구할 수 있다.

나. 유치물의 사용금지

유치권자는 채무자의 승낙 없이 유치물의 사용·대여·담보제공을 하지 못하고 (민법 제324조 제2항), 이를 위반하면 채무자가 유치권의 소멸을 청구할 수 있다 (민법 제324조 제3항).

● 제324조 (유치권자의 선관의무)
① 유치권자는 선량한 관리자의 주의로 유치물을 점유하여야 한다. ② 유치권자는 채무자의 승낙 없이 유치물의 사용, 대여 또는 담보제공을 하지 못한다. 그러나 유치물의 보존에 필요한 사용은 그러하지 아니하다. ③ 유치권자가 전2항의 규정에 위반한 때에는 채무자는 유치권의 소멸을 청구할 수 있다.

유치권과 민사문제

가. 유치권이 문제될 수 있는 소송

유치권이 문제될 수 있는 소송은 가장 대표적인 것은 인도명령신청, 명도소송, 유치권존재확인소송, 유치권부존재확인소송 등이 될 것이나, 그 밖에 공사대금청구소송, 소유권확인소송 등의 여러 소송에서 문제될 수 있다.[98]

경매부동산에 유치권이 신고되어 있다고 하더라도 인도명령신청 **(법 제136조 제1항*)**을 주저할 필요는 없는바, 유치권자라고 주장하는 점유자가 법에 의하여 매수인에게 대항할 수 있는 권원에 의하여 점유하고 있는 것으로 인정되는 것은 흔하지 않기 때문이다.[99]

다만, 인도명령신청은 매각대금을 납부한 뒤 6개월 이내에 신청하여야 하므로, 그 기간이 경과되었다면, 명도소송을 제기하여야 한다.

유치권부존재확인의 소는 경매부동산의 저당권을 실행하는 은행 등이 제기할 실익이 있다. 즉, 유치권으로 거액이 신고되면 낙찰가가 상당히 많이 떨어질 가능성이 많은바, 낙찰가의 저감을 방지하기 위하여 자신의 채권을 전액 회수할 요량으로 유치권부존재확인의 소를 제기하는 것이다.

---

98) 노인수, 이선우 341면 참조

99) 노인수, 이선우 350, 351면

● 제136조 (부동산의 인도명령 등)
① 법원은 매수인이 대금을 낸 뒤 6월 이내에 신청하면 채무자·소유자 또는 부동산 점유자에 대하여 부동산을 매수인에게 인도하도록 명할 수 있다. 다만, 점유자가 매수인에게 대항할 수 있는 권원에 의하여 점유하고 있는 것으로 인정되는 경우에는 그러하지 아니하다.

나. 유치권과 증거수집 및 사실조회 등의 소송기술

(1) 허위유치권 신고 여부 등의 파악

채무자와 유치권신고자가 친인척인지 여부를 확인한다. 채무자 또는 유치권신고자가 법인일 경우에는 임원 등의 친인척 여부를 확인한다. 친인척 여부 확인은 법인등기부등본, 주민등록등본, 법인의 신용조사보고서, 주주상황 등을 확인하면 파악할 수 있다.[100]

채무자와 유치권신고자가 친인척 관계라면 유치권 신고는 허위의 채권을 근거로 하는 것일 가능성이 있다.

공사대금채권을 피담보채권으로 하여 유치권을 주장하는 경우에는 공사와 관련한 도급계약서 내지는 공사와 관련한 조세자료(세금계산서 등)의 제출을 법원에 석명 신청하여 유치권주장자로 하여금 의와 같은 자료를 법원에 제출토록 하여 허위유치권 주장 여부를 확인할 수 있고, 유치권의 피담보채권 범위에 대하여 유치권자의 주장을 반박할 수 있다.

(2) 점유상태의 파악

경매개시결정기입등기 후의 점유로 매수인(경락인)에게 유치권을 주장할 수 없는바, 경매개시결정 후에 점유를 취득하였는지 여부를 조사한다.

집행관이 작성한 현황조사보고서의 '점유관계란'을 확인하고, 감정평가사가 작성한 감정평가서의 '건물개황도 및 임대상황'의 임대상황을 확인하며, 매각물건명세서의 '임차내역' 등을 확인한다.[101]

집행관과 감정평가사에게 그들이 작성한 서면에 대한 설명 즉 작성 당시 점유자 존재 여부 등을 사실조회 할 수도 있다.

유치권자는 이해관계를 증명하면 이해관계인이 될 수 있는데, 그 증명이 녹록하지 않다. 유치권자가 유치권확인소송 등을 통하여 이해관계를 증명한다면 이해관계인으로 경매기록을 복사할 수 있고, 그 기록을 통하여 점유관계를 파악할 수도 있다.

그러나 유치권확인소송을 통하여 이해관계를 증명한다는 것은 사실상 힘들다. 위와 같은 증명은 법문상 집행법원에 증명하여야 한다는 것으로 보이고 (법 제90조 제4호●), 증명의 시한은 매각허가결정 시까지로 보기 때

---

100) 노인수, 이선우 69, 70면

101) 노인수, 이선우 70, 71면

● **제90조 (경매절차의 이해관계인)**
4. 부동산 위의 권리자로서 그 권리를 증명한 사람

문이다.(대법원 94마1342 결정●)

집행법원에 이해관계를 증명한다는 특성상 본안소송에서 요구되는 엄격한 증명에는 미치지 않는 것으로 보는 것이 타당해 보인다.[102]

토지의 경우라면 최소한 플래카드를 걸어 두는 등의 조치를 취해야 할 것인바, 경매개시결정기입등기 이전에 현장을 방문하여 날짜가 드러나는 현장사진을 찍어 둘 필요성과 주변인들로부터 확인서, 이해관계자들의 녹음 등을 뜨는 것도 필요할 것이다.

유치권주장자가 직원을 고용하여 유치물을 점유하였다고 주장한다면, 그 직원에 대한 월급명세서 등의 제출을 석명 요청하여 월급이 경매개시결정기입등기 이후부터 지급한 것으로 드러나면 유치권이 부인될 가능성이 있다.[103]

유치물 주변에 차량이 지속적으로 정차되어 있다면, 단속적으로 차량 및 차량번호를, 그 배경이 된 유치물과 함께 촬영한 후 소송 도중 차량소유자에 대한 사실조회를 하여 점유자를 확인할 필요도 있을 수 있다.[104]

허위유치권자로 의심되는 자를 상대로 형사고소를 하고 공소가 제기된다면 공소제기된 법원에 문서등본송부촉탁을 신청하여 형사고소 관련인들의 점유 관련 진술 내지 허위유치권 관련 진술 등을 확보할 수도 있다. 다만 공소제기가 되지 않을 경우는 고소인(경락인)에게 유리한 진술이라도 수사기록의 등사가 어려워진다.

다. 유치권과 입증책임

(1) 필요비상환청구권의 경우

필요비상환청구권을 피담보채권으로 하여 유치권을 행사할 수 있는바, 유치권자가 목적물에 관하여 일정한 비용을 지출한 사실 및 그 비용이

● 대법원은 위 결정에서 "같은 법 제607조 제4호 소정의 이해관계인이라 하여 경락허가결정이나 낙찰허가결정에 대하여 즉시항고를 제기하기 위하여는 경락허가결정이나 낙찰허가결정이 있을 때까지 그러한 사실을 증명하여야 하고, 경락허가결정이나 낙찰허가결정이 있은 후에 그에 대하여 즉시항고장을 제출하면서 그러한 사실을 증명하는 서류를 제출한 때에는 그 제4호 소정의 이해관계인이라 할 수 없으므로 그 즉시항고는 부적법하다."라고 판시하였다.

102) 곽용진, 부동산과경매 308면

103) 노인수, 이선우 200면 참조

104) 노인수, 이선우 420면 참조

목적물의 보존에 필요한 사실을 주장·입증하여야 하고, 유익비와 달리 가액의 현존 유무는 따질 필요가 없다.

지출한 비용이 통상적인 비용 액수를 초과하는 경우 그 초과분에 대하여는 필요비상환청구권이 인정되지 않는다고 보아야 하는데, 통상액 초과에 대한 주장·입증 책임은 유치권자의 상대방, 즉 매수인(경락인)에게 있다.[105]

(2) 유익비상환청구권의 경우

유익비상환청구권을 피담보채권으로 하여 유치권을 행사할 수 있는데, 유익비의 상환범위는 임차인이 유익비로 지출한 비용과 현존하는 증가액 중 임대인이 선택하는 바에 따라 정하여지므로 임차인인 피고로서는 임대인인 원고의 선택권을 위하여 실제로 지출한 비용과 현존하는 증가액 모두에 대한 주장·입증 책임을 진다(대법원 2001다40381 판결). 따라서, 유치권주장자 입장에서는 그 입증을 위한 감정평가비용을 염두에 두어야 한다.

유익비상환청구권을 배제하는 특약은 가능한바(대법원 95다12327 판결), 이러한 특약의 존재는 유치권 항변에 대한 재항변 사유인바, 배제특약의 주장·입증 책임은 임대인에게 있다.[106]

(3) 불법점유의 입증책임

앞서 살펴본 바와 같이 불법점유라면 유치권이 성립하지 않는바, 유치권을 부정하는 측에서 불법점유를 주장·입증하여야 한다.
이는 민법 제200조의 점유의 적법추정 조항을 그 근거로 한다[107](대법원 66다600 판결[108]).

---

105) 사법연수원, 요건사실론 109, 110면

106) 사법연수원, 요건사실론 110면

107) 오석락 441면

108) 노인수, 이선우 191면

(4) 점유회수의 소(민법 제204조*)에서의 입증책임

유치물을 강탈당한 후 유치물을 매수한 매수인에게 점유회수의 소를 제기하는 자는 유치물매수자, 즉 특별승계인의 악의를 주장·입증할 책임이 있다.(▼대법원 95다12927 판결).

(5) 유치권의 피담보채권의 존재가 증명된 경우 법원이 채권액을 직권으로 조사할 의무가 있는지 여부

대법원은 "원심이 본건 가옥에 대하여 수리한 사실이 있음을 인정한 이상 그 소요비용액을 명확히 하여야 할 것이며, 만일 당사자의 이 점에 대한 입증이 불충분하거나 또는 입증이 없을 때에는 그 당사자에게 입증을 촉구하거나 그렇지 않으면 직권에 의한 증거조사를 하는 등 적당한 방법으로써 그 소요비용액을 규명하여야 할 것이며, 그러한 방법으로서도 그 액을 확정할 수 없을 때에는 그 이유를 설시하여 판단하여야 할 것이다. 그런데, 원심은 이러한 증거조사 또는 입증촉구의 의무를 태만히 하고 만연히 피고 주장의 수리비용을 인정할 증거가 없다고 하여

● 제204조 (점유의 회수) ① 점유자가 점유의 침탈을 당한 때에는 그 물건의 반환 및 손해의 배상을 청구할 수 있다. ② 전항의 청구권은 침탈자의 특별승계인에 대하여는 행사하지 못한다. 그러나 승계인이 악의인 때에는 그러하지 아니하다. ③ 제1항의 청구권은 침탈을 당한 날로부터 1년 내에 행사하여야 한다.

대법원 95다12927 판결

원고가 참가인에 대하여 이 사건 점포의 명도를 구하는 것은 점유회수청구권에 기한 것임이 뚜렷한바, 이러한 점유회수청구권은 침탈자의 특별승계인에 대하여는 행사하지 못하고, 다만 승계인이 악의인 때에만 행사할 수 있는 것이다(민법 제204조 제2항). 그런데 참가인이 이 사건 점포를 점유하게 된 경위가 위 원심이 인정한 바와 같다면 참가인은 침탈자인 피고의 특별승계인에 해당한다 할 것이므로, 참가인이 점유의 침탈이 있었음을 알고 있었다는 점에 관한 원고의 주장·입증이 없는 한 참가인에 대한 명도청구는 받아들일 수 없다 할 것인바, 원심이 이 점에 관하여 심리·확정하지 아니한 채 그 판시와 같은 이유만으로 원고의 참가인에 대한 명도청구를 받아들인 것은 위 법리를 오해한 위법이 있다(판결이유 중 일부임).

그 유치권 행사의 주장을 배척하였음은 위법이라 아니할 수 없다."라고 판시한 바 있다.[109] **(대법원 4291민상898 판결)**.

라. 유치권 관련 본안소송을 대비한 보전소송

인도명령신청과 명도소송을 제기하기 전에 또는 위 소송과 함께 점유이전금지가처분을 신청할 필요가 있다.
인도명령 내지는 명도소송에서 승소하더라도 점유이전금지가처분 결정을 받아두지 않았다면 집행에 어려움이 있을 수 있기 때문이다.
유치권자 입장에서 유치권이 방해받아 침탈당할 우려가 있다면 출입금지가처분을 받아둘 필요도 있다.[110]

---
109) 오석락 442, 443면

110) 노인수, 이선우 360면

유치권과 형사문제

가. 유치권과 관련된 범죄

허위유치권을 신고한 자를 상대로 어떠한 범죄가 성립할 것인지가 주로 논의될 사안인바, 허위유치권신고자에게 주로 성립 가능한 범죄는 경매방해죄 ^(형법 제315조), 사기죄 ^(형법 제347조), 공갈죄 ^(형법 제350조) 등이 될 것이다. 결국, 경매현장에서 일어날 수 있는 각종 범죄행위를 파악하여 민사적 해결과 형사적 해결(고소 등)을 함께 병행하면 효과적일 것이다.

나. 경매현장에서 예상되는 범죄 정리[111]

집행관의 집행을 방해하였다면 공무집행방해죄^(형법 제136조), 점유이전금지가처분이 고시된 종이를 손괴하였다면 공무상비밀표시무효죄^(형법 제140조), 강제집행으로 명도받은 부동산에 다시 침입하였다면 부동산강제집행효용침해죄^(형법 제140조의2), 점유개시일이 경매개시기입등기 후임에도 불구하고 소송에서 점유개시일을 경매개시기입등기 전으로 진술토록 교사하였다면 위증교사죄^(형법 제152조, 제155조), 진정한 유치권자임을 알면서 허위유치권자라면서 수사기관에 경매방해 등으로 고소하였다면 무고죄^(형법 제156조), 유치권증명문서로 허위계약서를 작성제출하였다면 사문서위조 및 동행사죄^(형법 제231조, 제234조), 대표이사가 아니면서 회사의 대표이사 명의로 영수증을 작성하여 유치권입증서류로 제출하였다면 자격모용에 의한 사문서작성 및 동행사죄^(형법 제232조, 제234조), 상해한 경우

---
[111] 노인수, 이선우 382 내지 396면 참조

상해죄 (형법 제257조), 폭행한 경우 폭행죄 (형법 제260조), 협박한 경우 협박죄 (형법 제283조), 점유자가 입주를 거부하는데도 경락인이 막무가내로 들어간 경우 또는 적법하게 들어갔으나 나가라는데도 나가지 않으면 각 주거침입죄와 퇴거불응죄 (형법 제319조), 채무자가 유치권자가 점유하고 있는 물건을 자기 것이라면서 가지고 가버리면 권리행사방해죄 (형법 제323조), 정당한 유치권자를 폭행 또는 협박으로 경매부동산에서 내쫓았다면 강요죄 (형법 제324조), 유치권자가 점유하고 있는 건물을 매수인이 유치권자를 폭행하고 강제로 접수하였다면 점유강취죄 (형법 제325조), 채무자와 통모하여 허위의 유치권 신고를 하면 강제집행면탈죄 (형법 제327조), 유치물을 가져가면 절도죄 (형법 제329조), 피담보채권도 없으면서 유치권자로 행세하여 매수인으로부터 돈을 챙기면 사기죄 (형법 제347조), 경제적으로 궁박한 채무자에게 유치권을 가장하여 현저히 부당한 이득을 취하면 부당이득죄 (형법 제349조), 피담보채권이 거의 없으면서 유치권을 행사하여 경매가 제 값에 낙찰되지 못하겠다고 채무자를 위협하면 공갈죄 (형법 제350조), 유치권자임을 자칭하는 자가 주택을 점유하기 위하여 현관문을 부수면 재물손괴죄 내지는 특수손괴죄 (형법 제366조, 제368조), 경매브로커나 경매컨설팅업자가 입찰자를 대리하여 돈을 받고 낙찰받으면 변호사법 위반 (변호사법 제109조), 세금 중과를 피하기 위하여 수인이 공동으로 투자하면서 무주택자의 단독명의로 낙찰을 받아 소유권이전등기를 하면 부동산실권리자명의등기에관한법률위반 (부동산실권리자명의등기에관한법률 제3조, 제7조, 제8조) 등이 성립할 수 있다.

그러나 수인이 동업으로 자금을 투자하여 1인 명의로 낙찰을 받았다가 명의인이 이를 처분하면 처벌되지 않으며 ▼횡령죄 부인: 대법원 2000도258 판결, 수탁자 명의로 부동산을 매수하였으나 신탁자의 반환요구에도 불구하고 이를 소유권이전등기를 하였어도 처벌되지 않는다 ▼업무상 배임죄 부인: 대법원 2003도6994 판결. 이는 부동산실권리자명의등기에관한법률이 시행된 1995.

7. 1. 이후의 명의신탁에 관련하여 적용되며, 그 전의 행위에 대하여는 횡령죄 등이 성립할 수도 있다.

대법원 2000도258 판결

부동산입찰 절차에서 수인이 대금을 분담하되 그중 1인 명의로 낙찰받기로 약정하여 그에 따라 낙찰이 이루어진 경우, 그 입찰절차에서 낙찰인의 지위에 서게 되는 사람은 어디까지나 그 명의인이므로 입찰목적 부동산의 소유권은 경락대금을 실질적으로 부담한 자가 누구인가와 상관없이 그 명의인이 취득한다 할 것이므로 그 부동산은 횡령죄의 객체인 타인의 재물이라고 볼 수 없어 명의인이 이를 임의로 처분하더라도 횡령죄를 구성하지 않는다.

대법원 2003도6994 판결

신탁자와 수탁자가 명의신탁약정을 맺고, 그에 따라 수탁자가 당사자가 되어 명의신탁약정이 있다는 사실을 알지 못하는 소유자와 사이에서 부동산에 관한 매매계약을 체결한 계약명의신탁에 있어서 수탁자는 신탁자에 대한 관계에서도 신탁 부동산의 소유권을 완전히 취득하고 단지 신탁자에 대하여 명의신탁약정의 무효로 인한 부당이득반환의무만을 부담할 뿐인바, 그와 같은 부당이득반환의무는 명의신탁약정의 무효로 인하여 수탁자가 신탁자에 대하여 부담하는 통상의 채무에 불과할 뿐 아니라, 신탁자와 수탁자 간의 명의신탁약정이 무효인 이상, 특별한 사정이 없는 한 신탁자와 수탁자 간에 명의신탁약정과 함께 이루어진 부동산 매입의 위임약정 역시 무효라고 볼 것이어서 수탁자를 신탁자와의 신임관계에 기하여 신탁자를 위하여 신탁 부동산을 관리하면서 신탁자의 허락 없이는 이를 처분하여서는 아니되는 의무를 부담하는 등으로 신탁자의 재산을 보전·관리하는 지위에 있는 자에 해당한다고 볼 수 없어 수탁자는 타인의 사무를 처리하는 자의 지위에 있지 아니하다 할 것이고(대법원 2001. 9. 25. 선고 2001도2722 판결, 대법원 2002. 4. 12. 선고 2001도2785 판결 참조), 이러한 계약명의신탁의 법리는 부동산실권리자명의등기에관한법률 제4조 제1항에 따라 무효인 명의신탁약정에 대하여 신탁자가 그 소유권이전등기의 경료 이전에 해지의 의사를 표시한 경우에도 마찬가지로 적용되는 것으로 보아야 할 것이다.

> **참고 유치권자에 대한 인도명령신청**
>
> 법원에서 진행하는 경매물건 중에서 유치권이 신고된 물건을 낙찰받았다고 가정하자. 이때에 낙찰자가 그 물건의 인도명령을 신청하면 집행법원이 유치권에 대한 판단 후 유치권이 성립하지 않음이 명백할 때 인도명령결정을 한다. 대항력이 있는 세입자가 있는 경매부동산과 낙찰자에게 대항할 수 있는 유치권이 있는 경우에는 인도명령신청이 기각된다.
>
> 결국, 낙찰자 입장에서는 유치권자의 점유가 경매부동산의 압류 이후에 이루어진 경우 또는 공사내용이 허위인 경우 등 유치권이 낙찰자에게 대항할 수 없음이 명백한 경우에 인도명령신청을 통하여 부동산의 인도를 받을 수 있다.

제16장 부동산경매 배당분석의 필요성

핵심정리

- 낙찰자가 인수할 금액을 파악하기 위해서라도 배당분석의 필요성이 있다.
- 잉여주의에 의하여 경매신청채권자에게 배당할 돈이 없으면 경매가 취소되는바, 잉여주의에 따른 경매취소 여부를 파악하기 위해서라도 배당분석이 필요하다.

권리분석이라는 개념 자체는 낙찰자를 기준으로 하여 부동산을 경매로 낙찰받을 때에 인수하는 권리 등이 무엇인지를 파악하기 위한 것인바, 권리분석과 관련하여 배당분석의 핵심은 배당을 받은 각 채권자들에게 배당되는 금액의 내용이 아니라 배당결과 해당 낙찰자가 인수해야 하는 금액의 존부와 그 금액이 얼마인지 파악하는 것이라 할 것이다.

또한, 뒤에서 언급하는 잉여주의(제19장. 1. 무잉여의 문제)에 의하면, 경매신청채권자에게 배당금이 없다면 경매가 취소되는바, 경매에 입찰하려는 사람은 최소한 잉여주의로 인한 경매취소 여부를 파악하기 위하여라도 배당분석을 할 필요성이 있다.

따라서, 배당의 전체적인 내용을 간략하게라도 확인하는 것은 필수적이라 할 것이다.

다음에서는 권리분석을 위한 최소한의 배당분석 내용을 적시하고자 하였다.

1. 배당신청

핵심정리

- 배당요구를 하지 않아도 당연히 배당이 되는 채권자는 ① 배당요구종기까지 경매신청을 한 압류채권자 ② 첫 경매개시결정등기 전에 등기된 가압류채권자 ③ 첫 경매개시결정의 기입등기 전에 등기된 담보권자, (등기된) 최선순위가 아닌 용익권자 ④ 첫 경매개시결정의 기입등기 전에 체납처분 절차에 의한 압류권자 등이다.
- 배당요구를 하여야 배당에 참여할 수 있는 채권자는 ① 집행력이 있는 정본을 가진 채권자 ② 첫 경매개시결정이 등기된 뒤에 가압류를 한 채권자 ③ 주임법 및 상임법상의 우선변제권이 인정되는 임차보증금 반환채권자 및 임금채권자 ④ 첫 경매개시결정 후의 제한물권 또는 등기된 임차권을 취득한 채권자 ⑤ 첫 경매개시결정 후에 교부청구를 한 조세채권자 ⑥ 가등기담보권자 ⑦ 최선순위전세권자 등이다.
- 배당요구는 첫 매각기일 이전으로 집행법원이 정한 배당요구의 종기까지 할 수 있다.

배당권자는 배당신청을 하지 않아도 배당을 받을 수 있는 자와 배당신청을 하지 않으면 배당을 받지 못하는 자로 구분되며(법 제148조●), 배당신청을 하여야 배당을 받는 채권자는 반드시 배당요구의 종기까지 배당신청을 하여야만 배당에 참가할 수 있는 제한이 있다.

배당신청권은 일반 채권이 변제기의 도래를 요구하는 것과 달리 변제기와 무관하다. 즉, 비록 인수대상인 권리일지라도 배당신청으로 권리관계에서 벗어날 수도 있고, 말소기준권리보다 후순위권리자의 경우 변제기와 무관하게 순위에 따른 배당을 받는다.

● 제148조 (배당받을 채권자의 범위) 제147조 제1항에 규정한 금액을 배당받을 채권자는 다음 각 호에 규정된 사람으로 한다. 1. 배당요구의 종기까지 경매신청을 한 압류채권자 2. 배당요구의 종기까지 배당요구를 한 채권자 3. 첫 경매개시결정등기 전에 등기된 가압류채권자 4. 저당권·전세권, 그 밖의 우선변제청구권으로서 첫 경매개시결정등기 전에 등기되었고 매각으로 소멸하는 것을 가진 채권자

2. 배당요구를 하지 않아도 당연히 배당에 참가하는 채권자(법 제148조)

당연배당권자라고도 하는데, 경매목적물에 일정한 권리를 가진 자로서 경매개시결정기입등기 전에 이미 등기부에 그 권리관계를 공시하고 있는 자를 말한다.

당연배당권자는 이미 등기부상에 권리가 공시되므로 집행법원이 그 권리의 존재를 알게 되므로 특별히 배당요구를 하지 않아도 배당이 되는 것이다.

가. 배당요구의 종기까지 경매신청을 한 압류채권자

배당요구의 종기까지 경매신청을 한 이중경매신청인을 포함한다.

나. 첫 경매개시결정등기 전에 등기된 가압류채권자

경매개시결정이 등기된 뒤의 가압류채권자는 배당요구를 하여야 배당을 받을 수 있음을 유의한다.(법 제88조 제1항●).

● **제88조 (배당요구)** ① 집행력 있는 정본을 가진 채권자, 경매개시결정이 등기된 뒤에 가압류를 한 채권자, 민법·상법, 그 밖의 법률에 의하여 우선변제청구권이 있는 채권자는 배당요구를 할 수 있다.

다. 첫 경매개시결정의 기입등기 전에 등기된 담보권자, (등기된) 최선순위가 아닌 용익권자

첫 경매개시결정의 기입등기 전에 등기된 담보권자, (등기된) 최선순위가 아닌 용익권은 매각으로 당연히 소멸하는 대신^(법 제91조 제2항, 제3항●) 법률상 당연히 배당요구 한 것과 동일한 효력이 있으므로 별도의 배당요구가 없더라도 순위에 따라 배당을 받을 수 있고, 최선순위의 용익권(배당요구를 한 최선순위전세권은 제외)은 인수의 대상이다^(법 제91조 제4항●●).

가등기담보권자는 담보권자이지만 등기부의 기재만으로는 순수한 순위 보전의 가등기인지 담보가등기인지를 알 수 없으므로 채권신고를 하여야 배당을 받을 수 있고^(가등기담보등에관한법률 제16조●●●), 최선순위전세권자는 배당요구에 의하여 소멸하므로^(법 제91조 제4항 단서) 배당요구해야 배당에 참가할 수 있다.

가등기담보등에관한법률의 시행일인 1984. 1. 1. 전에 설정된 담보가등기에는 우선변제효가 없다^(대법원 97다33584 판결).

● 제91조 (인수주의와 잉여주의의 선택 등) ② 매각부동산 위의 모든 저당권은 매각으로 소멸된다. ③ 지상권·지역권·전세권 및 등기된 임차권은 저당권·압류채권·가압류채권에 대항할 수 없는 경우에는 매각으로 소멸된다.

●● 제91조 (인수주의와 잉여주의의 선택 등) ④ 제3항의 경우 외의 지상권·지역권·전세권 및 등기된 임차권은 매수인이 인수한다. 다만, 그 중 전세권의 경우에는 전세권자가 제88조에 따라 배당요구를 하면 매각으로 소멸된다.

●●● 제16조 (강제경매등에 관한 특칙) ① 법원은 소유권의 이전에 관한 가등기가 되어 있는 부동산에 대한 강제경매 등의 개시결정이 있는 경우에는 가등기권리자에게 다음 각 호의 구분에 따른 사항을 법원에 신고하도록 적당한 기간을 정하여 최고하여야 한다. 1. 해당 가등기가 담보가등기인 경우: 그 내용과 채권(이자나 그 밖의 부수채권을 포함한다)의 존부·원인 및 금액 2. 해당 가등기가 담보가등기가 아닌 경우: 해당 내용 ② 압류등기 전에 이루어진 담보가등기권리가 매각에 의하여 소멸되면 제1항의 채권신고를 한 경우에만 그 채권자는 매각대금을 배당받거나 변제금을 받을 수 있다. 이 경우 그 담보가등기의 말소에 관하여는 매수인이 인수하지 아니한 부동산의 부담에 관한 기입을 말소하는 등기의 촉탁에 관한 「민사집행법」 제144조 제1항 제2호를 준용한다. ③ 소유권의 이전에 관한 가등기권리자는 강제경매 등 절차의 이해관계인으로 본다.

라. 첫 경매개시결정의 기입등기 전에 체납처분 절차에 의한 압류권자

첫 경매개시결정 전에 체납처분 절차에 의한 압류등기가 된 경우에는 교부청구를 한 효력이 있고^(대법원 96다51585 판결), 교부청구는 배당요구와 같은 성질의 것이므로^(대법원 99다22311 판결) 배당요구가 없더라도 배당을 받는다.

3. 배당요구를 하여야 배당에 참가할 수 있는 채권자(제88조 제1항●)

신청에 의한 배당권자라고도 하는데 배당요구종기일까지 배당신청을 하지 않으면 배당에서 제외되는 채권자를 말한다.

등기부에 나타나지 않거나, 나타나더라도 경매개시결정기입등기 후의 등기의 경우는 법원에서 경매부동산에 대한 권리자 유무를 알 수 없으므로 배당요구종기일까지 배당요구를 한 사람에 한하여 배당을 하도록 한 것이다.

가. 집행력이 있는 정본을 가진 채권자

집행력이 있는 정본이란 집행권원(예: 판결문)에 집행문이 부여된 것을 말하는데, 집행력이 있는 정본을 가진 채권자는 배당요구를 하여야 배당을 받는다.

예를 들어 채권자가 채무자를 상대로 소송에서 승소한 후 그 승소판결문에 집행문을 부여받아 그 근거자료를 토대로 배당요구를 하는 것이다.

지급명령이나 이행권고결정과 같이 집행문이 필요 없는 집행권원을 받은 채권자도 여기에 포함된다.

● 제88조 (배당요구) ① 집행력 있는 정본을 가진 채권자, 경매개시결정이 등기된 뒤에 가압류를 한 채권자, 민법·상법, 그 밖의 법률에 의하여 우선변제청구권이 있는 채권자는 배당요구를 할 수 있다.

나. 첫 경매개시결정이 등기된 뒤에 가압류를 한 채권자

가압류권자가 배당요구를 할 경우에는 가압류등기가 되어 있는 등기부

등본을 배당요구서에 첨부하여야 함에 비추어 ^(대법원 2001다12393 판결), 여기의 가압류채권자는 배당요구의 종기 전에 가압류결정에 기초하여 그 집행(여기서 '집행'은 가압류기입등기를 의미함)까지 이루어진 경우를 말한다.

다. 민법, 상법, 그 밖의 법률에 의하여 우선변제권이 있는 채권자

(1) 임차보증금채권자 · 임금채권자

법률에 의하여 우선변제권이 인정되나, 등기가 되어 있지 않아 배당요구를 하지 않으면 채권의 존부나 액수를 알 수 없는 채권으로서 주택임대차보호법 및 상가건물임대차보호법상의 우선변제권이 인정되는 임차보증금반환채권, 임금채권이 여기에 해당한다.

근로기준법 등에 의하여 우선변제청구권을 갖는 임금채권자라고 하더라도 배당요구의 종기까지 배당요구를 하여야만 우선배당을 받을 수 있는 것이 원칙이다.^(대법원 2002다52312 판결).

(2) 첫 경매개시결정 후의 담보물권자 등

경매개시결정의 기입등기를 한 뒤에 저당권과 같은 제한물권이나 등기된 임차권을 취득한 채권자도 배당요구를 하지 않으면 집행법원이 그 채권의 존부나 수액을 알 수 없기 때문에 배당요구를 하여야 배당을 받을 수 있다.

(3) 첫 경매개시결정 후의 조세채권 등

첫 경매개시결정등기 전에 체납처분절차에 의한 압류등기를 하지 못한 조세, 기타 공과금채권은 배당요구의 종기까지 체납처분의 예에 의한 교부청구를 하여야만 배당을 받을 수 있다.

(4) 가등기담보권자

가등기담보권자는 그가 비록 최선순위인 경우에도 집행법원에 채권신고를 하여야만 배당을 받을 수 있다.^(가등기담보등에관한법률 제16조).

(5) 최선순위전세권자

최선순위전세권은 매각으로 소멸하지 않는 것이 원칙이나, 배당요구를 하면 매각으로 소멸한다.

4. 배당요구를 할 수 있는 기한

배당요구는 첫 매각기일 이전으로 집행법원이 정한 배당요구의 종기까지 할 수 있다.^(법 제84조 제1항●, 제88조 제2항●●)

다만, 앞서 살펴본 바와 같이 당연배당권자는 배당요구를 하지 않아도 배당이 된다.

● **제84조 (배당요구의 종기결정 및 공고)** ① 경매개시결정에 따른 압류의 효력이 생긴 때(그 경매개시결정 전에 다른 경매개시결정이 있은 경우를 제외한다.)에는 집행법원은 절차에 필요한 기간을 감안하여 배당요구를 할 수 있는 종기를 첫 매각기일 이전으로 정한다.

●● **제88조 (배당요구)** ② 배당요구에 따라 매수인이 인수하여야 할 부담이 바뀌는 경우 배당요구를 한 채권자는 배당요구의 종기가 지난 뒤에 이를 철회하지 못한다.

5. 배당순위[112]

아래에서 배당순위가 논의되는데, 0순위로 배당되는 것이 있는바, 경매 진행에 따른 집행비용이 가장 먼저 배당되고(0-1순위라고 할 수 있겠다.), 경매물건의 제3취득자가 그 부동산의 보존 또는 개량을 위하여 지출한 필요비 또는 유익비가 그다음으로 배당된다(0-2순위라고 할 수 있겠다.).

가. 압류재산에 조세채권의 법정기일 전에 설정된 저당권·전세권으로 담보되는 채권이 있는 경우

(1) 제1순위

소액임차보증금채권, 최종 3개월분의 임금, 최종 3년간의 퇴직금, 재해보상금채권.

위 채권들 상호 간은 같은 순위로 채권액에 비례하여 배당된다.

(2) 제2순위

집행목적물에 부과된 국세, 지방세와 가산금(이른바 '당해세').

당해세의 예로는 국세의 경우 상속세, 증여세(그 부동산 자체에 부과된 것), 재평가세 등이, 지방세의 경우 재산세(건물분), 농지세, 자동차세, 종합토지세, 도시계획세, 소방공동시설세 등이 각 해당된다.

당해세란 해당 경매목적물 자체에 부과된 조세와 그 가산금을 의미한다고 보면 쉬울 것이다.

---

[112] 사법연수원, 민사집행법 195면 이하 참조

(3) 제3순위

국세 및 지방세의 법정기일 전에 설정 등기된 저당권·전세권으로 담보되는 채권.

법정기일을 예를 들어 설명하면, 과세표준과 세액이 신고에 의해 납부의무가 확정되는 경우에는 그 신고일이 법정기일이 되고, 정부의 부과결정에 의한 경우는 납세고지서 발송일 등인바, 등기부의 체납처분에 의한 압류는 후순위이나 법정기일이 선순위일 경우에 문제가 발생할 수 있다. 확정일자 있는 임차보증금채권은 저당권으로 담보되는 채권과 같은 순위로 취급한다.

저당권이 같은 날 두 개가 성립하였다면 접수번호 순서에 따라 우선순위가 결정된다.

(4) 제4순위

최종 3개월의 임금을 제외한 임금 및 최종 3년의 퇴직금을 제외한 퇴직금 그 밖의 근로관계로 말미암은 채권

(5) 제5순위

국세, 지방세 등 지방자치단체의 징수금

(6) 제6순위

국세 및 지방세의 다음 순위로 징수하는 공과금 중 국민건강보험료, 국민연금보험료, 고용보험료 및 산업재해보상보험료 등의 공과금채권(단 납부기한과 관련하여 예외 규정 있음)

(7) 제7순위

일반 채권자의 채권

벌금, 과료, 추징, 과태료, 소송비용, 비용배상 또는 가납의 재판은 검사의 명령에 의하여 집행하는데, 우선배당에 관한 아무런 규정이 없으므로 일반 채권과 같은 순위로 배당받는다.

나. 압류재산에 조세채권이 법정기일 후에 설정된 저당권·전세권으로 담보되는 채권이 있는 경우

(1) 제1순위

소액임차보증금채권, 최종 3개월분의 임금, 최종 3년간의 퇴직금, 재해보상금 채권.
위 채권들 상호 간은 같은 순위로 채권액에 비례하여 배당된다.

(2) 제2순위

조세 그 밖에 이와 같은 순위의 징수금(당해세 포함)

(3) 제3순위

조세 다음 순위의 공과금 중 납부기한이 저당권·전세권의 설정 등기보다 앞서는 국민건강보험료, 국민연금보험료, 고용보험료 및 산업재해보상보험료 등

(4) 제4순위

저당권, 전세권으로 담보되는 채권

(5) 제5순위

임금 그 밖의 근로관계로 말미암은 채권

(6) 제6순위

조세 다음 순위의 공과금 중 납부기한이 저당권, 전세권의 설정 등기보다 뒤인 국민건강보험료, 국민연금보험료, 고용보험료 및 산업재해보상보험료 등

(7) 제7순위

일반 채권(재산형, 과태료 및 국유재산법상의 사용료, 대부료, 변상금채권 포함)

다. 압류재산에 저당권 등으로 담보되는 채권이 없는 경우

(1) 제1순위

소액임차보증금채권, 최종 3개월분의 임금, 최종 3년간의 퇴직금, 재해보상금 채권.
위 채권들 상호 간은 같은 순위로 채권액에 비례하여 배당된다.

(2) 제2순위

임금 그 밖의 근로관계로 말미암은 채권

(3) 제3순위

조세 그 밖에 이와 같은 순위의 징수금(당해세 포함)

(4) 제4순위

조세 다음 순위의 공과금

(5) 제5순위

일반 채권(재산형, 과태료 및 국유재산법상의 사용료, 대부료, 변상금 포함)

제18장 배당사례

1 안분 후 흡수 (실무)

배당받을 채권자 사이에 배당순위가 고정되지 아니하고 채권자들 사이에 우열관계가 상대에 따라 변동이 있는 경우에 판례와 실무는 관계된 각 채권자의 채권을 비례하여 안분한 후(1단계), 각각 자신의 채권액 중 1단계에서 안분받지 못한 금액에 달할 때까지 자신에게 열후하는 채권자의 안분액을 흡수(2단계)하여 그 결과를 배당하는 안분 후 흡수설을 따르고 있다.

2. 일반적인 사례

사례

Question 문제

2009. 1. 1. 가압류채권자 갑의 채권 2,000만 원

2009. 2. 1. 피담보채권이 3,000만 원인 근저당권자 을

2009. 3. 1. 압류채권자 병의 채권 3,000만 원

Answer 답

- 가압류 후에 저당권을 취득한 자는 가압류의 처분금지효 때문에 가압류권자와 동순위로 배당을 받고, 저당권자보다 후순위권리자의 배당을 흡수한다.

  배당재단이 6,000만 원이라고 가정할 경우 안분 후 흡수배당을 하면 갑은 1,500만 원, 을은 3,000만 원, 병은 1,500만 원을 배당받는다.

  즉 안분배당하면 갑은 1,500만 원(6,000×2,000/(2,000+3,000+3,000)),

  을은 2,250만 원(6,000×3,000/(2,000+3,000+3,000)),

  병은 2,250만 원(6,000×3,000/(2,000+3,000+3,000))을 배당하게 되나,

  근저당권자 을은 후순위 권리자인 병으로부터 부족액 750만 원(=3,000만 원-2,250만 원)을 흡수하게 된다.[113]

---

[113] 홍완기 429면 참조

 **사례**

Question 문제

2009. 1. 1. 가압류채권자 갑이 채권 3,000만 원

2009. 2. 1. 피담보채권이 3,000만 원인 근저당권자 을

2009. 3. 1. 피담보채권이 4,000만 원인 근저당권자 병

Answer 답

- 근저당권자 병이 임의경매를 신청하여 배당재단이 6,000만 원인 경우, 가압류 후에 저당권을 취득한 자는 가압류권자와 동순위로 배당을 받게 되고 저당권자보다 후순위 권리자의 배당을 흡수하게 된다.

  결국, 사례1과 같은 방식으로 안분배당 후 흡수하면 갑은 1,800만 원, 을은 3,000만 원, 병은 1,200만 원을 배당받는다.

  가압류권자인 갑에게 배당된 1,800만 원은 갑이 가압류권자인 상태로 지급받지 못하는바, 법원에 공탁된 후 갑이 채무자를 상대로 본안소송에서 승소하면 공탁금을 찾을 수 있다(법 제160조 제2호) 114).

---

114) 홍완기 429면 참조

3 순환흡수배당사례

 **사례**

Question 문제

A : 2009. 1. 1.이 납부기한인 건강보험료 채권 1,000만 원
B : 2009. 2. 1.에 설정 등기를 마친 저당권에 의해 담보된 채권 800만 원
C : 2009. 3. 31.이 법정기일인 당해세 아닌 조세채권 200만 원

Answer 답

- 압류재산에 조세채권의 법정기일 이전에 설정된 저당권이 있는 경우인데, 국민건강보험법상의 건강보험료는 그 납부기한 전에 설정된 저당권에 대하여는 우선하지 못하나, 그 납부기한 후에 설정된 저당권 등과 기타 일반 채권에 대하여는 우선하여 배당하여야 한다.

다만, 위 건강보험료 등이 납부기한 후에 설정된 저당권보다 우선한다고 하여도 조세채권보다 우선하는 것은 아니므로(국민건강보험법 참조), 위 보험료의 납부기한 후에 설정된 저당권보다 후순위의 조세채권이 있을 경우에는 저당권보다 우선하는 건강보험채권과 저당권부채권 및 저당권보다 후순위의 조세채권 사이에는 순환관계가 성립한다. 이 경우도 안분 후 흡수설에 따라 문제를 해결하는데, 2단계로 후순위자의 안분배당액을 흡수함에 있어 흡수할 금액은 자신의 채권액 중 1단계에서 안분배당 받지 못한 부족액과 1단계에서 후순위자에게 안분배당 된 금액을 각 한도로 하고, 또한 흡수는 각 흡수할 채권자마다 한 번으로 종결시켜야 한다.

배당재단이 1,000만 원일 경우에 결국, A는 800만 원, B는 100만 원, C는 100만 원을 각각 배당받는다.[115]

가. 원래의 각 채권액

A는 1,000만 원, B는 800만 원, C는 200만 원

나. 안분단계(1단계)

A는 500만 원, B는 400만 원, C는 100만 원 안분배당

다. 흡수단계(2-1단계)

(1) B=원래의 배당액 400만 원+C로부터 흡수한 100만 원
(2) C=원래의 배당액 100만 원+A로부터 흡수한 100만 원
(3) A=원래의 배당액 500만 원+B로부터 흡수한 400만 원

라. 흡수단계(2-2단계)

(1) B=100만 원(원래의 배당액 400만 원+C로부터 흡수한 100만 원−A로부터 흡수당한 400만 원)
(2) C=100만 원(원래의 배당액 100만 원+A로부터 흡수한 100만 원−B로부터 흡수당한 100만 원)
(3) A=800만 원(원래의 배당액 500만 원+B로부터 흡수한 400만 원−C로부터 흡수당한 100만 원)

---

115) 홍완기 430면 참조

1 무잉여의 문제

가. 권리분석을 위한 선행학습

(1) 잉여주의

우리 민사집행법은 무잉여의 경우 경매를 허용하지 않는다(잉여주의). 잉여주의란 매각대금으로 집행비용과 압류채권자의 채권에 우선하는 채권을 변제하고 남을 것이 있으면 매각하고 그에도 부족하면 그 부동산의 매각을 허용하지 아니하는 원칙을 말한다.(법 제102조●) 116)

결국, 경매를 신청한 채권자에게 배당금이 일부라도 돌아간다면 무잉여를 이유로 한 경매취소는 없다.

강제경매는 물론이고 임의경매에서도 잉여주의가 인정된다.(법 제268조●●, 제102조)

(2) 잉여주의를 인정하는 이유

잉여주의가 인정되는 이유로는 매각에 따른 실익이 없다면 채권자라도 굳이 그 부동산을 처분할 이유가 없다는 점, 이를 인정할 경우 무익한 경매절차로 인하여 선순위권리자의 채권이 강제 회수됨으로써 부당하다는 점, 강제집행제도가 채권자의 단순한 감정적인 보복수단으로 작용될 수 있다는 점 등이 거론된다.117)

잉여주의를 쉽게 설명하면, 강제경매를 신청한 채권자가 경매를 통하여 경매대금으로 돈을 받을 수 없다면, 경매를 허용하지 않는 것인데, 잉여주의를 허용하지 않을 경우 선순위자 일부 또는 전부가 경락대금으로부터 자신의 채권의 일부 내지 전부를 받지 못할 가능성도 배제할

---

116) 이시윤 256면

117) 이승길 579면

● **제102조 (남을 가망이 없을 경우의 경매취소)** ① 법원은 최저매각가격으로 압류채권자의 채권에 우선하는 부동산의 모든 부담과 절차비용을 변제하면 남을 것이 없겠다고 인정한 때에는 압류채권자에게 이를 통지하여야 한다. ② 압류채권자가 제1항의 통지를 받은 날부터 1주 이내에 제1항의 부담과 비용을 변제하고 남을 만한 가격을 정하여 그 가격에 맞는 매수신고가 없을 때에는 자기가 그 가격으로 매수하겠다고 신청하면서 충분한 보증을 제공하지 아니하면, 법원은 경매절차를 취소하여야 한다. ③ 제2항의 취소 결정에 대하여는 즉시항고를 할 수 있다.

●● **제268조 (준용규정)** 부동산을 목적으로 하는 담보권 실행을 위한 경매절차에는 제79조 내지 제162조의 규정을 준용한다.

수 없는바, 선순위자에게 불측의 손해를 줄 염려를 고려할 때 잉여주의를 인정하는 것이 타당하다고 본다.

나. 권리분석

무잉여 여부의 판단은 다른 권리분석보다 우선적으로 해야 할 권리분석이라고 본다. 왜냐하면, 무잉여라고 판단된다면 일정한 예외^(법 제102조 제2항)를 제외하고 경매는 진행이 되지 않기 때문이다. 다만, 무잉여가 문제되는 사안은 대체로 여러 회 유찰이 된 경매물건이 주를 이룬다.

무잉여 여부는 최저매각가격과 배당권자의 배당예정액을 기준으로 판단할 수도 있으나, 입찰자 본인이 제시할 가액과 배당권자의 배당예정액을 기준으로 판단하는 것이 타당하다.[118]

잉여주의 판단은 입찰자 자신이 경매부동산의 낙찰을 받은 것을 전제로 하기 때문이다.

다만, 배당신청을 하지 않은 등기권리자가 많을 뿐만 아니라, 응찰예정자의 배당신청기록 열람의 한계가 있는 것이 현실인바, 무잉여 여부를 판단하는 것이 쉽지는 않다.

이중경매개시결정이 있었던 경우는 경매개시결정을 받은 자들 중에서 가장 빠른 사람의 권리를 기준으로 무잉여 여부를 판단한다.(▼대법원 2001마2094 결정).

---

118) 이승길 580면

 **대법원 2001마2094 결정**

강제경매개시 후 압류채권자에 우선하는 저당권자 등이 경매신청을 하여 이중경매개시결정이 되어 있는 경우에는 절차의 불필요한 지연을 막기 위해서라도 민사소송법 제616조 소정의 최저경매가격과 비교하여야 할 우선채권의 범위를 정하는 기준이 되는 권리는 그 절차에서 경매개시결정을 받은 채권자 중 최우선순위권리자의 권리로 봄이 옳다.

>>> **판례 해설**
위 판례의 '민사소송법 제616조'는 민사집행법이 제정되기 전의 조문인바, 현재 '법 제102조(잉여주의 규정)'를 의미한다.

공유지분매각의 문제

가. 권리분석을 위한 선행학습

(1) 공유지분매각의 의의

공유지분매각이란 채무자 또는 소유자가 경매목적 부동산에 대하여 갖고 있는 공유지분권을 목적으로 경매를 실행하는 것을 의미한다.[119]

공동소유의 형태는 비법인 사단·재단의 소유형태인 총유, 조합의 소유형태인 합유, 기타 공유로 구별되는데, 지분매각의 대상은 지분권자 단독으로 지분을 처분할 수 있는 공유지분에 한정된다.

(2) 공유지분매각과 공유자의 우선매수권

공유지분이 경매로 진행될 경우에 다른 공유자의 우선매수권이 인정 ^(법 제140조●)되는데, 이는 제3자가 공유자로 될 경우 부동산 용익의 불편 내지는 기존 공유자들과의 부조화 문제 등을 해결하기 위한 것이다.

공유지분에 대한 최저매각가격은 공유물 전부의 감정평가액을 기본으로 채무자의 지분에 관하여 정함이 원칙이나^(법 제139조 제2항●●), 공유자 간에 상호 특정부분을 점유할 것을 약정하면서 편의상 등기만 지분등기를 한 구분소유적 공유관계에 있어서는 최저매각가격의 근거가 되는 감정평가 시 전체 지분에 대한 평가가 아닌 특정 구분소유 부분에 대하여만 평가하여 이를 기초로 최저매각가격을 정한다^(▼대법원 2000마2633 결정).

공유지분 경매가 실시될 경우 그 지분에 대하여 경매개시결정기입등기가 이루어지고, 다른 공유자에게 경매개시결정이 있다는 사실을 통지함으로써 우선매수권을 행사할 기회를 제공한다^(법 제139조 제1항●●●).

---

119) 이승길 547면

● **제140조 (공유자의 우선매수권)** ① 공유자는 매각기일까지 제113조에 따른 보증을 제공하고 최고매수신고가격과 같은 가격으로 채무자의 지분을 우선매수하겠다는 신고를 할 수 있다. ② 제1항의 경우에 법원은 최고가매수신고가 있더라도 그 공유자에게 매각을 허가하여야 한다. ③ 여러 사람의 공유자가 우선매수하겠다는 신고를 하고 제2항의 절차를 마친 때에는 특별한 협의가 없으면 공유지분의 비율에 따라 채무자의 지분을 매수하게 한다. ④ 제1항의 규정에 따라 공유자가 우선매수신고를 한 경우에는 최고가매수신고인을 제114조의 차순위매수신고인으로 본다.

●● **제139조 (공유물지분에 대한 경매)** ② 최저매각가격은 공유물 전부의 평가액을 기본으로 채무자의 지분에 관하여 정하여야 한다. 다만, 그와 같은 방법으로 정확한 가치를 평가하기 어렵거나 그 평가에 부당하게 많은 비용이 드는 등 특별한 사정이 있는 경우에는 그러하지 아니하다.

●●● **제139조 (공유물지분에 대한 경매)** ① 공유물지분을 경매하는 경우에는 채권자의 채권을 위하여 채무자의 지분에 대한 경매개시결정이 있음을 등기부에 기입하고 다른 공유자에게 그 경매개시결정이 있다는 것을 통지하여야 한다. 다만, 상당한 이유가 있는 때에는 통지하지 아니할 수 있다.

 **대법원 2000마2633 결정**

1동의 건물 중 위치 및 면적이 특정되고 구조상 및 이용상 독립성이 있는 일부분씩을 2인 이상이 구분소유하기로 하는 약정을 하고 등기만은 편의상 각 구분소유의 면적에 해당하는 비율로 공유지분등기를 하여 놓은 경우 공유자들 사이에 상호 명의신탁관계에 있는 이른바 구분소유적 공유관계에 해당하고, 낙찰에 의한 소유권취득은 성질상 승계취득이어서 1동의 건물 중 특정부분에 대한 구분소유적 공유관계를 표상하는 공유지분을 목적으로 하는 근저당권이 설정된 후 그 근저당권의 실행에 의하여 위 공유지분을 취득한 낙찰자는 구분소유적 공유지분을 그대로 취득하는 것이므로, 건물에 관한 구분소유적 공유지분에 대한 입찰을 실시하는 집행법원으로서는 감정인에게 위 건물의 지분에 대한 평가가 아닌 특정 구분소유 목적물에 대한 평가를 하게 하고 그 평가액을 참작하여 최저입찰가격을 정한 후 입찰을 실시하여야 한다.

>>> **판례 해설**
구분소유적 공유지분에 대한 입찰을 실시함에 있어서 감정평가의 대상은 특정 구분소유 목적물이라는 것이다.

공유자는 집행관이 매각기일 종결을 선언하기 전까지 최저매각가격의 10% 또는 특별매각조건으로 정한 보증금을 제공하고 우선매수를 할 수 있고, 법원은 최고가매수신고인이 있더라도 그 공유자에게 매각을 허가하여야 한다(법 제140조 제2항).

이때 최고가매수신고인은 차순위매수신고인으로 의제된다(법 제140조 제4항). 일괄매각 되는 부동산의 일부 부동산에만 지분권이 있을 뿐일 경우에는 일괄매각 되는 부동산 전부에 대하여 우선매수청구권이 인정되지는 않는다(▼대법원 2005마1078 판결).

또한, 공유지분권자 상호 간에 분할에 대한 합의가 성립하지 아니하여 현금분할을 목적으로 경매가 진행되는 경우에는 그 지분권자들의 우선매수권은 인정되지 않는다(▼대법원 91마239 결정).

대법원 2005마1078 판결

가. 집행법원이 여러 개의 부동산을 일괄매각 하기로 결정한 경우, 집행법원이 일괄매각 결정을 유지하는 이상 매각대상 부동산 중 일부에 대한 공유자는 특별한 사정이 없는 한 매각대상 부동산 전체에 대하여 공유자의 우선매수권을 행사할 수 없다고 봄이 상당하다.

나. 매수신고인의 우선매수신고 자체가 부적법하므로 민사집행법 제129조 제1항의 매각허가 결정에 대한 즉시항고를 할 수 없다.

>>> **판례 해설**
일괄매각 되는 부동산의 일부 부동산에만 지분권이 있을 뿐일 경우에는 일괄매각 되는 부동산 전부에 대하여 우선매수청구권이 인정되지는 않는다.

대법원 91마239 결정

공유물분할판결에 기하여 공유물 전부를 경매에 붙여 그 매득금을 분배하기 위한 환가의 경우에는 공유물의 지분경매에 있어 다른 공유자에 대한 경매신청통지와 다른 공유자의 우선매수권을 규정한 민사소송법 제649조, 제650조는 적용이 없다.

>>> **판례 해설**
민사소송법 제649조, 제650조는 현재 '법 제139조, 제140조'에 해당한다.

나. 권리분석

공유자의 우선매수권은 인수 및 소멸이 문제되는 경우는 아니지만, 입찰 참여자가 최고가매수인의 지위를 일시 취득하였다고 하여도, 공유자가 우선매수권을 행사하면, 최고가매수신고인은 차순위자의 지위로 전락하는바, 입찰 참여자가 최고가매수신고인으로 결정이 되었다고 하더라도 매각기일 종결선언 전이라면 주의할 필요가 있다.[120]

공유자의 우선매수신고는 대부분 매각기일개시 전에 신고되며, 동 사실 또한 매각법정 게시판에 공지되는바 법정에 들어서기 전에 우선매수신고 여부를 확인할 필요가 있다.

공유자의 우선매수신고가 없어 공유지분을 낙찰받더라도 입찰자는 공유지분의 가치를 판단할 필요가 있는데, 공유자가 우선매수권을 행사하지 않은 경매물건이라면 공유자에게 매도하는 것이 사실상 어려울 것인바, 경매를 통한 현금분할을 고려하고 입찰에 참가하여야 낭패를 면할 수 있을 것이다.

공유물의 분할은 현물분할이 원칙이지만, 현물분할이 부적당하거나, 현물분할로 인하여 그 가액이 현저하게 감손될 염려가 있는 경우에는 경매를 통한 현금분할이 이루어지기 때문이다(민법 제269조 제1항, 제2항●).

---

120) 이승길 551면

● 제269조 (분할의 방법) ① 분할의 방법에 관하여 협의가 성립되지 아니한 때에는 공유자는 법원에 그 분할을 청구할 수 있다. ② 현물로 분할할 수 없거나 분할로 인하여 현저히 그 가액이 감손될 염려가 있는 때에는 법원은 물건의 경매를 명할 수 있다

3 별도등기의 문제

가. 권리분석을 위한 선행학습

(1) 별도등기의 의의

별도등기란 처분의 일체성이 적용되는 집합건물에 대하여 구분건물과 그 대지권의 목적인 토지에 대한 권리가 불일치할 때 기입하는 등기를 의미한다.[121]

(2) 별도등기 취지 기재 및 기재의 목적

별도등기 취지의 기재는 집합건물 등기부 전유부분의 표제부 중 대지권의 표시란(전산등기부는 비고란)에 한다.

대지권등기를 한 이후에는 토지의 권리에 관한 사항도 원칙적으로 건물등기부에의 등기로서 공시한다. 그러나 대지권 등기 전에 토지등기부에 경료된 등기(예컨대 토지에 대한 근저당권, 가압류등기) 또는 대지권등기 후에 토지만에 관하여 경료된 등기(예컨대 구분지상권, 지상권)가 있는 경우에는 여전히 토지등기부를 열람할 필요가 있다.

이러한 경우에 별도등기를 직권으로 경료하며, 이러한 별도등기가 있는 경우에만 토지등기부를 열람하게 하고, 그러한 기재가 없다면 사실상 토지등기부를 활용하지 않아도 되도록 하려는 것이 별도등기의 목적이다.[122]

(3) 별도등기의 발생사유 및 별도등기의 말소

일반적으로 건물시공 과정에서 법정대지를 담보로 융자를 받고 이를

---

121) 이승길 560면

122) 법원행정처 부동산등기실무 (Ⅲ), 198면

완제하지 못하는 경우에 별도등기 사유가 발생하며, 위와 같은 경우 등기관의 직권으로 별도등기를 한다.

건물의 표제부에 토지등기부에 별도의 등기가 있다는 취지의 기재는 그 별도등기의 전제가 된 등기가 말소되면 등기관이 직권으로 말소하여야 한다.[123]

나. 권리분석

별도등기가 있는 토지를 낙찰받게 되면 낙찰자는 토지의 부담을 인수한다. 별도등기의 구체적인 내용은 대지권의 목적인 토지등기부의 갑구 및 을구 사항란을 확인하면 알 수 있다.

따라서, 입찰에 참여하고자 하는 자는 집합건물 전유부분 표제부 표시란(전산등기부는 '비고란')에 토지별도등기 취지의 기재가 있다면, 토지등기부의 갑구 및 을구를 반드시 확인하고 입찰 여부를 결정하여야 한다.

별도등기와 관련하여 토지에 저당권이 별도로 등기되어 있는 경우 경매 실무는 저당권자에게 배당을 줌으로써 낙찰자가 깨끗한 물건을 낙찰받도록 '특별매각조건'을 붙이는 것이 일반적이다.[124]

그러나 별도등기된 토지등기부에 예고등기, 가등기, 가처분 등의 등기 등이 기입되어 있다면, 낙찰자는 위 등기들의 제한은 부담하고 경매물건을 낙찰받게 된다.

다만, 별도등기의 원인된 소송의 결과에 따라 집합건물의 철거가 이론상 가능하더라도 그 원인된 소송의 승소자 등에게 낙찰자가 일정한 금전을 지급하고 문제가 해결될 가능성이 많다.

[123] 법원행정처 부동산등기실무 (Ⅲ), 200면

[124] 이승길 562면 참조

1 서설

경매로 부동산을 취득할 때, 권리분석도 중요하지만, 경매대상 부동산과 관련된 각종 법률에 특별히 규정된 공법적인 규제내용을 파악하는 것도 필요하다.

즉, 부동산 이용 및 개발에 대한 제반 규제를 가하고 있는 법규를 파악하고 부동산에 대한 경락을 받아야 안전한 투자가 될 수 있다.

이러한 공법상 규제는 그 범위가 넓고 다양한 뿐만 아니라, 시대에 따라 또는 정책에 따라 계속 변동하고 있는바, 경매투자자라면 지속적인 관심이 필요한 분야라고 할 수 있다.

예를 들어 경매로 농지를 취득하면서, 농지에 대한 규율을 하고 있는 농지법상 농지취득자격증명이 필요하다는 사실을 알고 낙찰을 받는 사람과 모르고 낙찰을 받는 사람은 그 대응방식에 있어서도 차이가 날 것이다(잘못하면 입찰보증금을 몰수당할 수도 있다.).

아래에서는 부동산을 경매로 낙찰받을 때 해당 부동산을 특히 규율하는 법률상의 취득제한 등의 내용을 간략하게 살펴보기로 한다.

토지거래허가구역 내 토지의 취득

국토의계획및이용에관한법률에 의하면, 토지거래허가구역에서 토지를 거래할 경우 토지거래허가를 득하여야 하나, 경매절차를 통하여 토지거래허가구역에서 토지를 매수할 경우에는 토지거래허가가 필요 없다(동법 제121조 제2항 제2호●, 제118조 제1항●●).

이는 부동산경매가 토지의 취득을 오히려 용이하게 하는 예가 된다.

● 제121조 (국가 등이 하는 토지거래계약에 관한 특례 등) ② 다음 각 호의 경우에는 제118조를 적용하지 아니한다. 2. 「민사집행법」에 따른 경매

●● 제118조 (토지거래계약에 관한 허가) ① 허가구역에 있는 토지에 관한 소유권·지상권(소유권·지상권의 취득을 목적으로 하는 권리를 포함한다.)을 이전하거나 설정(대가를 받고 이전하거나 설정하는 경우만 해당한다.)하는 계약(예약을 포함한다. 이하 "토지거래계약"이라 한다.)을 체결하려는 당사자는 공동으로 대통령령으로 정하는 바에 따라 시장·군수 또는 구청장의 허가를 받아야 한다. 허가받은 사항을 변경하려는 경우에도 또한 같다.

3 농지의 취득

농지법에 의하여 농지를 낙찰받은 자는 낙찰된 날로부터 매각결정기일까지 농지취득자격증명원을 법원에 제출하여야 한다 ^(동법 제8조 제1항●). 어떤 토지가 농지법 소정의 농지인지의 여부는 공부상의 지목 여하를 불문하고 당해 토지의 사실상의 현상에 따라 가려짐을 유의한다.^(▼대법원 98마2604 결정)

● 제8조 (농지취득자격증명의 발급) ① 농지를 취득하려는 자는 농지 소재지를 관할하는 시장(구를 두지 아니한 시의 시장을 말하며, 도농 복합 형태의 시는 농지 소재지가 동 지역인 경우만을 말한다.), 구청장(도농 복합형태의 시의 구에서는 농지 소재지가 동 지역인 경우만을 말한다.), 읍장 또는 면장(이하 "시·구·읍·면의 장"이라 한다.)에게서 농지취득자격증명을 발급받아야 한다.

대법원 98마2604 결정

가. 어떤 토지가 농지법 소정의 농지인지의 여부는 공부상의 지목 여하에 불구하고 당해 토지의 사실상의 현상에 따라 가려져야 할 것이고, 공부상 지목이 답인 토지의 경우 그 농지로서의 현상이 변경되었다고 하더라도 그 변경 상태가 일시적인 것에 불과하고 농지로서의 원상회복이 용이하게 이루어질 수 있다면 그 토지는 여전히 농지법에서 말하는 농지에 해당한다.

나. 지목이 답으로 되어 있는 토지에 대하여 제3자 명의로 주택쿠지로의 농지전용허가가 되었다는 점만으로는 이미 농지로서의 성질을 상실하고 사실상 대지화되었다고 보기 어렵고, 여름철에 야영장 등으로 이용되면서 사실상 잡종지로 활용될 뿐 농작물의 경작에 이용되지 않고 있다고 하여도, 그 토지에 별다른 견고한 구조물이 축조되어 있지 아니하고 터파기작업 등이 이루어져 현상이 크게 변동된 것도 아니어서 그 원상회복이 비교적 용이해 보이는 점 등에 비추어 그 현상변경이 일시적인 것에 불과하다면 그 토지는 농지법상의 농지로서 그 취득에 소재지 관서의 농지취득자격증명이 필요하다고 본 사례

건축법상 도로의 소유권 취득

건축법에 의하여 도로로 지정이 되면 건축이 불가능^(동법 제47조 제2항● 참조)하고, 기존의 건물은 철거대상이 될 수 있다.

따라서, 도로로 지정된 토지를 낙찰받으면 일반적으로 위험할 수 있다. 다만, 세금은 물납이 가능한바, 공시지가보다 낮게 도로를 낙찰받아 공시지가를 기준으로 물납을 하여 이득을 보는 사례가 있다.[125]

● **제47조 (건축선에 따른 건축제한)**
② 도로면으로부터 높이 4.5미터 이하에 있는 출입구, 창문, 그 밖에 이와 유사한 구조물은 열고 닫을 때 건축선의 수직면을 넘지 아니하는 구조로 하여야 한다.

---

125) 강은현 338면

5 각종 법인의 기본재산의 취득

가. 학교법인의 기본재산의 취득

학교법인의 기본재산을 허가 없이 경매절차에 의하여 낙찰을 받아 소유권이전등기를 마쳤다면, 사립학교법에 의하여 적법한 원인을 결여한 등기가 되어 낙찰자는 소유권을 잃게 된다(▼대법원 93다42993 판결).
따라서, 낙찰자가 학교법인의 기본재산을 낙찰받기 위해서는 학교의 주무관청으로부터 처분허가를 발급받아 이를 경매법원에 제출하여야 할 것이다.

대법원 93다42993 판결

구 사립학교법(1990.4.7. 법률 제4266호로 개정되기 전의 것) 제28조 제1항은 학교법인이 그 기본재산을 매도, 증여, 임대, 교환 또는 용도변경하거나 담보에 제공하고자 할 때 또는 의무의 부담이나 권리의 포기를 하고자 할 때에는 감독청의 허가를 받아야 한다고 규정하고 있으므로, 학교법인이 그 의사에 의하여 기본재산을 양도하는 경우뿐만 아니라 강제경매 절차에 의하여 양도되는 경우에도 감독청의 허가가 없다면 그 양도행위가 금지된다고 할 것이고, 따라서 학교법인의 기본재산이 감독청의 허가 없이 강제경매 절차에 의하여 경락되어 이에 관하여 경락을 원인으로 하여 경락인 명의의 소유권이전등기가 경료되었다 하더라도 그 등기는 적법한 원인을 결여한 등기이다.

나. 의료법인의 기본재산의 취득

대법원은 의료법인의 경우, 담보제공에 관한 보건복지부장관의 허가를 미리 받았다면, 임의경매가 실현된 경우나 일반 채권자가 재판을 통한 확정판결에 기하여 강제경매를 실현한 경우에 낙찰에 대한 관할청의 허가를 다시 받을 필요가 없다고 한다.(▼대법원 93다2094 판결).

대법원 93다2094 판결

가. 의료법 제41조 제3항은 의료법인이 그 재산을 부당하게 감소시키는 것을 방지함으로써 항상 그 경영에 필요한 재산을 갖추고 있도록 하여 의료법인의 건전한 발달을 도모하여 의료의 적정을 기하고 국민건강을 보호 증진케 하려는 데 그 목적이 있다 할 것이므로 위 조항은 그 점에서 합리적인 근거가 있다 할 것이고, 따라서 이를 헌법상 평등의 원칙에 위배되는 것이라 할 수 없다.

나. 의료법 제41조 제3항의 규정에 의한 보건사회부장관의 허가는 강제경매의 경우에도 그 효력요건으로 보아야 할 것이지만, 강제경매의 대상이 된 부동산에 보건사회부장관의 허가를 받아 소외 은행을 근저당권자로 한 근저당이 설정되었고, 그 경락대금이 모두 위 은행에 배당되어 그 근저당권이 소멸되었다면 이는 위 은행의 근저당권 실행에 의하여 임의경매가 실시된 것과 구별할 이유가 없다고 하겠고, 담보제공에 관한 보건사회부장관의 허가를 받았을 경우에 저당권의 실행으로 경락될 때에 다시 그 허가를 필요로 한다고 해석되지 아니하는 이치에서 위와 같은 경락의 경우에도 별도의 허가를 필요로 하지 아니한다고 할 것이다.

다. 사회복지법인 기본재산의 취득

대법원은 법원의 임의경매 절차에서 사회복지법인의 기본재산인 부동산에 관한 낙찰이 있었고, 낙찰대금이 완납되었다고 해도 낙찰에 주무관청의 허가가 없었다면 낙찰자가 그 부동산에 대한 소유권을 취득할 수 없다고 한다.(▼대법원 2002마4353 결정).

대법원은 저당권설정 당시 주무관청의 허가가 있었더라도 낙찰자는 낙찰에 대한 주무관청의 허가를 다시 받아야 한다는 입장인바 주의가 필요하다.(▼대법원 77다1476 판결).

대법원 2002마4353 결정

가. 사회복지법인의 기본재산의 매도, 담보제공 등에 관한 사회복지사업법 제23조 제3항의 규정은 강행규정으로서 사회복지법인이 이에 위반하여 주무관청의 허가를 받지 않고 그 기본재산을 매도하더라도 효력이 없으므로, 법원의 부동산 임의경매 절차에서 사회복지법인의 기본재산인 부동산에 관한 낙찰이 있었고 낙찰대금이 완납되었다 하더라도 위 낙찰에 대하여 주무관청의 허가가 없었다면 그 부동산에 관한 소유권은 사회복지법인으로부터 낙찰인에게로 이전되지 아니한다.

나. 사회복지사업법 제2조 제1항 제6호, 제23조 제2항, 사회복지사업법 시행규칙 제13조 제1항 제1호 (가) 목에 의하면, 보육사업을 하는 사회복지법인이 영유아보육법 제8조, 영유아보육법 시행규칙 제7조 [별표 2]에 의하여 설치한 영유아 보육시설은 사회복지법인의 기본재산에 해당한다.

대법원 77다1476 판결

사회복지 법인의 기본재산에 관한 담보제공에 관하여 보건사회부장관으로부터 허가를 받은 바 있다고 하더라도 경매절차가 채무명의에 의한 강제경매이면 위 담보제공 허가는 사회복지사업법이 요구하는 보건사회부장관의 허가가 될 수 없다.

6 토지이용계획확인서상의 공법상 제한 확인

토지이용규제기본법 제10조*를 근거로 발급되는 토지이용계획확인서에는 "지역 및 지구 등의 지정내용, 지역 및 지구 등에서의 행위제한 내용, 그 밖에 대통령령으로 정하는 사항" 등에 대하여 발급신청이 있으면 발급하도록 하고 있는바, 위와 같은 내용은 매각물건명세서 등에서도 확인할 수 있다.[126]

즉 토지이용계획확인서를 발급받으면 용도지역, 용도지구, 용도구역 및 행위제한 내용 등을 확인할 수 있어 경매대상물의 투자가치를 파악할 수 있다.

따라서, 경매에 임하려면 공법상 제한의 최소한이라고 할 수 있는 토지이용계획확인서를 발급받아 공법상 제한내용을 확인하고 경매에 참여하는 것이 필요할 것이다.

● **제10조 (토지이용계획확인서의 발급 등)** ① 시장·군수 또는 구청장은 다음 각 호의 사항을 확인하는 서류(이하 "토지이용계획확인서"라 한다.)의 발급신청이 있는 경우에는 대통령령으로 정하는 바에 따라 토지이용계획확인서를 발급하여야 한다. 1. 지역·지구 등의 지정 내용 2. 지역·지구 등에서의 행위제한 내용 3. 그 밖에 대통령령으로 정하는 사항 ② 제1항에 따라 토지이용계획확인서의 발급을 신청하는 자는 시장·군수 또는 구청장에게 그 지방자치단체의 조례로 정하는 수수료를 내야 한다.

---

126) 이승길 708면 참조

7 결론

앞서 살펴본 바와 같이 경매부동산을 취득하면서, 권리분석 이외의 각종 개별법률상의 권리제한 등이 있을 수 있다.

예를 들어 재건축이 가능한 빌라를 투자목적으로 취득하였는데, 당해 빌라의 용도지역의 용적률이 상당히 낮다면, 투자목적을 이룰 수 없을 것이다.

따라서, 경매로 부동산을 취득하여 투자목적을 이루기 위해서는 법률적인 권리분석 이외에 경제적 투자분석에 보다 근접되어 있다고 볼 수 있는 부동산에 대한 공법상 제한 등에 대한 지속적인 연구가 필요하다고 생각한다.

본서는 투자목적의 물건분석은 논의대상에서 제외하였고 법률분석의 최소한인 권리분석에 초점을 맞추었음은 이미 밝힌 바 있다.

참고로, 공법상 권리제한 등의 문제를 보다 명확히 확인하기 위해서는 해당 부동산에 입찰하기 전에 관할 시 내지 군청 등의 도시계획과, 건축과, 도시관리과, 산림과, 농지과 등에 직접 찾아가 담당자에게 매수목적에 따른 공법상 제한 여부를 확인하는 것도 좋은 방법으로 보인다.[127]

---

[127] 김재권 373면

제21장 낙찰자를 위한 권리분석 핵심 사례 연습

1. 예고등기는 항상 인수된다

사례

① 저당권 ② 예고등기 ③ 임의경매개시결정기입등기

사례 해결

위 사례에서 말소기준권리는 ① 저당권이 되나, 후순위인 예고등기는 말소되지 않고 인수된다. 예고등기는 권리를 공시하기 위한 목적이 아닌 등기의 무효 등으로 인한 등기말소소송 등이 제기된 부동산임을 제3자에게 경고하기 위한 등기이므로 항상 인수되는 것이다.

따라서, 낙찰자가 경매부동산을 경락받은 후 예고등기의 전제가 된 소송의 결과에 따라 경매부동산의 소유권을 잃을 수도 있다.

2. 법정지상권, 관습법상 법정지상권, 분묘기지권, 유치권은 항상 인수된다

사례

① 저당권 ② 경매개시결정기입등기(임의경매 또는 강제경매)

사례 해결

(1) 위 사례에서 저당권 실행(임의경매)에 의한 법정지상권의 성립요건이 갖추어졌다면 경매로 토지를 낙찰받은 사람은 건물소유자의 법정지상권을 인수한다.

(2) 위 사례에서 일반채권자의 강제경매로 관습법상 법정지상권의 성

립요건이 갖추어졌다면 경매로 토지를 낙찰받은 사람은 건물소유자의 법정지상권을 인수한다.

(3) 위 사례에서 임야가 경매대상 부동산이었는데, 낙찰받은 임야의 일부에 분묘기지권이 성립되어 있었다면, 성립된 분묘기지권을 낙찰자가 인수한다.

(4) 위 사례에서 경매로 취득한 부동산에 유치권이 성립되어 있었다면, 그 유치권을 낙찰자가 인수한다. 다만, 경매개시결정기입등기(압류) 이후에 성립한 유치권은 낙찰자가 인수하지 않는다. 압류의 처분금지효에 반하기 때문이다.

3. 용익물권(지상권, 지역권, 전세권 등)은 말소기준권리보다 선순위이면 인수된다

사례

① 전세권 ② 저당권 ③ 임의경매개시결정기입등기

사례 해결

위 사례에서 저당권자가 경매를 신청하면(임의경매), ② 저당권이 말소기준권리가 되어 ②③의 각 등기가 말소된다.

따라서, 전세권은 낙찰자가 인수한다. 다만, 전세권자가 배당요구를 하면 낙찰자는 전세권을 인수하지 않는다. 이 점이 다른 용익물권과 구별되는 점이다.

4. 등기된 임차권이 말소기준권리보다 선순위이면 인수된다

사례

① 등기된 임차권 ② 저당권 ③ 임의경매개시결정기입등기

사례 해결

위 사례에서 저당권자가 경매를 신청하면(임의경매), ② 저당권이 말소기준권리가 되어 ②③의 각 등기가 말소된다.
따라서, ① 등기된 임차권은 낙찰자가 인수한다.

5. 주임법 및 상임법상 대항력을 갖춘 임차인의 경우 낙찰자가 인수한다

사례

① 대항력을 갖춘 주택의 일부 임차인 ② 저당권 ③ 대항요건을 갖춘 주택의 일부 임차인 ④ 임의경매개시결정기입등기

사례 해결

(1) 저당권자가 경매를 신청하면(임의경매), ② 저당권이 말소기준권리가 되어 ②③④의 각 등기가 말소된다.

(2) '① 대항력을 갖춘 주택의 일부 임차인'은 대항요건 즉, 주택의 인도와 전입신고를 갖추었고, 말소기준권리보다 선순위이므로 대항력을 취득하는바, 낙찰자가 인수한다. 다만, '③ 대항요건을 갖춘 주택의 일부 임

차인'은 주택의 인도와 전입신고라는 대항요건은 갖추었으나, 말소기준권리보다 후순위이므로 대항력을 취득하지 못하여 낙찰로 소멸한다.

(3) '① 대항력을 갖춘 주택의 일부 임차인'이 확정일자까지 마쳤고, 그 확정일자가 말소기준권리보다 선순위로 마쳐진 경우에 배당요구를 하면, 경매로 소멸하는바 낙찰자는 인수할 권리가 없게 된다.

(4) '③ 대항요건을 갖춘 주택의 일부 임차인'이 확정일자를 갖추지 못했다면, 보증금을 전혀 회수하지 못하나, 확정일자를 갖추었다면, 보증금에 대한 배당순위에 따른 배당이 이루어진다.

(5) '③ 대항요건을 갖춘 주택의 일부 임차인'이 확정일자를 갖추지 못하였더라도, 위 사례에서 ④ 임의경매개시결정기입등기 전에 대항요건을 갖추었는바, 서울 거주 임차인을 예로 들면 보증금이 7,500만 원일 경우에 2,500만 원까지 최우선으로 배당될 가능성이 있다. 다만, 위와 같은 내용은 배당문제일 뿐이므로, 낙찰자의 인수 책임과 무관하다.

6. 소유권이전등기청구권가등기의 경우 말소기준권리보다 선순위이면 인수된다

사례

① 소유권이전등기청구권가등기 ② 저당권 ③ 임의경매개시결정기입등기

사례 해결

저당권자가 경매를 신청하면(임의경매), ② 저당권이 말소기준권리가 되

어 ②③의 각 등기가 말소된다.

따라서, '① 소유권이전등기청구권가등기'는 인수된다. 결국, 가등기권자가 본등기를 하면 낙찰자는 경매로 낙찰받은 부동산의 소유권을 상실할 위험성이 있다.

7. 가처분의 경우 말소기준권리보다 선순위이면 인수된다

사례

① 가처분 ② 저당권 ③ 임의경매개시결정기입등기

사례 해결

저당권자가 경매를 신청하면(임의경매), ② 저당권이 말소기준권리가 되어 ②③의 각 등기가 말소된다.

따라서, '① 가처분'은 인수된다. 결국, 가처분권자가 본안소송에서 승소하면, 낙찰자는 낙찰받은 부동산의 소유권을 잃을 위험성이 있다.

8. 환매권

사례

① 환매권 ② 저당권 ③ 임의경매개시결정기입등기

사례 해결

저당권자가 경매를 신청하면(임의경매), ② 저당권이 말소기준권리가 되어 ②③의 각 등기가 말소된다.

따라서, '① 환매권'은 인수된다. 결국, 환매권자가 환매권을 적법하게 행사하면, 낙찰자는 낙찰받은 부동산의 소유권을 잃을 위험성이 있다.

9. 말소기준권리의 판단

> **사례**

① 저당권 ② 저당권 ③ 가압류 ④ 가압류 ⑤ 경매개시결정기입등기

> **사례 해결**

(1) '① 저당권자'가 경매를 신청(임의경매)하든지, '② 저당권자'가 경매를 신청하든지, '③ 가압류권자'가 본안소송의 승소판결을 전제로 경매를 신청(강제경매)하든지, '④ 가압류권자'가 본안소송의 승소판결을 전제로 경매를 신청하든지에 상관없이 위 사례에서 말소기준권리는 '① 저당권'이 된다.

(2) 위 사례에서 말소기준권리가 될 수 있는 권리는 ① ② ③ ④ ⑤ 모두이다(단 ⑤의 경우는 성질상 강제경매개시결정기입등기만 해당.). 그러나, 경매부동산에서 말소기준권리는 순위가 가장 빠른 권리만이 해당되는바, 앞서 살펴본 바와 같이 말소기준권리는 '① 저당권'이 된다.

10. 소유자의 변경과 가압류의 인수 여부

> **사례**

① 소유권보존등기 ② 가압류 ③ 소유권이전등기 ④ 가압류 ⑤ 경매개

시결정기입등기

> **사례 해결**

(1) '② 가압류권자'가 본안소송의 승소판결을 전제로 경매를 신청(강제경매)한 경우에 '② 가압류'가 말소기준권리가 되어 ② ③ ④ ⑤는 말소되어 낙찰자에 인수하는 권리가 없다.

(2) '④ 가압류권자'가 본안소송의 승소판결을 전제로 경매를 신청(강제경매)한 경우에는 집행법원의 의사에 따라 말소기준권리가 결정된다. 즉, 집행법원이 '② 가압류'를 낙찰자가 인수하는 것으로 결정하여 경매를 진행시키면, 말소기준권리는 '④ 가압류'가 되어 '② 가압류'는 인수되며, 집행법원이 '② 가압류'를 낙찰자가 인수하지 않는 것으로 결정하여 경매를 진행시키면 말소기준권리는 '② 가압류'가 되어 낙찰자가 인수하는 권리가 없게 된다.

(3) 결국, 매각물건명세서 등을 확인하여 집행법원 의사를 확인한 후 입찰 여부를 결정하여야 할 것이다.

11. 종합사례

> **사례**

부동산 소재지 및 경매상황	매각대금 등
• 부동산 소재지: 서울 서초구 서초동(다가구) • 소유자: 이소유 • 경매개시결정기입등기: 2009. 3. 29. • 매각기일: 2009. 8. 29. • 배당요구종기: 2009. 7. 18.	• 매각대금: 201,000,000원 • 이자: 500,000원 • 집행비용: 1,500,000원 • 배당할 금액: 200,000,000원

등기부의 갑구 및 을구	임차인 현황

[갑구]
• 가압류 2008. 10. 8.
  금 20,000,000원
• 가압류 2008. 10. 11.
  금 30,000,000원
 	
[을구]
• 근저당 2008. 4. 12.
  신한은행 40,000,000원
• 근저당 2008. 5. 18.
  국민은행 30,000,000원
• 전세권 2008. 10. 3.
  이시민 50,000,000원
	[임차인 이시민(전세권자와 동일)]
	• 보증금: 50,000,000원
	• 전입일: 2008. 3. 18.
	• 확정일: 2008. 11. 18.
	• 배당요구일: 2009. 5. 8.
	
	[임차인 임시민]
	• 보증금: 50,000,000원
	• 전입일: 2008. 9. 18.
	• 확정일: 2008. 9. 19.
	• 배당요구일: 2009. 6. 18.
	
	[임차인 김시민]
	• 보증금: 50,000,000원
	• 전입일: 2008. 9. 28.
	• 확정일: 2008. 9. 28.
	• 배당요구일: 2009. 6. 18.
	
	[임차인 박시민]
	• 보증금: 70,000,000원
	• 전입일: 2008. 10. 8.
	• 확정일: 2008. 11. 13.
	• 배당요구일: 2009. 7. 8.

사례 해결

(1) 말소기준권리를 찾는다(답: 2008. 4. 12.자 근저당권자 신한은행)

말소기준권리가 될 수 있는 권리는 저당권, 근저당권, 가압류, 압류, 담보가등기(접수일 1984. 1. 1. 이후), 경매개시결정기입등기인데, 말소기준권리는 모두 등기부 갑구 및 을구에 표시된다.

위 사례에서 말소기준권리가 될 수 있는 것 중에서 가장 빠른 것은 2008. 4. 12. 자 신한은행의 근저당권인바, 신한은행 근저당권이 말소기준권리가 된다.

(2) 인수되는 권리를 찾는다(답: 임차인 이시민 인수)

갑구와 을구에 나타난 권리들의 각 날짜를 검토하면 모두 말소기준권리보다 후순위인바, 낙찰자가 인수하지 않고, 배당순위에 따른 배당을 받을 뿐이다.

그렇다면, 낙찰자는 임차인이 낙찰자에게 대항할 수 있는지를 검토하여야 인수되는 부담을 확인할 수 있다.

전입신고를 마쳤다면 보통 인도도 이루어졌다고 보아야 하는바, 전입신고를 기준으로 대항력 유무를 판단하면 된다.

전입신고 다음 날 0시에 말소기준권리보다 선순위임을 전제로 임차인이 대항력을 취득하는바, 위 사례에서 낙찰자에게 대항력을 취득한 임차인은 "임차인 이시민"뿐이다.

그런데, 위 사례를 자세히 살펴보면, 이시민은 전세권등기까지 하였고, 전세금은 50,000,000만 원임을 알 수 있다.

전세권자이면서 대항력을 갖춘 임차인의 지위를 겸유하는 이시민은 경매개시결정기입등기(2009. 3. 29.) 이전에 전세권자로서 등기(2008. 10. 3.)가 되어 있으므로, 배당요구를 하지 않더라도 전세권자로서 배당순위에 따른 배당을 당연히 받는다.

그렇다면, 이시민이 전세권자로서 배당을 받는 금액은 낙찰자가 인수하지 않고, 배당을 받지 못한 금액에 한하여 낙찰자가 인수하게 될 것이다(이는 임차인 이시민이 전세권 이외에 대항력까지 취득하고 있기 때문이다.).

따라서, 배당분석을 통하여 낙찰자가 인수할 금액을 확인할 필요가 있다.

(3) 인수되는 금액을 확인하기 위하여 배당분석을 한다(답: 인수금액은 이시민의 보증금 2,000만 원)

배당요구를 하여야 배당을 받는 사람이 있고, 배당요구를 하지 않아도 배당을 받은 사람이 있다. 임차인은 배당요구의 종기까지 배당요구를 하여야 배당을 받는바, 위 사례를 살펴보니 모든 임차인이 배당요구종기 전에 배당요구를 하여 배당요구를 하지 못하여 배당을 받지 못하는 일은 벌어지지 않는다.

위 사례의 배당순위와 배당금액은 다음과 같다.

순위	배당권자	배당금액
1순위	신한은행(말소기준권리)	40,000,000원
2순위	국민은행	30,000,000원
3순위	임차인 임시민	50,000,000원
4순위	임차인 김시민	50,000,000원
5순위	전세권 및 임차권자 이시민	30,000,000원(전세권자 지위에서 배당받음)

● 제3조(보증금 중 일정액의 범위 등) ① 법 제8조에 따라 우선변제를 받을 보증금 중 일정액의 범위는 다음 각 호의 구분에 의한 금액 이하로 한다. 〈개정 2010.7.21〉 1. 서울특별시: 2천500만원 2.「수도권정비계획법」에 따른 과밀억제권역(서울특별시는 제외한다.): 2천200만원 3. 광역시(「수도권정비계획법」에 따른 과밀억제권역에 포함된 지역과 군지역은 제외한다.), 안산시, 용인시, 김포시 및 광주시: 1천900만 원 4. 그 밖의 지역: 1천400만 원 ② 임차인의 보증금 중 일정액이 주택가액의 2분의 1을 초과하는 경우에는 주택가액의 2분의 1에 해당하는 금액까지만 우선변제권이 있다. ③ 하나의 주택에 임차인이 2명 이상이고, 그 각 보증금 중 일정액을 모두 합한 금액이 주택가액의 2분의 1을 초과하는 경우에는 그 각 보증금 중 일정액을 모두 합한 금액에 대한 각 임차인의 보증금 중 일정액의 비율로 그 주택가액의 2분의 1에 해당하는 금액을 분할한 금액을 각 임차인의 보증금 중 일정액으로 본다. ④ 하나의 주택에 임차인이 2명 이상이고 이들이 그 주택에서 가정공동생활을 하는 경우에는 이들을 1명의 임차인으로 보아 이들의 각 보증금을 합산한다. [전문개정 2008.8.21]

●● 제4조(우선변제를 받을 임차인의 범위) 법 제8조에 따라 우선변제를 받을 임차인은 보증금이 다음 각 호의 구분에 의한 금액 이하인 임차인으로 한다. 〈개정 2010.7.21〉 1. 서울특별시: 7천500만 원 2.「수도권정비계획법」에 따른 과밀억제권역(서울특별시는 제외한다.): 6천500만 원 3. 광역시(「수도권정비계획법」에 따른 과밀억제권역에 포함된 지역과 군지역은 제외한다.), 안산시, 용인시, 김포시 및 광주시: 5천500만 원 4. 그 밖의 지역: 4천만 원 [전문개정 2008.8.21]

위 배당액에서 보듯이 전세권자이면서 임차권자인 이시민이 전세권자로서 30,000,000원을 배당받았는바, 배당받지 못한 보증금 20,000,000원은 낙찰자가 인수한다.

왜냐하면, 앞서 설명한 바와 같이 이시민은 말소기준권리보다 선순위로 인도 및 전입신고를 마쳤기 때문에 임차인에게 대항할 수 있는 지위를 보유하였기 때문이다.

참고로 위 사례에서 소액임차인이 있는 것이 아닌지 의문이 들 수 있다. 왜냐하면, 2010. 7. 26. 기준으로 서울의 경우는 보증금이 75,000,000원 이하일 경우에 소액임차인에 해당하기 때문이다.(주임법 시행령 제3조●, 제4조●●).

그러나, 위 사례에서 소액임차인은 없다. 왜냐하면, 주임법 시행령 부칙 제2조에서 "이 영 시행 전에 임차주택에 대하여 담보물권을 취득한 자에 대하여는 종전의 규정에 의한다."라고 규정하고 있으므로, 위 사례의 신한은행 근저당권설정일이 2008. 4. 12.인바, 2008. 4. 12. 당시의 주임법 시행령은 서울 서초동의 경우 소액임차인 보호요건은 40,000,000원 이하이기 때문에 위 사례에서 소액임차인 요건에 해당하는 임차인은 없게 된다.

위 사례의 응용

(1) 상가임대차의 경우

상임법이 적용되기 위해서는 일정보증금 요건을 충족하여야 하는 것을 제외하고는 주임법이 적용되는 위 사례와 상가임대차는 유사하게 판단하면 되므로, 상가임대차에 대한 설명은 생략하기로 한다.

(2) 예고등기의 경우

위 사례에 예고등기만 추가되어 있다고 가정하자. 이와 같은 경우 예고등기는 등기가 기입된 시기에 불문하고 말소되지 않고 인수된다.

앞서 설명한 바와 같이 예고등기가 인수된다는 의미는 예고등기의 전제가 된 소송이 종료될 때까지 말소되지 않는다는 의미와 더불어 그 소송의 결과에 따라, 낙찰자의 소유권등기가 말소될 수도 있다는 의미이다.

(3) 법정지상권(민법 제366조●)의 경우

위 사례는 다가구 즉 건물이 경매로 나온 사안이다. 다가구는 권리분석에 있어서 일반 개인주택과 크게 다르지 않다. 즉, 아파트와 같은 다세대와 달리 다가구 경매의 경우 일반 민법상의 원칙에 따라 토지와 건물은 별개라는 이론이 적용된다.

결국, 다가구의 경매 시 토지지분 등의 토지와 관련된 권리는 낙찰자가 인수받지 못한다.

따라서, 법정지상권의 성립가능성도 배제할 수 없다.

법정지상권의 성립요건은 ① 저당권설정 당시 지상에 건물 존재, ② 토지와 건물 어느 하나 또는 양자에 저당권설정, ③ 저당권설정 당시에 토지와 건물이 동일 소유자에 속할 것, ④ 경매로 토지와 건물의 소유자 변경 등을 요구하는데, 위 사례가 위 요건에 해당한다면, 위 다가구의 낙찰자는 법정지상권을 인수하는 것이 아니라 오히려, 법정지상권을

● **제366조 (법정지상권)** 저당물의 경매로 인하여 토지와 그 지상건물이 다른 소유자에 속한 경우에는 토지소유자는 건물소유자에 대하여 지상권을 설정한 것으로 본다. 그러나 지료는 당사자의 청구에 의하여 법원이 이를 정한다.

취득할 수 있게 된다.

(4) 유치권의 경우

위 사안에서 임차인 중 하나 또는 여러 임차인들이 임차한 부분에 대하여 필요비 내지 유익비를 지출하였다고 주장하면서, 유치권 신고를 하였다고 가정하자. 이때에는 낙찰자가 필요비 내지 유익비가 진정한 것을 전제로 유치권을 인수하게 된다.

다만, 임차권자가 유익비를 주장하더라도 임대차계약서에 원상회복 약정이 있다면, 유익비를 이유로는 유치권을 주장하기 어려울 것이다. 그러나, 필요비의 경우는 유치권이 성립될 여지도 있다.

> **참고** **소제주의(소멸주의)와 인수주의**
>
> 소제주의를 택하느냐, 인수주의를 택하느냐는 입법정책의 문제이다.
> 경매개시결정기입등기 전에 설정된 용익권, 담보권 등의 처리에 관하여 매각으로 용익권 등을 소멸시키는 소제주의와 용익권 등을 매수인이 떠안는 인수주의가 있다.
> 소제주의는 매각대금을 높이고 매수인의 지위를 안정시키는 반면, 인수주의는 매각대금을 낮추고 매수인의 지위를 불안정하게 하지만 부동산상 기존 권리자들의 권리보호에 유익하다.
> 특히 저당권이 인수되는지가 중요한데, 우리의 경우는 소멸을 택함으로써 소제주의에 기울고 있다(독일은 인수주의). 다만, 우리 법은 등기부에 공시되지 않는 대항력 있는 임차권 등이 매수인에게 인수되어 불의의 타격을 받을 수 있는 문제점이 있다[128].

---

[128] 이시윤 246면

제22장 권리분석 핵심 총정리

1. 말소기준권리

말소기준권리는 ① 저당권등기 및 근저당권등기 ② 가압류등기 및 압류등기 ③ 등기접수일이 1984. 1. 1. 이후에 설정된 담보가등기 ④ 경매개시결정기입등기 등이다.

원칙적으로 말소기준권리의 선순위 권리는 낙찰 시 매수인에게 인수되고, 후순위 권리는 낙찰로 소멸한다.

2. 전세권등기의 말소기준권리 여부

전세권등기가 말소기준권리가 될 수 있는지 여부에 대하여는 견해가 대립하고 하급심의 경우 전세권자가 임의경매를 신청한 경우 말소기준권리로 기능한다는 취지의 판시가 있으나, 여러 가지 이유로 전세권은 말소기준권리가 될 수 없다고 봄이 타당하다 ^(제3장. 1. 다. 참조).

전세권자가 임의경매를 신청하거나 배당요구를 한 경우에는 집행법원의 의사를 확인하여 입찰 여부를 결정하면 족하다고 본다.

3. 낙찰 시 매수인이 인수하는 권리

예고등기, 법정지상권, 관습법상 법정지상권, 분묘기지권, 유치권은 말소기준권리의 선순위 내지 후순위를 불문하고 낙찰 시 매수인이 인수하는 권리이다.

법정지상권의 경우는 건물을 낙찰받는다면 법정지상권을 취득할 것이나, 토지를 낙찰받는다면 법정지상권의 부담을 인수하게 되는바, 토지에 입찰하고자 할 경우에는 법정지상권의 성부를 입찰 전에 반드시 정확히 따져보아야 한다.

유치권의 경우 경매개시결정기입등기 이후에 취득한 점유로 낙찰자에게 유치권을 주장할 수 없는바, 이에 해당하는지 살펴볼 필요가 있고, 유치권이 성립한다고 하더라도, 유치권자에게 실재로 채권(예컨대, 공사대금채권)이 있는지 확인할 필요성이 크고, 채권이 있다고 하더라도 유치권자가 주장하는 채권액이 정당한 것인지 또는 그 채권(피담보채권)이 시효로 소멸하지는 않았는지 여부 등도 명확히 따져보고 입찰 여부를 결정하여야 한다.

실무에 있어서 유치권주장자의 대부분이 허위유치권자라고 한다.

4. 말소기준권리보다 선순위 권리의 소멸 여부

말소기준권리보다 선순위의 권리는 매수인이 인수한다. 예를 들어 지상권, 지역권, 전세권 등의 용익물권, 민법상 등기된 임차권, 대항력을 갖춘 임차인, 소유권이전등기청구권보전가등기, 전소유자를 상대로 한 가압류, 가처분, 환매권 등은 말소기준권리보다 선순위라면 매수인이 인수한다.

다만, 전세권의 경우는 배당요구를 하면 매수인이 인수하지 않고 낙찰로 소멸(즉, 배당을 받음)하며, 대항력을 갖춘 임차인이 말소기준권리보다 먼저 확정일자까지 갖춘 경우에는 배당요구종기까지 배당요구 한 것을 전제로 낙찰로 소멸한다. 다만, 대항력을 갖춘 임차인이 보증금에 대하여 보증금 전액을 배당받지 못하였다면, 전세권과 달리 배당받지 못한 금액을 낙찰자가 인수한다.

대항력은 말소기준권리보다 선순위이나, 확정일자는 말소기준권리보다 후순위인 경우에 임차인은 배당요구종기까지 배당요구 한 것을 전제로 하여 순위에 따른 배당을 받는다. 순위에 따른 배당에서 보증금 전액을 배당받으면, 낙찰자가 인수하는 보증금이 없을 것이나, 전액 배당을 받지 못하였다면, 임차인이 대항력을 갖추고 있기 때문에 배당받지 못한 보증금을 낙찰자가 인수한다.

경매개시결정기입등기가 경료되기 전에 임차인이 대항요건을 갖추긴 하였으나, 대항력을 취득하지 못한 경우에 임차인은 배당요구종기까지 배당요구 한 것을 전제로 소액임차인 요건을 충족하면 일정 한도의 보증금에 대하여 최우선으로 변제받고, 배당받지 못한 잔여보증금에 대하여는 순위에 따른 배당을 받는다. 이때 보증금의 일부를 배당받지 못하더라도 낙찰자가 인수하는 보증금은 없다. 왜냐하면, 위 소액임차인은 소액임차인 요건을 충족시킬 수 있는 대항요건을 구비하였으나 대항력을 취득하지는 못하였기 때문이다.

소액임차인 해당 여부는 선순위 "담보권"이 설정된 날짜에 해당하는 주임법 시행령상의 소액임차인 요건이 적용되고, 위 "담보권"에 저당권, 담보가등기 및 확정일자 있는 임차인은 포함된다고 보나 가압류는 포함되지 않는다고 본다.

위 대항요건 내지 대항력을 갖춘 임차인에 대한 설명은 주택과 일정 요건을 갖춘 상가, 즉 상임법이 적용되는 상가의 경우에 동일하게 적용된다.

5. 말소기준권리보다 후순위 권리의 소멸 여부

말소기준권리보다 후순위인 저당권, 근저당권, 담보가등기, 소유권이전등기청구권보전가등기, 지상권·지역권·전세권 등의 용익물권, 소유권이전등기, 가압류, 가처분, 경매개시결정기입등기 등은 낙찰로 소멸한다.

앞서 잉여주의를 설명하였는데, 권리분석 전에 무잉여 여부를 분석하는 것이 중요하다. 왜냐하면 경매물건을 매각하더라도 경매신청채권자에게 돌아올 돈이 없다면 경매가 취소되는바, 이를 고려하지 않고 입찰하였을 경우 시간과 돈만 허비할 수 있기 때문이다.

예를 들어 "① 제1저당권 ② 제2저당권 ③ 제3저당권"의 순서로 저당권이 경료된 부동산(말소기준권리는 제1저당권)이 경매시장에 나왔을 때에 제3저당권자가 경매를 신청하였는데, 경매를 신청한 제3저당권자에게 경락대금이 전혀 돌아가지 않는다면, 무잉여에 해당하여 경매가 취소된다. 결국, 낙찰로 소멸하는 권리라도 입찰에 참여하고자 하는 사람은 후순위자들의 배당문제를 고려하지 않을 수 없다.

말소기준권리보다 후순위의 담보권, 즉 저당권, 근저당권, 담보가등기 등은 순위에 따른 배당을 받게 된다.

6. 부동산을 경매로 취득할 경우 공법상의 규제가 곳곳에 배치되어 있는바, 이에 대한 검토가 필수적이다

참고문헌

1. 민법주석서
- 한국사법행정학회, 주석민법
- 총칙(총3권) 2002, 물권(총4권) 2001
- 채권총칙(총3권) 2000, 채권각칙(총7권) 1999

2. 민법 곽윤직 교과서
- 곽윤직 민법총칙 박영사 2003, 곽윤직 물권법 / 채권총론 / 채권각론 박영사 2001

3. 민법 단행본 등
- 송영곤, 민법기본강의, 유스티니아누스, 2004
- 법원행정처, 민사소송 Ⅰ.Ⅱ.Ⅲ. 2005
- 법원행정처, 민사집행 Ⅰ.Ⅱ.Ⅲ.Ⅳ. 2003
- 법원행정처, 부동산등기실무 Ⅰ.Ⅱ.Ⅲ. 2007
- 사법연수원, 민사집행법, 2005
- 사법연수원, 보전소송, 2005
- 사법연수원, 주택임대차보호법(상가포함), 2005
- 사법연수원, 요건사실론, 2005
- 오석락, 입증책임론, 박영사, 2002
- 정승열, 상가·주택임대차보호법실무, 법률정보센타, 2007
- 이시윤, 신민사집행법, 박영사, 2009
- 윤경, 민사집행(부동산경매)의 실무, 육법사, 2008
- 홍완기, 민사집행법, 형설출판사, 2007
- 최광석, 부동산유치권, 도서출판LTS, 2009
- 곽용진, 유치권과 경매, 법률서원, 2009
- 최광석, 법정지상권, 도서출판LTS, 2009
- 박용석, 부동산경매 권리분석실전, 위즈덤하우스, 2008
- 이승길, 부동산경매론, 법문사, 2008
- 김학환, 알기 쉬운 부동산경매 이론과 실무, 도서출판 덕산, 2009
- 곽용진, 부동산 권리분석론, 부연사, 2009
- 노인수, 이선우, 경매유치권과 손자병법, 법률정보센타, 2009
- 김기찬, 부동산경매에서 유치권의 개선에 관한 연구(박사논문), 2008
- 최환주, 변호사와 함께하는 부동산경매, 가림M&B, 2005
- 김재권, 부동산경매 법테크, 매일경제신문사, 2009
- 강은현, 경매야 놀자 2, 매일경제신문사, 2009
- 미래와 경영연구소, 부동산경매 용어사전, 미래와 경영, 2009

에필로그
"법은 '밥' 이다"

나는 막연히 책을 쓰고 싶다는 생각을 하고 있었다. 그런데 이 책이 그 생각을 실현하게 해 주었다. 시장의 반응이 어떨지 궁금하다. 내가 생각하는 책의 역할은 많은 사람이 선택해서 읽어야 한다는 것이다. 아무도 읽지 않는 책이 무슨 의미가 있겠는가.

나는 이 책뿐 아니라 다른 책도 구상하고 있다. 법률에 대한 사람들의 생각은 제각각이다. 그런데 쉽다고 말하는 사람들보다는 어렵다고 말하는 사람들이 더 많은 것 같다. 나는 쉬운 법률에 관심이 많다. 누군가 법은 '밥'이라고 하던데, 법은 인간의 사회생활에서 반드시 필요하기 때문에, 법률의 대중화는 하나의 사회적 경향이 되어야 하며, 나는 그 중심에 서고 싶다.

이 책은 부동산경매 권리분석이라는 다소 전문적인 분야를 다루고 있다. 사실 부동산경매와 관련된 법률문제는 변호사들도 쉽다고 생각하지 않는다. 그래서 이 책을 쓰고자 공부도 많이 했다. 책을 쉽게 쓰려면 제대로 알아야 하기 때문이다. 그렇다고 해서 이 책이 100% 다 만족을 주지는 않는다. 다만, 나는 이 책을 읽고 체득할 경우 권리분석의 틀, 즉 권리분석의 흐름을 확실하게 잡을 수 있다고 확언한다.

이 책의 권리분석과 관련한 내용은 상당히 풍부한 편이다. 약간 과장이라고 말할 수도 있지만, 권리분석에 한해서 거의 모든 문제가 수록되었다고 생각한다. 서문에서 나는 '권리분석은 공부를 해야만 하는 분야'라고 이야기한 바 있다. 맞다. 다시 한 번 말하지만, 권리분석은 공부를 하는 분야다. 공부는 효율적으로 해야 한다. 나는 이 책 중에서 '핵심정리' 부분에 공을 많이 들였다. 물론 '핵심정리'만 읽고 이 책을 전부 다 이해한다면 좋겠지만, 그것은 사실 어렵다. 이 책을 열심히 공부하여 체득하였다고 하더라도, 사람은 망각의 동물이기 때문에 많은 것을 잊는다. 그래서, 체득 후 '핵심정리'만 다시 읽으면 내용이 떠오르도록 노력을 기울였다.

이 책이 계속해서 거듭나 권리분석을 재미있게 공부할 수 있는 하나의 매개체가 되었으면 한다. 경매 권리분석 분야를 이끄는 역할을 할 수 있도록 여러분의 질책을 기대한다.

― 이승주

나는 아내보다 권리분석이 좋다

초판 1쇄 발행 2010년 8월 16일
초판 2쇄 발행 2010년 8월 30일

지은이 이승주
펴낸이 김선식
펴낸곳 (주)다산북스
출판등록 2005년 12월 23일 제313-2005-00277호

PD 임영묵
다산북스 임영묵, 박경순, 이혜원, 김다우
디자인본부 최부돈, 손지영, 황정민, 김태수, 조혜상, 김희준
마케팅본부 모계영, 이도은, 신현숙, 김하늘, 박고운, 권두리
광고팀 한보라, 박혜원
온라인마케팅팀 하미연, 정미진
저작권팀 이정순, 김미영
미주사업팀 우재오
경영지원팀 김성자, 김미현, 유진희, 김유미, 정연주

주소 서울시 마포구 서교동 395-27번지
전화 02-702-1724(기획편집) 02-703-1725(마케팅) 02-704-1724(경영지원)
팩스 02-703-2219
이메일 dasanbooks@hanmail.net
홈페이지 www.dasanbooks.com

필름 출력 스크린그래픽센타
종이 한서지업(주)
인쇄·제본 (주)현문

ISBN 978-89-6370-280-3 (03320)

• 책값은 표지 뒤쪽에 있습니다.
• 파본은 본사와 구입하신 서점에서 교환해드립니다.
• 이 책은 저작권법에 의하여 보호를 받는 저작물이므로 무단 전재와 복제를 금합니다.